당신은 내 인생입니다.
이 책을 읽고 꿈에 도전하여
성공하시길 소망합니다.

_______________________님께

지나간 일은 마음속에서
지워버리고 새로운 일에 전념하라

데일 카네기
성공 대화론

대화를 이끄는 방법

데일 카네기
성공 대화론

2013년 5월 20일 초판 인쇄
2013년 5월 25일 초판 발행

지은이　데일 카네기
옮긴이　차전석
디자인　김민호
펴낸이　김정재 · 김재욱
펴낸곳　나래북 · 예림북
신고번호　제313-1997-000010호
본　사　서울특별시 마포구 합정동 373-4 성지빌딩 614호
전　화　02-3141-6147
팩　스　02-3141-6148
이메일　scrap@msn.com

ISBN 978-89-94134-26-0 (14320)

* 잘못된 책은 구입하신 서점에서 교환해 드립니다.
* 책값은 뒤표지에 있습니다.
* 역자와 협의하여 인지는 생략합니다.

Public speaking and influencing
men in business

데일 카네기
성공 대화론

대화를 이끄는 방법

데일 카네기 지음 | 차전석 옮김

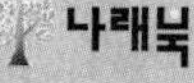

말 잘하는 기술이 강조되는 시대

　저자의 약력에서 알 수 있듯이 그는 1912년 YMCA에서 인간관계와 대중 연설에 대한 강의를 통해 부와 명성을 얻었다. 그의 강의는 수많은 명사들의 실례와 거듭된 강연회를 통해 축적된 수많은 자료로 이루어졌으며, 그의 저서들 또한 실례를 바탕으로 이루어져 있다. 때문에 책을 읽으면서도 지루하다는 느낌이 전혀 들지 않는다.

　꽤 오래전에는 웅변을 가르치는 학원들이 있었다. 당시는 주로 반공을 주제로 한 웅변대회가 학교를 중심으로 많이 있었는데, 대부분의 내용과 손동작 등에 대해 한결같이 틀에 박힌 모양새를 하고 있었다. 웅변의 마지막은 대부분 '이 연사 힘차게 외칩니다.' 라고 큰소리로 외치며 두 손을 청중들을 향해 쭉 뻗는 것이었다. 그리고 최근에는 대학 입시를 위해 논술이 집중적으로 조명을 받으며 이 또한 남의 생각이나 사고를 그대로 모방하고 있다는 지적을 받기도 한다.

　이 책은 어떻게 이야기할 것인가에 대하여, 웅변과 논술을 어떻게 적절하게 활용해야 할 것인지를 말해주고 있다. 어떻게 준비하고 마무리할 것인지, 어떻게 상대의 마음을 사로잡을지 등에 대하여 수많은 사례를 바탕으로 제시하고 있다. 대중을 상대로 한 연설은 성공한 사람, 다시 말해서 명예의 상징이다. 그러나 일상의 대화 속에서, 자신의 업무 속에서 착실하게 어떻게 말할 것인가에 대한 준비가 되어 있지 않다면 대중을 상대로 연설을 할 수 있는 명예는 주어지지 않을 것이다. 그러므로 평소의 삶 속에서 주변의 사람들을 대할 때에도 이 책에서 제시하고 있는 내용을 꾸준히 활용하여 체득하는 것이 좋을 것이다.

카네기는 링컨을 최고의 연설가 중에 한 명으로 자신의 멘토로 여기고 있으며, 역사상 최고의 연설 중에 하나로 게티즈버그 연설을 꼽고 있다.

링컨에 앞서 연설을 한 에드워드 에버렛은 "내게 주어진 2시간 동안 당신이 연설한 2분의 내용을 담았다면 자랑스러웠을 텐데 말입니다"라는 내용의 편지를 링컨에게 보냈을 정도였다. 나는 지금 『링컨 자서전 명연설문』을 읽고 있다.

"구슬이 서 말이어도 꿰어야 보배"라는 속담이 있다. 아무리 좋은 생각을 지니고 있어도 이를 말로 표현해내지 못하면 무용지물이 된다. 이 책에서 카네기는 청중이 내 말에 귀를 기울이게 하는 방법부터 내가 의도한 바대로 실천에 옮기게끔 하는 방법까지, 말하기 기술의 전 과정을 충분한 실제 사례를 곁들여 설명한다. 다방면으로 수집한 사례들과 이를 토대로 일목요연하게 정리한 말하기 기술은, 강연에 관한 교육

과정을 진행했고 그 자신 또한 훌륭한 강연자로 정평이 난 카네기의 경험을 녹여낸 것이기에 더더욱 설득력을 지니며, 살아 있는 현장의 이야기들이기도 하다.

지금은 카네기가 이 책을 쓰고 강연하던 당시보다 말 잘하는 기술이 더욱더 강조되는 시대다. 특별히 스피치를 본업으로 삼는 강연자가 아니더라도 초중고 교과 과정, 대학 입시에서도 자기 의견을 말로 피력하는 과정은 개인의 능력을 평가하는 척도로 상당히 비중 있게 다뤄지고 있으며, 전문 분야가 점점 더 세분화되면서 직장생활을 할 때도 필수적으로 요구되는 능력이기도 하다. 이런 때에 강연에 관한 실용적인 조언과 기술을 알려주는 이 책은 더더욱 가치를 발한다.

특히 소통과 공감 능력을 강조하는 요즘, 상대방에게 재미있고 조리 있게 내 생각을 전달하는 기술 이전에 진심과 열정으로 청중을 대해야 함을 강조하는 카네기의 주장은 귀 담아들을 만하다. 여러 가지 스피치 관련 책이 쏟아지지만, 말하기 기술에 관한 많은 이야기들의 뿌리는 카네기의 강연 이론을 모태로 한 것이라 해도 과언이 아니다. 그런 점에서 이 책은 특정한 목적을 지니고 남에게 자신의 의견을 피력해야 하는 사람이라면 누구나 읽어봐야 할 필독서라고 할 만하다.

—역자

Contents

| Part 04 | 기억력을 향상시키는 비결

| Part 05 | 청중들을 매료시키는 비결

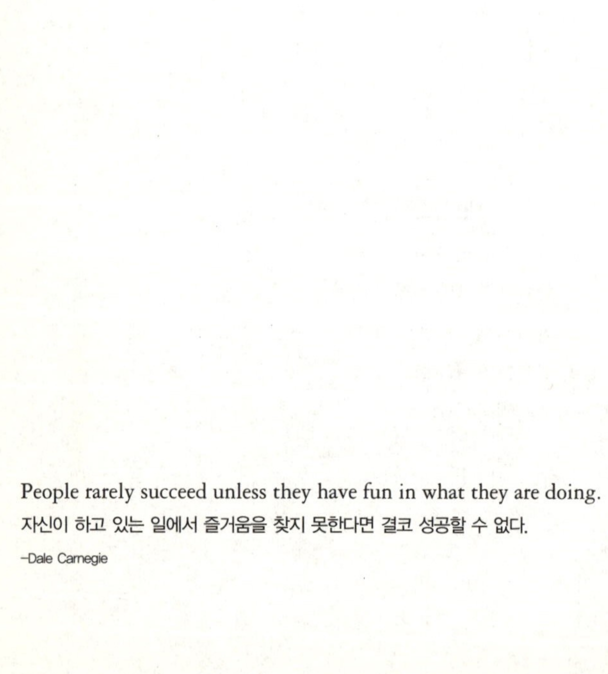

People rarely succeed unless they have fun in what they are doing.
자신이 하고 있는 일에서 즐거움을 찾지 못한다면 결코 성공할 수 없다.
–Dale Carnegie

| Part 01 |

용기와 자신감을
기르자

Developing Courage and Self Confidence

"용기는 남성다움의 주된 특징이다."
–대니얼 웹스터

"두려움에 찬 시선으로 미래를 보는 것은 결코 안전한 것이 아니다."
–E. H. 해리먼

"결코 두려움에 사로잡혀서 무언가를 결정해서는 안 된다."
–스톤웰 잭슨의 좌우명

"어떤 일이 가능할 때, 최선을 다해 자신을 설득할 수 있다면 설령 그것이 어렵다고 여겨지더라도 도전하라. 세상의 모든 일들 중에 가장 쉬운 일이라도 불가능하다고 여기면 불가능해진다. 작은 언덕도 태산처럼 높게 느껴질 것이다."
–에밀리 쿠

"효과적으로 이야기하는 능력은 전부적인 재능이 아니라 습관으로 만들 수 있다."
–윌리엄 제닝스 브라이언

"확실하게 승진하고 싶다면 웅변가가 되는 것이 현명하고 진지한 충고보다 훨씬 유익하다."
–『런던 데일리 텔레그래프』

01

용기와 자신감을
기르자

1912년 이래 수천 명이 넘는 사람들이 내가 주최하는 대중연설에 대한 강의를 들었다. 나는 그들에게 참가하게 된 계기와 목표에 대한 설문조사를 하였다. 수많은 형태로 답변을 해주었지만 그들이 기본적으로 바라는 핵심적인 요소는 놀라울 정도로 똑같았다. 모든 사람이 한결같이 입을 모아 이렇게 대답하였다.

"사람들 앞에 나가서 발표를 하라는 말만 들어도 공포심 때문에 머릿속이 새하얗게 되어 아무 생각도 나지 않고, 무슨 말을 하려고 했는지조차 기억을 할 수 없습니다. 차분하게 자신감을 갖고 사람들 앞에 서서 당당하게 말할 수 있는 능력이 있었으면 좋겠습니다. 공적으로나 사적인 자리에서나 많은 청중들을 앞에 두고 제 생각을 논리정연하고 명확하고 설득력 있게 이야기를 할 수 있었으면 좋겠습니다." 수천 명의 사람들이 털어놓은 속내는 대략적으로 이런 것들이었다.

구체적인 예를 들어보기로 하자. 몇 년 전에 한 남자(여기서는 그의 이름을 D. W. 켄트라고 하자)가 필라델피아 시에서 주최하고 있던 강습회에 참가하였다. 개강을 하고 얼마 되지 않아 그는 상공회의소 식당으로 나를 점심식사에 초대해주었다. 한 제조회사의 사장으로 교회와 사회적 활동에서도 리더 역할을 맡아서 하는 적극적인 중년 신사였다. 그런 그가 점심 식사 도중에 식탁 너머로 몸을 쭉 내밀면서 이렇게 말하였다.

"저는 지금까지 수많은 모임에서 연설을 부탁받았지만 단 한 번도 수락할 수가 없었습니다. 긴장을 감출 수가 없어서 머릿속이 새하얗게 돼버리는 겁니다. 때문에 지금까지는 줄곧 피하기만 했습니다. 그런데 이번에 한 대학의 협회 회장이 되었기 때문에 회의를 진행해야만 합니다. 어쨌거나 무슨 말이든 해야 할 처지입니다. 이제 와서 사람들 앞에 나서서 이야기를 할 수 있을까요, 어떻게 생각하십니까?"

"어떻게 생각하냐고요? 켄트 씨, 생각하고 말고 할 문제가 아닙니다. 저는 당신이 충분히 할 수 있다고 확신하고 있습니다. 지시에 따라 꾸준히 연습을 반복하기만 하면 틀림없이 할 수 있습니다."

켄트 씨는 그렇게 믿고 싶은 마음은 굴뚝같지만 내 말이 너무나 낙관적으로 들렸던 것 같았다. 그는 이렇게 말했다. "제가 실망할까 봐 일부러 친절하게 말씀해주시는 건 아닌가요?"

켄트 씨가 강습회를 졸업한 뒤 우리는 한동안 서로 만날 기회가 없었다. 1921년 우리는 처음 만났던 상공회의소 식당의 같은 자리에서 점심을 함께 먹게 되었다. 이전에 나누었던 이야기를 꺼내며 내가 정말로 낙관적이었냐고 묻자, 그는 주머니에서 작고 붉은 표지의 수첩을 꺼내어 내게 보여주었다. 그것은 그의 강연 스케줄이었다. 그리고 이렇게 말해주었다.

"이렇게 강연을 할 수 있게 된 것과 사람들에게 도움을 줄 수 있는 일이 하나 더 늘었다는 것이 제 인생에 있어서 무엇과도 바꿀 수 없는 기쁨이 되었습니다."

우리가 만나기 며칠 전에 워싱턴에서 중요한 군축회담이 열렸다. 이 회담에 로이드 조지 영국의 수상이 참가한다는 소식을 전해들은 필라델피아의 침례교회는 영국 수상에게 필라델피아에서 열리는 대규모 집회에서 연설을 부탁하는 전보를 보냈다. 그리고 로이드 조지 수상으로부터 워싱턴에 가게 되면 초대에 응하겠다는 답신이 왔다. 켄트 씨는 자신이 필라델피아의 침례교도들 중에서 집회에 모인 사람들에게 영국 수상을 소개하는 역할을 맡았다고 말해주었다.

불과 약 3년 전에 바로 이 식탁에서 간절한 마음으로 자신이 정말 사람들 앞에 서서 이야기를 할 수 있을지 내게 의견을 물었던 그 사람이었다.

켄트 씨가 이렇게 빠른 변화를 보여준 것이 특별한 사례였을까? 아니, 비슷한 사례는 얼마든지 많다. 브루클린에 사는 의사의 예를 하나 더 들어보기로 하자(여기서는 그를 커티스라고 부르기로 하겠다). 그는 몇 년 전에 플로리다에서 겨울을 보냈는데, 그곳은 플로리다 자이언츠의 겨울 캠프지 근처였다. 열렬한 야구팬이었던 그는 연습장에 자주 가면서 선수들과도 친하게 되었고 선수들을 위한 파티에도 초대를 받게 되었다.

식사가 끝나자 커피와 땅콩이 나온 뒤 몇몇 내빈들에게 한마디씩 하라는 요청이 있었다. 그러다 갑자기 사회자로부터 청천벽력과도 같은 소리를 듣게 되었다. "오늘 밤 파티장에는 의사 선생님 한 분이 와주셨습니다. 커티스 선생님으로부터 야구선수들의 건강에 관한 이야기를 들어보기로 하겠습니다."

그는 과연 연설을 할 준비가 되어 있었을까? 당연히 그렇다. 세상의 그 어떤 사람보다도 완벽하게 준비가 되어 있었다. 위생학에 대하여 연구를 하며 30년이 넘는 세월을 의료계에 몸담고 있었기 때문이다. 의자에 앉은 채로 옆 사람을 상대로 이야기하는 것이라면 밤을 새도 모자랄 것이다. 그러나 아무리 인원이 적더라도 청중들을 앞에 두고 이야기를 하는 것은 전혀 별개의 문제였다. 그는 완전히 얼어버리고 말았다. 심장이 쿵쾅거리면서 맥박이 빨라지기 시작했다. 그는 지금까지 단 한 번도 연설을 해본 적이 없었던 것이다. 머릿속에 있던 모든 지식들은 날개를 달고 어디론가 날아가버렸다.

과연 어떻게 하는 것이 좋을까? 박수갈채가 쏟아지면서 모든 시선이 그를 향해 꽂혔다. 사양하겠다고 손을 저었지만 오히려 박수 소리가 더욱 커지면서 연설을 재촉할 뿐이었다. "커티스 선생님, 연설! 연설!" 모두의 환호성은 더욱 커져갔고, 그는 더욱 움츠려들 뿐이었다. 그런 상태에서 일어나 연설을 하더라도 실패할 것은 불 보듯 빤한 일이었다. 두세 마디 꺼내는 것조차 힘들었을 것이다. 그는 묵묵히 일어서 등을 돌린 채 조용히 파티장을 빠져나갔다. 그는 체면을 구긴 채 굴욕감을 맛봐야만 했다.

그가 브룩클린으로 돌아오자마자 내 대중연설 강습회에 참가 신청을 한 것은 그리 놀랄 만한 일은 아니다. 두 번 다시 한마디도 못한 채 창피를 당하고 싶지 않았던 것이다. 그는 가르치는 보람을 느끼게 하는 강습생이었다. 그는 최선을 다했다. 연설을 할 수 있게 되기를 간절히 바라는 그의 마음에 '적당히'라는 말은 없었다. 연설 내용을 꼼꼼히 준비하고 최선을 다해 연습을 하면서 단 한 번도 결석하지 않았다.

이런 수강생들이 반드시 거치는 과정을 그 또한 착실하게 밟아나갔다. 스스로도 놀랄 만큼 빠르게 실력을 향상시키면서 간절히 바라던 목표에 도달할 만큼 성장을 한 것이다. 몇 번의 수업이 끝나자 불안의 그림자는 사라지고 자신감이 커지더니 2개월이 지나자 반에서 가장 뛰어난 발표자가 되었고, 드디어 외부로부터 강연 초청을 받게 되었다. 청중들 앞에 서는 쾌감, 그 덕분에 얻어지는 영광과 새로운 인간관계는 그에게 있어 이제는 무엇보다 큰 기쁨 중에 하나가 되었다.

그의 강연을 들은 뉴욕의 공화당 선거대책 본부의 간부 한 사람이 공화당을 위한 응원연설을 부탁하러 왔다. 커티스 씨가 불과 1년 전만 해도 사람들 앞에 서는 것이 두려워 한마디도 못한 채 체면을 구기고 굴욕감을 맛보며 파티장을 빠져나왔던 사람이라는 것을 안다면, 그 공화당 당원은 얼마나 놀라겠는가?

자신감과 용기, 그리고 사람들 앞에 서서 냉정하게 생각을 정리할 수 있는 능력을 익히는 것은 사람들이 생각하는 것의 10분의 1보다도 어렵지 않다. 그것은 신이 한정된 극소수의 사람에게 선물한 재능이 아니다. 그것을 골프 실력과 같은 것으로 정말로 자신이 원한다면 누구나 자신의 잠재된 능력을 계발할 수 있다.

혼자 앉아 있을 때면 논리적으로 생각할 수 있었던 것들이 사람들 앞이라고 해서 안 될 것이 어디에 있겠는가? 당연히 안 될 것이 없다. 아니, 오히려 많은 사람들 앞에 서는 것이 훨씬 머리 회전이 빨라질 것이다. 듣는 사람이 있다는 것이 당신을 자극하여 의욕을 고양시켜줄 것이다. 연설을 하는 사람이라면 모두 이렇게 말할 것이다. 눈앞에 청중들이 있다는 것은 머리 회전을 빠르고 예민하게 해주는 자극과 영감을 떠올리게 해준다고. 그럴 때면 자신이 깨닫지 못했던 생각과 잊고 있던 일들, 생각지도 못했던 아이디어들이 노예제도 폐지 운동을 추진했던 미국의 목사 헨리 워드 비처의 말처럼 연기처럼 주변을 떠다니고 있어 그저 손만 뻗어 움켜쥐기만 하면 되는 것이다. 당신도 포기하지 말고 꾸준히 노력한다면 이런 체험을 할 수 있다.

　꾸준한 훈련과 반복적인 연습을 통해 사람들 앞에 서서 연설을 하는 공포감을 극복하여 자신감과 용기를 익힌다는 것은 이미 잘 알고 있는 것일 수도 있다.

　문제는 본인의 경우만이 특별하다고 여기는 것이다. 그런 생각은 이제 버려라. 훗날 당대의 명연설가로 이름을 남긴 사람들조차도 처음에는 대부분 참기 어려운 공포심 때문에 위축되어야만 했다.

　미국 민주당의 정치가 윌리엄 제닝스 브라이언은 수많은 연설을 하고 있지만, 그조차도 처음에는 사람들 앞에 섰을 때 다리가 후들거렸다고 고백하고 있다. 미국의 작가 마크 트웨인은 처음 연단에 섰을 때 입 안에 솜이 꽉 차 있고, 심장은 우승컵을 향해 질주하기라도 하듯이 요동쳤다고 말했다.

　그랜트 장군은 남북전쟁에서 빅스버그를 공략하여 역사에 남을 위대한 승리를 거둔 인물이었지만, 청중들 앞에 서기만 하면 보행 장애에 걸린 사람처럼 다리에 힘이 풀렸다고 고백했다.

　당시 프랑스 정계의 최고 웅변가였던 장 조레스는 하원에서 1년 동안 입을 꼭 다문 채 앉아 있다가 겨우 첫 연설을 할 용기를 냈다고 한다.

　영국의 위대한 정치가 로이드 조지도 이렇게 고백했다.

"처음 연설을 할 때는 정말로 비참했습니다. 말 그대로 혀가 입천장에 딱 달라붙어 말 한마디도 할 수 없었습니다."

존 브라이트는 남북전쟁 당시 영국에서 연방주의와 노예해방을 옹호한 고명한 정치가였지만, 그의 첫 연설을 들어준 것은 학교에 모여든 마을 사람이었다. 그럼에도 불구하고 연설장으로 가는 내내 실패를 하지 않을까 불안해하며 공포감을 느낄 때마다 동료들에게 박수로 격려해달라고 부탁했다고 한다.

아일랜드의 위대한 지도자 찰스 스튜어트 파넬도 연설에 익숙하지 않았던 시절에는 심하게 동요했다고 한다. 형제들의 증언에 따르면 주먹을 너무 꽉 쥐어서 손톱이 살을 파고들어 피가 날 정도였다고 한다.

영국의 위대한 정치가 디즈레일리는 하원에서 연설을 하느니 차라리 기병대의 공격을 지휘하는 것이 낫다고 생각했다고 한다. 첫 연설이 무참하게 실패로 끝났기 때문이다. 셰리든 역시 마찬가지였다.

저명한 웅변가들이 모두 한결같이 첫 연설에서 쓴 실패를 맛보았기 때문에 영국 국회에서는 신인의원이 첫 연설을 완벽하게 소화해내면 오히려 그 인물의 앞날을 걱정한다. 그러니 안심을 하라.

나는 많은 사람들이 연설에 능숙해져가는 과정을 가까이

서 지켜보았고 또 약간의 도움을 주어왔기 때문에, 강습회에 처음 들어온 사람들이 어느 정도 긴장을 하고 신경질적인 태도를 보일 때마다 오히려 반갑게 느껴졌다.

비록 30명 정도의 업무상의 회의 자리라 할지라도 사람들 앞에서 이야기를 하는 것은 일종의 책임감, 긴장감, 흥분과 심리적 동요가 동반되기 마련이다. 이야기를 해야 하는 사람은 마치 출발선 앞에 서 있는 경주마처럼 긴장을 하는 것이 당연하다. 불멸의 웅변가 키케로는 이미 2000년 전에 이미 "진정한 가치가 있는 연설에는 한 가지 공통점이 있다. 그것은 바로 연설자가 긴장을 하고 있다는 점이다"라고 했다.

이런 연설자의 심리는 라디오를 통해 이야기할 경우에도 드러난다. 흔히 말하는 '마이크 공포증'이다. 찰리 채플린이 라디오에 출연했을 때, 그는 완벽한 원고를 가지고 스튜디오에 들어갔다. 물론 그는 관객에 매우 익숙한 상태였다. 1912년에 '연주회장에서의 하룻밤'이란 버라이어티 쇼로 미국 전역을 순회 공연하였고, 그전에는 영국에서 정식 연극무대에 서기도 했다. 그럼에도 불구하고 방음장치가 되어 있는 스튜디오 안에서 마이크를 향하고 있을 때는 거친 파도가 일렁이는 2월의 대서양을 횡단할 때 배 멀미가 났던 것처럼 긴장되어 위경련이 일어날 지경이었다고 한다.

유명한 영화 배우 겸 감독인 제임스 커크우드 역시 비슷한 경험을 하였다. 토크 쇼의 스타였던 그도 보이지 않는 관객을 대상으로 이야기를 하고 스튜디오를 나왔을 때는 이마에 땀방울이 맺혔다고 한다. 그리고 이렇게 말했다. "브로드웨이 개막 날도 라디오 방송과 비교하면 상대도 되지 않아."

개중에는 아무리 경험이 많더라도 처음에 연설을 시작할 때면 공포감에 사로잡힌다는 사람도 있다. 물론 연단에 서서 몇 초만 지나면 말끔히 사라지지만 말이다.

링컨조차 연설을 시작하고 몇 분 동안에는 긴장을 했다고 한다. 그의 법률 고문인 헌돈은 이렇게 말하고 있다.

"그는 시작하자마자 불안해 보이며 그 자리가 상당히 거북해 보였습니다. 한눈에 보기에도 자신감을 잃고 신경과민이 되어 그것을 이겨내려 애쓰는 모습이 오히려 불안해 보일 정도였습니다. 나는 그럴 때마다 링컨을 위로해야 했습니다. 연설을 시작하면 날카롭고 떨리는 목소리가 듣기 거북했습니다. 그의 일거수일투족, 검게 굳은 낯빛, 주름지고 거친 얼굴, 기묘한 자세, 불안해 보이는 태도, 모든 것이 그에게는 불리하게 작용했습니다. 하지만 그것은 아주 짧은 순간이었습니다."

몇 분이 지나면 링컨은 안정을 되찾아 따뜻하고 성실한 마음가짐을 되찾으면서 제대로 된 연설을 시작했다.

여러분도 이와 비슷한 경험을 한 적이 있을 것이다.

달변가가 되기 위한 훈련을 하면서 단시간 내에 최고의 성과를 거두기 위해서는 다음 네 가지 사항을 염두에 두어야 한다.

1. 달변가가 되겠다는 강한 집념을 가지는 것부터 시작하라

이것은 당신이 생각하고 있는 것보다 훨씬 중요하다. 만약 사람의 마음속을 들여다보고 생각의 깊이를 측정할 수 있다면 당신의 지도자는 당신이 얼마나 빠르게 습득하고 있는지를 거의 틀림없이 예측할 수 있을 것이다. 당신의 바람이 퇴색되고 약한 것이라면 결과물 또한 그렇게 될 것이다. 그러나 끈기 있게, 고양이를 쫓는 불독과도 같은 열정으로 전념한다면 이 세상의 그 어떤 것도 당신을 좌절시키지 못할 것이다.

스스로 열정을 불살라야 한다. 이 열정이 어떤 장점이 있는지 생각해보아라. 자신감을 얻어 사람들 앞에서 설득력 있게 이야기하는 것이 당신에게 어떤 의미가 있는지, 금전적인 면에서의 가능성과 그로 인해 얻게 되는 것들에 대하여. 그리고 사회적으로는 어떤가? 인간관계의 폭이 넓어지면서 훨씬 커진 영향력과 리더십 등에 대하여 생각해보라. 리더십을 가장 짧은 시간에 얻고자 한다면 이 이상의 방법이 없다.

미국의 정치가 촌시 M. 데퓨는 이렇게 말했다. "출세를 위해서나 사회적으로 명성을 얻기 위한 가장 빠른 길은 뛰어난 연설에 있다."

막대한 부를 축적한 필립 D. 아머도 이렇게 말했다. "나는 대자본가이기보다는 위대한 연설가이고 싶었다."

연설 능력은 학식이 많은 사람이라면 누구나 바라는 능력 중에 하나이다. 철강왕 앤드류 카네기가 죽은 뒤 발견된 서류 중에는 33세에 세운 인생계획서가 있었다. 거기서 그는 앞으로 2년 후면 연간 5만 달러의 사업 이익이 가능해질 것이고, 그러면 은퇴를 하여 옥스퍼드 대학에서 최고의 교육을 받을 것이라고 했다. 그중에서도 특히 연설 능력을 키우는 데 주력하고 싶다고 적었다.

연설이라는 새로운 능력을 발휘하는 것이 얼마나 마음을 충족시켜주고 기쁨을 가져다줄지 연상해보라. 나는 세상 이곳저곳을 돌아다니면 수많은 경험을 해왔다. 그런 나조차 진정으로, 그리고 지속적으로 만족감을 느끼게 해준 것은 이것 이상이 없었다. 다시 말해서 청중들 앞에 서서 사람들을 내 생각으로 끌어들이는 것만큼 기쁨을 능가하는 것이 없다. 당신의 마음속에서 힘이 솟아나고 사람들을 움직일 수 있다는 것을 느끼게 될 것이다. 무언가를 해냈다는 인간적인 자부심을 충분히 충족시켜줄 것이다. 이 능력은 당신을 당신의 동료들 앞에 설 수 있게 해준다. 이 능력에는 마력이 숨겨져 있으며 그 짜릿한 쾌감은 결코 잊을 수가 없다. "연설을 시작하기 2분 전에는 채찍질을 당하는 게 낫다고 여기지만, 끝나기 2분 전에는 연설을 끝내느니 차라리 총을 맞는 것이 낫다"라고 말하는 사람까지 있을 정도이다.

무슨 일이든 도중에 의욕을 잃고 포기하는 경우가 있다. 따라서 연설 능력이 당신에게 어떤 의미가 있는지를 끝없이 자문하며 그것을 익히기 위해 정신을 집중시켜야 한다. 결승점까지 강한 의지로 헤치고 나아갈 수 있는 열정으로 출발점 선에 서야 할 것이다. 매주 하룻밤을 정해 이 책을 읽어보는 것은 어떨까? 앞으로 나아갈 것을 생각하고 물러설 퇴로를 막는 배수의 진을 치는 것이다.

줄리어스 시저가 군단을 이끌고 골 지방에서 도버 해협을 지나 지금의 잉글랜드에 상륙했을 때, 승리를 굳히기 위해 어떤 계책을 세웠던가? 그것은 대단히 현명한 것이다. 그는 도버 해협의 하얀 절벽 위에서 병사들을 쉬게 했다. 60미터 절벽 아래의 넘실대는 파도를 내려다본 병사들

의 눈에 들어온 것은 자신들이 타고 온 배들을 삼키고 있
는 붉은 불꽃이었다. 적지에 있으면서 대륙과 이어주는 마
지막 끝, 최후의 후퇴 수단이 다 타버린 것이다. 이제 병사
들이 할 있는 것은 오직 하나, 진격하여 적들을 정복하는
것뿐이었다. 그리고 그들은 실제로 승리를 쟁취하였다.

영웅 시저의 용맹함은 이 정도였다. 우리도 이런 정신을
본받아야 한다. 사람들 앞에 서서 공포라는 허무한 적을
전멸하기 위한 싸움을 하는 것이다.

2. 말하고자 하는 내용을 완전히 숙지하라

말하고자 하는 주제에 대해 충분히 생각하고 내용을 완
전히 파악하지 못한다면 사람들 앞에 서서 마음의 평정심
을 유지할 수 없다. 그것은 마치 맹인이 맹인의 손을 끌어
주는 것과 같다. 그런 상황에서는 자의식 과잉 상태에 빠
져 자신의 태만함을 부끄럽게 여기며 후회하는 것도 당연
한 것일지도 모르겠다.

미국의 제26대 대통령 테디 루즈벨트는 자신의 자서전
에 이렇게 적고 있다.

나는 1881년 가을에 주에서 가장 젊은 의원으로 당선되었다. 경
험이 적은 젊은이들이 모두 그러하듯이 나 또한 부족한 연설 실력

때문에 고민에 빠져 있었다. 그러던 중에 고향의 한 완고한 노인의 충고는 많은 도움이 되었다. 이 노인은 무의식적으로 웰턴 경의 말을 인용하고 있었는데, 웰턴 경 역시 누군가가 한 말을 인용한 것임에 틀림이 없다. 그 충고란 이렇다.

"마음속으로 하고 싶은 말이 확실하기 전까지는 입 밖으로 내서는 안 된다. 확신이 서게 되면 그것이 무엇인지를 명확하게 규명한 다음 이야기를 하라. 그리고 다시 앉아라."

이 '완고한 노인'은 루즈벨트에게 한 가지 충고를 더 해주는 게 좋았을 것이다. 바로 이렇게 말이다.

"만약 청중들 앞에서 어떤 동작을 취할 수 있다면 긴장된 마음을 조금은 풀 수 있을 것이다. 무언가를 보여주거나, 칠판에 글자를 쓰거나, 지도상의 한 점을 가리키거나, 책상을 움직이거나, 창문을 열거나, 책상 위의 책이나 서류의 위치를 바꾸는 등, 그런 행동들이 뭔가 목적이 있는 동작이라면 어떤 행동이든 당신의 마음을 편안하게 해줄 것이다."

물론 쉽게 구실을 찾기는 힘들겠지만, 이것도 하나의 방법은 될 것이다. 가능한 경우에는 한 번쯤 시험을 해보자. 단, 이 방법은 처음에만 이용해야 한다. 갓난아이도 걸음마를 배우면 더 이상 의자에 매달리려 하지 않는 법이다.

3. 일부러 자신 있게 행동하라

미국이 낳은 저명한 심리학자 윌리엄 제임스 교수가 다음과 같은 말을 했다.

인간의 행동은 감정을 따르는 것처럼 보이지만, 실제로는 이 두 가지가 동시에 일어난다. 의지의 직접적 지배하에 있는 행동을 통제함으로써 마음먹은 대로 되지 않는 감정도 간접적으로 통제할 수가 있다.

따라서 만약 자연스러운 쾌활함이 사라졌을 때 쾌활함을 되찾는 최선의 자발적 방법은 가능한 빨리 쾌활한 척 행동하는 것이다. 이렇게 하고도 마음이 밝아지지 않는다면 더 이상 손쓸 방법이 없을 것이다.

용기가 필요하다면 의지를 총동원하여 용감하게 행동하라. 그러면 두려움을 떨쳐내려는 용기가 공포심을 대신할 것이다.

제임스 교수의 조언을 응용해보기로 하자. 청중들 앞에 섰을 때 용기를 내기 위해서 용감하게 행동하는 것이다. 물론 연설을 하기 위한 준비가 되어 있지 않다면 그 어떤 연기도 헛수고이다. 이야기할 내용을 완벽하게 파악하고 있다면 당당하게 앞으로 나가 크게 심호흡을 하라. 어떤 자리이든 단상 앞에 서기 전 30초 정도 심호흡을 하면 체

내에 산소가 증가하여 기분도 좋아지고 용기도 생기게 된다. 위대한 테너 쟝 드 레슈키도 입버릇처럼 이렇게 말했다. "크게 숨을 들이 쉬고 마음을 차분하게 가라앉히면 초조한 마음은 날아가버린다."

중앙아프리카의 폴라니 족 청년이 성인식에서 아내를 맞이하려면 채찍 의식을 거쳐야 한다. 이 종족의 여인들은 한데 모여 단조로운 리듬에 맞춰 노래를 부르거나 손뼉을 친다. 후보자는 상반신 나체가 되어 앞으로 나선다. 갑자기 한 사내가 나서 그 청년을 잔혹하게 채찍질을 하며 적을 대하듯 한다. 청년의 몸에는 물집이 잡히고 살갗이 찢어져 피가 흐르며 평생 남을 상처가 되기도 한다. 채찍질을 하는 동안 촌장은 청년 앞에 서서 청년이 인상을 찡그리는지, 몸을 움츠리는지 관찰한다. 청년은 그 시험에 합격하기 위해서는 매질을 견뎌야 하는 것은 물론이고, 채찍질을 하는 동안에 찬미가를 불러야만 한다.

어떤 시대, 어떤 나라에서든 용기는 언제나 찬양의 대상이었다. 따라서 가슴속의 심장이 터질 것 같은 심정이라도 당당한 걸음으로 앞으로 나가 정면을 바라보면서 그 상황을 즐기고 있는 듯이 행동하라.

허리를 꼿꼿이 펴고 청중들의 눈을 뚫어져라 응시하며 모든 사람들이 당신에게 빚을 지고 있다고 생각하고 당당하게 이야기를 하는 것이다. 정말로 받을 빚이 있다고 생각해라. 청중들이 당신에게 빚을 연장해달라고 부탁하기 위해 모여들었다고 상상하라. 그것은 당신에게 심리적으로 매우 긍정적인 효과로 작용할 것이다.

신경질적으로 단추를 만지작거리거나, 넥타이를 만지작거리는 등의 불필요한 행동을 하지 말라. 도저히 긴장감을 참을 수 없다면 등 뒤로 뒷짐을 지고 아무도 보이지 않게 깍지를 끼거나 발가락을 꼼지락거려라.

일반적으로 연설자가 무언가의 뒤에 숨는 것은 좋지 않다. 그러나 처음에는 책상이나 의자 뒤에 서서 손으로 책상을 꽉 쥐면 조금은 안정을 찾을 수 있을 것이다. 손바닥 안에 동전을 움켜쥐는 것도 하나의 방법이다.

테디 루즈벨트 대통령은 어떻게 해서 용감함과 자신감을 만들어냈을까? 선천적으로 대담성을 타고났을까? 절대로 그렇지 않다. 그는 자서전에서 이렇게 고백하고 있다. "어려서부터 병약하고 재주가 없던 나는 청년이 되어서도 용기가 없는 소심한 성격이었다. 때문에 스스로 육체적으로나 정신적으로나 고통스러운 노력이 동반되는 연습을 반복해야만 했다."

고맙게도 루즈벨트는 자신이 어떻게 극복을 할 수 있었는지를 글로 남겨주었다.

어린 시절 나는 메리엇이 쓴 해양 소설을 즐겨 읽었는데, 그 중에 영국의 작은 군함의 함장이 주인공에게 용감해지는 방법에 대해 이야기해주는 내용이 있었다. 함장은 이렇게 말했다. 처음에 전투에 참가를 할 때는 누구나 두려움에 떤다. 그리고 다음 단계에는 자제심이 작용하여 언뜻 보기에 두려움 없이 행동할 수 있게 된다. 그 상태를 오래 유지할 수 있다면 그 연기는 현실로 이루어진다. 실제로는 없는 용기가 있는 것처럼 행동을 하면 그 자체만으로도 정말로 용감해질 수 있다.(이상은 원문 그대로가 아니라 내 방식대로 각색한 것이다.)

이것이 나의 근본적인 사고방식이다. 당시 나는 모든 것이 공포의 대상이었다. 회색 곰에서부터 거친 야생마와 총잡이에 이르기까지. 그러나 무섭지 않은 척 행동을 하는 사이 어느 순간 두려움은 사라졌다. 이것은 하려는 마음만 있다면 누구나 다 할 수 있는 것이다.

본인이 원하기만 한다면 누구든 가능한 일이다. 포슈 사령관은 "전쟁에 있어서 공격은 최선의 방어이다"라고 말했다. 그러니 자신의 공포심에 대하여 공격적으로 대처하자. 모든 기회에 과감하게 맞서 싸우고 정복하길 바란다.

먼저 사람들에게 전하고 싶은 메시지를 준비하라. 그리고 자신이 웨스턴 유니온 전보회사의 배달원이 되어 그 메시지를 전달하도록 지시를 받은 배달원이라고 생각하라. 그들이 원하는 것은 전보이기 때문에 배달원에게는 아무도 신경을 쓰지 않을 것이다. 문제는 바로 전달하고자 하는 메시지이다. 메시지의 내용에 최선을 다하라. 메시지를 완전하게 자신의 것으로 만들고 그것에 모든 생각을 집중하라. 그리고 당당하게 말을 하는 것이다. 그러면 당신이 그 자리의 주인공, 그리고 당신 자신의 주인공이 되는 날이 멀지 않을 것이다.

4. 연습하고 또 연습하라!

여기서 마지막으로 제시하는 내용은 무엇보다도 제일 중요하다. 지금까지 읽었던 내용을 모두 잊어버리는 한이 있더라도 이것만큼은 확실하게 기억하기 바란다. 연설을 하기 위한 자신감을 기르기 위한 유일무이한, 그리고 결코 실패를 하지 않는 방법은 실제로 연설을 많이 해보는 것이다. 지금까지 이야기한 것들의 핵심은 단 하나, 연습하고 또 연습하는 것밖에 없다. 이것이야말로 필수조건이다.

루즈벨트는 이런 경고를 하고 있다.

초심자는 누구나 '사슴열'에 걸리기 쉽다. 이것은 사냥 초보자가 사냥감을 발견했을 때 빠져드는 강한 흥분상태로 두려움과는 전혀 다른 것으로 여겨진다. 그러나 처음 수사슴을 발견하거나 전장에 처음 나서는 경우와 마찬가지로 많은 청중들 앞에서 연설을 하는 사람도 이런 흥분상태에 빠질 가능성이 많다. 그런 사람에게 필요한 것은 용기가 아니라 신경을 조절하여 냉정함을 되찾는 것이다. 이것은 실전을 통해서만 극복할 수 있다. 습관과 자율적인 반복학습에 의해 신경을 완전히 통제할 수 있어야 한다. 이것은 대부분 습관의 문제라고 할 수 있다. 다시 말해서 강한 의지로 꾸준한 연습의 반복이 필요한 것이다. 이런 소질을 갖춘 사람이라면 연습을 거듭할수록 눈에 띄게 성장을 할 것이다.

그러니 견뎌내라. 일이 바쁘다는 핑계로 준비를 할 수 없다며 연설 훈련을 피하려 해서는 안 된다. 준비가 되어 있든 아니든 간에 무조건 참석해주길 바란다. 지도자와 다른 수강생에게 당신의 이야기를 들려주어라.

대중공포를 이겨내고 싶다면 함께 그 원인을 살펴보기로 하자.

로빈슨 교수는 『마음의 형성과정(The mind in the making)』에서 "공포는 무지와 불안에서 생겨난다"고 적고 있다. 바꿔 말하자면 공포는 자신감의 결여에 의한 결과인 것이다. 그렇다면 자신감이 결여되는 원인은 무엇일까? 그것은 자신의 진정한 힘을 깨닫지 못하는 데서 비롯된다. 그리고 진정한 힘을 깨닫지 못하는 이유는 바로 경험 부족 때문이다. 성공한 경험 축적의 증거로 당신의 공포심은 7월의 눈부신 햇살 아래 밤이슬이 녹아내리듯이 사라질 것이다.

여기서 확실하게 말할 수 있는 것은 딱 한 가지이다. 수영을 배우기 위한 가장 좋은 방법은 물속에 뛰어드는 것이다. 당신은 이 책을 충분히 읽었다. 이제 잠시 책을 덮고 실전에 돌입해보는 것은 어떨까?

먼저 테마를 정하라. 가능하면 조금이라도 지식이 있는 분야를 선택하여 3분간의 이야기로 정리하라. 혼자서 몇 번이고 반복해서 연습을 한 뒤에 전달하고 싶은 사람들, 혹은 몇 명의 친구들 앞에서 최선을 다해 당신의 노력을 보여주어라.

<u>1장의 정리</u>

1. 수천 명의 수강생이 대중연설을 수강하게 된 동기와 기대효과에 대하여 내게 편지를 보내주었다. 대부분의 수강생들이 말하는 수강의 가장 큰 이유는 인원수와 관계없이 청중들 앞에서 두려움을 극복하고 여유롭게 생각하고 이야기를 할 수 있기를 바란다는 것이었다.

2. 그런 능력을 익히는 것은 그리 어려운 일이 아니다. 아주 극소수의 사람만이 가진 타고난 재능이 아니라 골프 실력과 마찬가지로 남녀를 막론하고 누구나 동기만 충분하다면 <u>스스로</u> 선천적으로 잠재되어 있는 능력을 계발할 수 있다.

3. 경험이 풍부한 연설자들의 대부분은 한 사람을 상대로 이야기할 때보다는 많은 사람들 앞에서 이야기하는 것을 좋아하며 훨씬 말을 잘 할 수 있다고 한다. 인원수가 많을수록 청중들의 존재가 자극과 영감을 가져다준다고 여기는 것이다. 이 책의 조언을 충실히 지키고 이행한다면 그런 경험들이 당신 자신의 것이 되어 연설 기회를 마음속으로 기대할 날이 올 것이다.

4. 자신의 고민이 특수한 것이라고 여기지 말 것. 유명한 웅변가들조차 경험이 부족했던 초기에는 자의식 과잉에 빠져 청중들을 앞에 두고 두려움에 질식할 것 같았다고 한다. 브라이언, 장 조레스, 로이드 조지, 찰스 스튜어트 파넬, 존 브라이트, 디즈레일리, 셰리든 등, 수많은 사람들이 경험한 일이다.

5. 아무리 많은 연설 경험을 쌓더라도 막상 닥치게 되면 자의식 과잉에 빠질 수도 있다. 그러나 일어서서 몇 초만 지나면 그런 두려움은 완전히 사라질 것이다.

6. 이 책의 효과를 극대화시키면서 가능한 빨리 활용하기 위해서는 다음 네 가지를 실행하기 바란다.

   a. 강하고 지속적인 바람을 가지고 출발할 것. <u>스스로</u> 훈련이 가져다줄 장점을 열거하면서 의욕을 불태울 것. 경제적으로나 사회적으로 영향력과 지도력을 강화시키기 위한 점에서도 연설 능력을 향상시키는 의미를 생각보기 바란다. 얼마나 빠르게 성장할 수 있는가는 열망의 크기와 비례한다는 것을 염두에 두길 바란다.
   b. 준비를 게을리 하지 마라. 말하고자 하는 내용을 충분히 숙지하지 않으면 자신감을 가질 수 없다.

c. 자신 있고 당당하게 행동하라. 윌리엄 제임스 교수는 이렇게 충고하고 있다. "용기가 필요하다면 의지력을 총동원해서 용감한 척 행동하라. 그러면 분명히 용기가 공포심을 대신할 것이다." 테디 루즈벨트는 이 방법으로 회색곰과 사나운 야생마, 총잡이들에 대한 두려움을 극복했다고 고백했다. 여러분도 이런 심리적 사실을 이용해서 대중에 대한 공포감을 극복할 수 있지 않을까?

d. 반복적으로 연습하라. 이것은 가장 중요한 요점이다. 공포심은 자신감의 결여로 인한 것이며, 자신감의 결여는 자신의 실력을 모르기 때문에 비롯된다. 그리고 실력을 알지 못한다는 것은 경험 부족에 의한 결과이다. 즉, 성공한 경험의 축적이 공포심을 몰아내줄 것이다.

Do the hard jobs first. The easy jobs will take care of themselves.
어려운 일부터 시작하라. 쉬운 일은 저절로 해결될 것이다.

–Dale Carnegie

| Part 02 |

자신감은 철저한
준비에서 시작된다

Self-Confidence thru Preparation

"자신감을 기르는 최선의 방법은 당신이 정말로 이야기하고 싶은 것 중에 실패할 가능성이 거의 없는 것에 대하여 충분히 준비하는 것이다."
—록우드 소프, 『퍼블릭 스피킹 두테이』

"'문득 떠오른 영감을 믿어라.' 이 치명적인 말 때문에 쌓아 올린 명성을 무너진 사람들이 많다. 영감을 얻기 위한 가장 확실한 방법은 철저한 준비이다. 나는 용감하고 유능한 사람이 근면하지 못해 실패한 예를 아주 많이 보았다. 연설을 잘하고 싶다면 말하고자 하는 주제를 철저하게 숙지해야 한다."
—로이드 조지

"청중들 앞에서 연설을 하기 전에 친구에게 '어떤 주제에 대하여 강연을 하게 되어서 그 요점을 이야기하고 싶네'라는 취지의 편지를 쓰면 좋다. 이 편지에는 자신이 이야기할 내용을 순서에 맞게 정열해서 적는 것이다. 편지에 적을 내용을 찾지 못했다면, 초대해준 사람들에게 할머니가 위독하다는 답장을 보내는 편이 나을 것이다."
—에드워드 에베렛 헤일 박사

"모두가 내 재능을 믿고 있다. 나는 그 재능을 이렇게 배웠다. 주제가 결정되면 철저하게 그것에 대해 연구한다. 밤낮을 가리지 않고 그것만 생각한다. 모든 각도에서 그것을 생각한다. 오로지 그것만을 생각한다. 이윽고 그 노력은 재능이라는 열매라 불리게 될 것이다. 그러나 그것은 노동과 사고의 산물이다."
—알렉산더 해밀턴

02

자신감은 철저한
준비에서 시작된다

나는 1912년 이후 매 시즌마다 연간 약 6000건에 달하는 연설을 듣고 평가를 하고 있다. 이것의 나의 일이자 또한 즐거움이다. 연설자들은 학생들이 아니라 사업가나 전문직에 종사하는 사회인들이다. 이 경험을 통해 가장 인상 깊게 느껴지는 것은 다음과 같은 점들이다. 연설을 할 때까지의 준비, 정확하고 확실하게 전달하는 것, 강하게 마음을 움직이게 하는 것, 반드시 말하지 않으면 참을 수 없는 무언가를 가지고 있는가이다. 머리와 가슴속에 정말로 말하고 싶은 것이 있고, 그것을 상대방에게 꼭 전달하고 싶다는 열망. 그런 느낌이 들게 하는 연설에 자신도 모르게 매료당한 경험이 없는가? 이것이 바로 연설을 잘하는 비결의 절반이다.

이런 정신과 감정의 상태에 있을 때 연설자는 저절로 말이 술술 나온다는 중요한 사실을 깨닫게 될 것이다. 멍에가 느슨해지고 짐이 가볍게 느껴지기 때문이다. 철저하게 준비를 한 연설은 그것만으로도 90퍼센트가 상대방에게 전달될 수 있다.

1장에서 말했던 것처럼 이 화술의 훈련을 희망하는 사람의 대부분은 자신감과 용기와 자립심을 얻기 위해서이다. 그런데 많은 사람들이 저지르는 치명적인 실수가 바로 준비를 게을리 한다는 것이다. 공포와 불안이라는 적과 싸우러 나가는데 젖은 탄약과 텅 빈 탄약상자를 가지고 간다면 어떻게 승리를 쟁취할 수 있겠는가? 그런 상태라면 청중들 앞에 서서 불안과 초조함에 벌벌 떨어야 하는 것은 당연한 이치이다. 링컨은 대통령 시절에 이런 말을 했다. "하고 싶은 말이 없는데도 창피한줄 모르고 사람들 앞에 서서 연설을 할 만큼 노망이 들지 않도록 항상 조심을 하고 있다."

자신감을 얻고 싶다면 어째서 그에 필요한 노력을 하지 않는가? 사도 요한은 이렇게 말했다. "완벽한 사랑은 두려움을 물리친다." 철저한 준비 또한 마찬가지이다. 웹스터는 준비가 반밖에 되지 않은 것보다 옷을 반만 입은 것이 훨씬 낫다고 할 정도였다.

그렇다면 어째서 우리는 철저하게 준비를 하지 않는 걸까? 대체 왜일까? 그것은 준비라고 하는 것이 무엇인지, 그리고 무엇부터 손을 대야 할지를 모르기 때문이다. 때로는 그럴 시간이 없다는 변명을 늘어놓는 사람도 있다. 따라서 이 장에서는 이 문제에 대해 깊숙이 파고 들어가 철저하게 생각해보기로 하자.

1. 올바른 준비 방법

준비란 무엇인가? 책을 읽는 걸까? 그것도 하나의 방법이기는 하지만 최선책은 아니다. 물론 독서가 도움이 되는 것은 사실이다. 그러나 만약 책을 통해 '틀에 박힌' 지식만을 받아들여 그것을 마치 자신의 것인 양 발표를 하게 된다면 전체적으로 뭔가 부족한 느낌을 주게 된다. 청중들은 뭔가 부족함을 느끼면서 연설에 빠져들 수가 없다.

실례를 들어보기로 하자. 나는 이전에 뉴욕의 은행 간부들을 위한 대중연설 강습회를 연 적이 있었다. 직업적 특성상 그들은 매우 바쁘기 때문에 충분한 준비를 하는 것이 쉬운 일이 아니었다. 그러나 지금까지의 인생을 통해 독자적인 사고방식과 신념, 독특한 견해로 자신만의 경험을 쌓아왔다. 그렇게 생각해보면 그들은 40년 동안이나 연설 재료를 축적해왔다고 말할 수 있다. 그런데도 그들 중에는 이러한 사실을 제대로 납득하지 못하는 사람이 있었다. 나무만 보고 숲을 보지 못하는 사람들이다.

이 모임은 금요일 오후 5시부터 7시까지 진행되었다. 그러던 어느 날, 시내 중심가의 은행에 근무하던 한 사람(편의상 잭슨 씨라고 부르기로 하자)은 벌써 4시 반이 되었다는 것을 깨달았다. 오늘은 무슨 이야기를 하지? 사무실을 나온 그는 신문 가판대에서 경제지 『포브』지를 사서 강습회가 열리는 연방 준비은행으로 향하는 지하철 안에서 '성공하기 위해 10년밖에 남지 않았다' 라는 제목의 기사를 읽었다. 그 기사가 특별히 관심을 끈 것은 아니었지만 뭔가 이야기를 해서 자신의 시간을 채워야 했기 때문이었다.

한 시간 뒤 그는 사람들 앞에 서서 이 기사 내용을 설득력 있고 재미있게 이야기하려고 했다.

과연 결과는 어땠을까? 피할 수 없는 운명의 결말은?

그는 자신이 말하고자 하는 내용을 제대로 파악하지 못했기 때문에 자신의 것으로 만들지 못했다. 말하고자 하는 것, 틀림없이 그는 뭔가를 말하고자 했다. 그러나 그가 전달하고자 하는 메시지가 무엇인지를 전혀 종잡을 수가 없었다. 그의 전체적인 몸동작과 말투 등을 통해 아무것도 전달하고자 하는 메시지가 없다는 것을 알 수 있었다. 말하고 있는 당사자가 느끼지 못하는 감동을 어떻게 청중들에게 감동을 기대할 수 있겠는가? 잡지 기사의 내용만 언급하며 계속해서 이래저래 적혀 있다고만 말하고 있을 뿐이었다. 잭슨 씨는 『포브』지의 이야기만 질리도록 말하고 정작 자신의 의견은 전혀 보여주지 못하였다.

나는 그에게 이렇게 말해주었다. "잭슨 씨, 우리는 그 기사를 쓴 전혀 모르는 사람에게는 관심이 없습니다. 그 사람은 이 자리에 없고 만날 일도 없을 겁니다. 하지만 당신과 당신의 생각에는 관심이 아주 많습니다. 다른 사람의 말이 아니라 당신이 개인적으로 무엇을 생각하는지를 이야기해주세요. 연설 속에 자신의 생각을 좀 더 많이 반영해주세요. 어때요, 다음 주에 같은 테마로 다시 한 번 해보실래요? 일단 기사를 다시 한 번 읽어보고 그 글의 내용에 동감을 하는지 생각해보십시오. 찬성을 한다면 본인의 체험에 비춰 심사숙고를 한 뒤 구체적으로 설명해주십시오. 혹시 반대라면 왜 반대를 하는지 그 이유를 말해주시지 않겠습니까? 중요한 것은 그 기사가 단순히 연설을 위한 출발점이 되어야 한다는 겁니다."

잭슨 씨는 내 제안을 받아들이고 기사를 다시 한 번 검토한 뒤 기사의 내용에 동의할 수 없다는 결론을 내렸다. 이제 그는 지하철 안에서 시간을 때우기 위해 연설 준비를 하지 않게 되었다. 주제에 대한 내용이 부풀어 오르기를 기다리게 된 것이다. 그렇게 완성된 내용은 마치 그의 머릿속에서 탄생한 아이와도 같았다. 그가 피를 나눠준 자식들이 그랬던 것처럼 살이 붙으면서 쑥쑥 성장하게 되었다. 깨닫지 못하는 사이에 어느 덧 성장해 있는 그의 딸들과 마찬가지였다. 신문기사를 읽을 때마다 시사(示唆)하는 바를 느꼈고, 친구들과의 토론을 통해 새로운 사례들이 자신도 모르는 사이에 머릿속에 떠올랐다. 그리고 시간이 날 때마다 그것에 대해 생각했다. 그럴 때마다 내용이 깊고 높아졌고, 크게 성장하며 두께를 더해갔다.

그리고 다음에 같은 주제로 이야기를 했을 때, 그는 자신만의 광맥에서 캐낸 광석, 자신만의 조폐국에서 찍어낸 화폐를 손에 쥐고 있었다. 게다가 기사와 반대 입장에 섰기 때문에 연설 내용은 훨씬 더 매끄러워져 있었다. 어느 정도 반대 입장에 서는 것만큼 사람을 분발시키는 것은 없기 때문이다.

같은 사람이 불과 2주 만에 같은 주제로 진행한 연설이 이렇게 극명한 차이를 보여줄 줄이야! 적절한 준비를 함으로써 이렇게 커다란 차이가 생기는 것이다.

준비를 어떻게 해야 하는지에 대한 또 한 가지 예를 들어보기로 하자. 한 남자가 워싱턴에서 개최한 강습회에 참석하였다. 편의상 그를 플린 씨라고 하자. 어느 날 오후, 그는 수도 워싱턴을 찬양하는 연설을 했다. 소재는 석간신문 『이브닝 스타』에서 발행한 책자에서 서둘러 긁어모았다. 연설의 결과는 그런 책들이 늘 그러하듯이 무미건조하고, 서로 연관성이 전혀 없으며, 연설하는 본인조차 제대로 이해하고 있지 않았다. 그는 주제에 대하여 충분하고 깊이 생각하지 못한 것이다. 처음부터 주제 자체가 플린 씨의 의욕을 자극하지 못했으며, 그 자신 또한 이야기할 만한 가치가 있다고 여기지 못한 것이다. 그의 연설은 따분하고, 아무 내용이 없는 무의미한 것이었다.

2. 절대로 실패하지 않는 연설 방법

그리고 2주가 지난 뒤, 플린 씨의 뇌리를 때리는 충격적인 사건이 일어났다. 공공 주차장에 주차해두었던 그의 차가 도난을 당한 것이다. 경찰서로 달려가 현상금까지 걸었지만 헛수고였다. 경찰은 이런 사건은 자신들이 어떻게 손쓸 방법이 없다고 말했다. 그러나 그 일이 있기 불과 일주일 전에 분필을 들고 순찰을 하던 경찰이 주차시간을 15분 넘긴 플린 씨에게 주차위반 딱지를 발부한 적이 있었다. 플린 씨는 도둑을 잡을 시간이 없다던 '딱지 경찰관' 때문에 화가 머리끝까지 치솟고 말았다. 이제 그에게는 하고 싶은 말이 생겼다. 『이브닝 스타』에서 발행한 책에서가 아니라 자신의 생생한 경험담에서 우러난 이야기 말이다. 그 이야기에는 생생하게 감정과 신념을 느끼게 해주는 무언가가 있었다. 워싱턴 예찬 연설을 할 때는 하나하나 생각을 쥐어짜야 했던 그였지만, 이번에는 그냥 서서 입만 열면 그만이었다. 그의 입에서는 경찰에 대한 비난이 베수비오스 화산처럼 불을 뿜어댔다.

이런 연설이라면 누구나 성공을 할 수 있다. 실패할 확률이 아주 적어진다. 왜냐하면 그것은 생생한 경험과 느낌의 전달이기 때문이다.

3. 어떻게 준비해야 하는지를 깨닫자

연설을 준비한다는 것이 훌륭한 문장을 모아 적거나 외우는 것일까? 그렇지 않다. 그렇다면 무조건 많은 의견들을 긁어모으는 것일까? 결코 그렇지 않다. 그것은 당신이 생각하고 있는 당신만의 생각과 신념, 당신의 바람을 조합하는 것이다. 당신은 그런 사상과 바람을 가지고 있다. 눈을 뜨고 있을 때면 항상 품고 있는 생각, 꿈에서조차 떠오르는 생각이 있다. 당신이라는 존재의 모든 것이 감정과 경험으로 충만해 있다. 이러한 것들이 해변의 조약돌처럼 두껍게 당신 의식의 깊은 곳에 잠들어 있다. 연설의 준비란 당신의 마음이 제일 끌리고 있는 생각을 떠올리고 선택하여 말하는 것이며, 그것을 재고하고 다듬어 하나의 패턴으로 만들어 당신만의 모양을 만드는 것이다. 이것은 그다지 어렵게 느껴지지 않을 것이며 실제로도 그다지 어렵지 않다. 목적의식을 가지고 조금만 집중해서 생각하면 된다.

드와이트 L. 무디 목사는 종교사에 길이 남을 위대한 연설들을 어떤 식으로 준비하였을까? 그는 이 질문에 다음과 같이 대답하고 있다.

특별한 비결은 없습니다. 나는 주제가 정해지면 커다란 봉투 표면에 주제를 적어 놓습니다. 내게는 그런 봉투가 아주 많습니다. 책을 읽을 때 좋은 자료를 발견하면 주제에 맞는 봉투에 넣어둡니다. 그리고 항상 수첩을 가지고 다니며 설교를 들으면서 내가 풀 수 없었던 문제를 해결해줄 수 있는 것이 있으면 받아 적었다가 거기에 맞는 봉투에 넣어둡니다. 그것들을 그대로 1년 정도 방치해둡니다. 새로운 설교를 해야 할 필요가 있을 때면 지금까지 모아두었던 봉투를 모두 꺼냅니다. 봉투 안에 들어 있는 내용들과 스스로 연구한 결과를 결합하면 그것만으로도 훌륭한 소재가 됩니다. 그렇게 여기저기서 조금씩 첨가를 하는 식으로 원고를 수정합니다. 덕분에 설교 내용이 진부하게 느껴지지 않습니다.

4. 명연설가가 전수하는 준비의 요령

예일대 신학부 창립 100주년 기념행사에서 학장인 레이놀드 브라운 박사는 '설교의 기술'에 대하여 강좌를 진행했다. 그리고 이 강연은 책으로도 출판되기도 했다.

브라운 박사는 30년이 넘도록 매주 스스로 강의 준비를 하면서 강의의 준비와 이야기 방법에 대한 연구도 겸해왔다. 다시 말해서 그는 이 주제에 관해서 현명한 조언을 해줄 수 있는 입장인 것이다. 그의 조언은 시편 91편에 대한 설교를 준비하는 목사든, 노동조합에서의 연설을 준비하고 있는 구두 장인이든 관계없이 누구에게나 도움이 될 것이다. 이제 브라운 박사의 말을 그대로 인용해보겠다.

원고와 주제에 대하여 깊이 생각하시길 바랍니다. 잘 숙성된 반응이 느껴질 때까지 심도 깊게 생각하는 것이 필요합니다. 그 속에서 작은 생명의 싹이 움트기 시작하면서 유익한 생각들이 무성하게 떠오르게 될 것입니다.

이 과정은 길면 길수록 좋으며, 일요일에 설교를 해야 하는데 토요일 오전에서야 마지막 정리를 시작해서는 안 됩니다. 설교를 하는 사람이 어떤 진실에 대하여 한 달, 혹은 6개월이나 1년 동안 마음속으로 품고 있을 수 있다면 새로운 생각들이 분수처럼 솟구칠 것입니다. 거리를 걸을 때, 지하철을 탔을 때, 눈이 피곤하여 책을 읽을 수 없을 때에 깊은 생각을 할 수 있습니다.

어쩌면 한밤중에 생각에 빠져들 수도 있겠지요. 하지만 습관적으로 잠자리에서까지 설교를 생각해서는 안 됩니다. 단상은 설교를 하는 데는 이상적이지만, 잠자리를 함께하는 것은 바람직하지 않습니다. 나는 어렵게 떠올린 생각을 아침이 되어 잊어버리는 것이 아닐까 걱정하며 한밤중에 자다 말고 벌떡 일어나 메모를 하는 경우가 종종 있습니다.

특정한 설교를 위한 재료를 조합할 때 그 원고들과 주제에 대해 떠오르는 모든 것들을 적어두는 것입니다. 성경 구절을 선택했을 때 떠오른 생각은 물론이고 그와 관련하여 떠오르는 모든 생각들을 적어둡니다.

떠오른 생각은 모두 적어두십시오. 몇 자 되지 않아도 상관이 없습니다. 살아 있는 동안 다른 책에서는 결코 찾아볼 수 없는 생각을 이끌어내겠다는 마음을 가지십시오. 이것이 생산적인 머리로 단련하는 방법입니다. 이 방법을 통해 당신은 자신의 사고회로를 항상 신선하고 독창적이고 창의적인 것으로 유지할 수 있습니다.

누구의 도움도 받지 않고 본인 스스로 생각해낸 것들을 모두 적길 바랍니다. 그것들은 루비나 다이아몬드, 순금보다도 더 정신적 성장에 있어 귀중한 것입니다. 적을 수 있는 것이라면 주변에 있는 종잇조각이나 편지지 뒷면, 봉투, 휴지라도 상관이 없습니다. 질이 좋고 긴 종이보다 오히려 그 편이 낫습니다. 그것은 단순이 경제적인 이유 때문이 아닙니다. 소재를 순서대로 정돈한다는 점에서는 조각조각의 종이가 훨씬 간단하게 정리할 수 있기 때문입니다.

항상 열심히 생각하고 떠오른 생각은 모두 종이에 적어두십시오. 서두를 필요는 없습니다. 이것은 당신이 하고 있는 모든 일들 중에서 가장 중요한 지적 작업 중에 하나입니다. 이 방법으로 진정한 생산력을 높이기 바랍니다.

당신이 가장 좋아할 만한 설교, 그리고 그것을 듣는 젊은이들이 가장 바람직한 것을 실현시킬 수 있게 해주는 설교는 당신의 내면에서 우러난 내용이 되어 있을 것입니다. 그리고 당신의 뼈와 살 그 자체, 당신의 지적 작업의 산물, 당신 자신의 창조력의 산물인 것입니다. 어디선가 가져다 섞어 놓은 설교는 재탕이기 때문에 신선함이 떨어집니다. 생생하게 청중들을 파고드는 설교는 걷고, 날고, 신을 찬미하는 설교입니다. 사람들의 마음속에 파고들어가 독수리처럼 날개가 돋아 날아오르고, 포기하지 않고 전진하게 해주는 심금을 울리는 설교입니다. 이런 참된 설교는 설교자의 에너지로부터 탄생하는 것입니다.

5. 링컨에게 배우는 연설의 준비

링컨은 어떤 식으로 연설 준비를 하였을까? 다행스럽게

도 나는 그것을 알고 있다. 여기서 소개하는 그의 방법을 읽는 동안 브라운 학장이 강의 중에 링컨이 70여 년 전에 이용했던 방법들을 권하고 있다는 것을 깨달을 것이다. 링컨은 그의 가장 유명한 연설 중 하나에서 다음과 같이 예언을 했다.

"'내분이 잦은 가정은 오래가지 않는다'고 했다. 지금의 정부도 반은 자유를, 반은 노예제도를 찬성하는 상태로 싸움이 지속되는 한 오래 갈 수 없다."

그가 이 연설을 떠올리게 된 것은 일상적인 일을 할 때이다. 식사를 하는 동안, 산책 중에, 소젖을 짜는 동안, 혹은 회색 낡은 망토를 두른 채 장바구니를 들고 정육점이나 잡화점으로 장을 보러 갈 때였다. 심지어 그의 어린 아들이 옆에서 조잘거리거나, 질문을 하고, 투정을 부리며 아빠한테 뭔가를 이야기하려고 애를 쓸 때도, 링컨은 연설에 대한 생각에 사로잡혀 아들의 존재는 까맣게 잊은 채 천천히 걸어갔다.

그는 달걀을 품어 부화시키는 이 과정에서 흩어져 있는 봉투나 종잇조각, 찢어진 종이봉투 등, 손에 잡히는 것에 메모를 하거나 떠오른 문장을 적어두었다. 그는 그것을 모자 속에 넣고 걸어 다녔다. 그리고 그것들을 정리하여 연설문을 쓰고 정리하여 최종 원고로 완성시키거나 출판을 하였다.

1858년에 벌어졌던 합동 연설회에서 스티븐 A. 더글러스 상원의원은 매번 똑같은 연설을 하였지만, 링컨은 같은 연설을 반복하는 것보다는 매일 새로운 연설을 하는 것이 훨씬 쉽게 느껴질 정도로 끝없이 연구하고 고심했다고 한다. 주제는 그의 마음속에서 항상 부풀어 오르고 있었다.

백악관으로 들어가기 얼마 전, 그는 세 개의 연설문만을 복사하여 그것만을 참고로 스프링필드의 한 상점 2층의 더러운 방에 틀어박혔다. 링컨은 그곳에서 그 누구의 방해도 받지 않고 취임 연설을 완성시켰다.

그렇다면 게티즈버그 연설은 어떻게 해서 완성을 시켰을까? 아쉽지만 이에 대한 잘못된 정보가 돌아다니고 있다. 그러나 실제 이야기는 정말로 재미있다. 여기서 그 진실을 소개하기로 하자.

게티즈버그 국립묘지의 설립 위원회는 개설 기념식전을 집행하기로 결정하고 에드워드 에버렛을 초청해 연설을 부탁했다. 그는 보스턴 교회의 목사, 하버드 대학의 총장, 매사추세츠 주지사, 상원의원, 주영대사, 국무장관 등을 역임한 미국의 가장 저명한 연설가로서 널리 알려져 있었다. 원래는 1863년 10월 23일이 예정일이었다. 에버렛은 현명한 인물로 그렇게 짧은 시간 안에 충분한 준비를 할 수 없다고 주장을 하였고, 그 결과 그에게 준비할 시간을 주기 위해 한 달 뒤인 11월 19일로 연기가 되었다. 그는 이 기간의 마지막 사흘 동안 게티즈버그에서 지내면서 옛 전쟁터를 시찰하고 그곳에서 벌어졌던 모든 일들을 피부로 느꼈다. 이것은 아주 훌륭한 준비였다. 그 덕분에 전쟁이 자신에게 훨씬 현실적인 것으로 다가올 수 있었다.

모든 의원들과 대통령, 그리고 내각들에게 초대장이 발송되었지만 거의 대부분의 사람들로부터 불참한다는 답장이 돌아왔다. 그러나 링컨 대통령이 출석을 한다는 통보를 해왔기 때문에 위원회 사람들은 깜짝 놀랐다. 그렇다면 과연 대통령에게 연설을 부탁해야 하는 걸까? 반대 의견이 있었기 때문에 위원회에서는 그럴 생각이 없었다. 대통령에게는 준비할 시간이 부족했다. 설령 시간이 있었다 하더라도 연설을 제대로 할 수 있는 걸까? 분명 링컨의 노예제도에 대한 토론이나 쿠퍼 유니언 대학에서의 연설은 매우 훌륭했다. 그러나 링컨이 위령 연설을 하는 것을 본 사람은 아무도 없었다. 이것은 중대하고 장엄한 행사였기 때문에 위험한 모험을 할 수는 없었다. 위원회는 그럼에도 불구하고 대통령에게 연설을 부탁해야 하는 건지 고민에 고민을 거듭했다. 만약 미래를 내다볼 수 있는 사람이 있어 대통령이 위대한 연설, 과거에 그렇게 훌륭한 연설을 들은 적이 없다고 느낄 정도의 연설을 할 것이라는 사실을 알았더라면 아마도 수천 배는 더 고민을 했을 것이다.

드디어 식전을 2주 앞두고 늦었지만 링컨에게 "'두세 마디 인사말을 부탁드립니다"라는 요청을 하였다. 그랬다, 말 그대로 '두세 마디 인사말' 이라고 적어 보낸 것이다. 미국 대통령에게 말이다.

링컨은 당장에 준비를 하기 시작했다. 그는 에버렛에게 편지를 보내 이 위대한 학자가 준비한 연설문의 복사본을 받았다. 그리고 며칠 뒤, 사진을 찍기 위해 사진관에 갈 때도 링컨은 에버렛의 원고를 들고 가서 틈틈이 원고를 읽었다. 그는 자신의 연설할 내용을 고민하며 백악관과 육군 본부를 오가는 동안에도, 한밤중에 육군 본부의 가죽 소파에 앉아 전신 보고를 기다리는 동안에도 생각에 잠겨 있었다. 그리고 큰 종이에 초고를 적어 실크 모자 안에 넣고 다녔다. 끊임없이 연설문을 생각하였고, 연설문은 점점 구체화되기 시작했다. 식전이 열리기 전날인 일요일, 그는 측근인 노아 브룩스에게 이렇게 말했다.

"아직 완벽하다고는 할 수 없어. 완성을 시키지 못했어. 이미 두세 번 교정을 했지만 한 번 더 수정을 하지 않으면 만족을 할 수 없어."

그는 식전 전날 밤에 게티즈버그에 도착했다. 작은 마을에 사람들의 인파로 넘쳐날 지경이었다. 평소에 1300명의 인구였던 곳이 갑자기 1만 5000명으로 늘어난 것이다. 몇몇 음악대가 연주를 하고 있었고, 군중들은 〈공화국 찬가 (Battle Hymn of the Republic)〉를 부르고 있었다. 링컨이 묵고 있던 윌즈 저택 주변으로 군중들의 벽이 만들어졌다. 군중들은 링컨을 위해 노래를 부르며 연설을 요청하였다. 링컨은 두세 마디 말을 하고 식전까지는 더 이상 아무 말도 할 수 없다고 하였다.

링컨은 사실 밤늦게까지 연설문의 수정을 거듭하고 있었다. 그는 국무장관인 시워드가 묵고 있던 옆집으로 찾아가 연설문을 읽어주고 비평을 요구했다. 다음 날 아침, 식사를 마치고 퍼레이드 시간이 되었음을 알리는 노크소리가 울릴 때까지 연설문의 수정은 계속되었다. 링컨 바로 뒤에서 수행하던 카 대령의 말에 따르면, 출발 당시 링컨은 말 등 위에서 허리를 꼿꼿이 세우고 군 최고의 통수권자답게 보였지만, 행렬이 진행될수록 그의 몸이 앞으로 구부려지고, 팔은 축 늘어졌고, 머리는 인사를 하듯이 숙이고 있었다고 한다. 마치 무언가 생각에 잠겨 있는 것 같았다고 했다. 링컨은 그때까지도 여전히 열 문장밖에 되지 않는, 짧지만 불멸의 연설의 수정을 하고 있었을 것이라고밖에 생각할 수 없었다.

링컨의 몇몇 연설은 그에게 큰 관심의 대상이 아니었던 것들이 있다. 그리고 그 연설들은 여지없이 실패를 하고 말았다. 그러나 노예제도와 연방에 대한 연설을 할 때는 비범한 능력을 발휘하였다. 어떻게 그럴 수 있었을까? 그 것은 그가 항상 그 문제에 대해 생각을 하고 있었고 깊이 깨달은 바가 있기 때문이다. 일리노이 주의 한 여관에서 그와 함께 묵었던 사람의 말에 의하면, 링컨은 아침에 일 어나자마자 벽을 뚫어져라 응시하며 "지금의 정부는 반은 자유를, 반은 노예제도를 찬성하는 상태로 싸움이 지속되 는 한 오래 갈 수 없다"라고 중얼거렸다고 한다.

그렇다면 예수는 어떤 식으로 연설을 준비했을까? 그는 사람들과 떨어져 생각하고 또 생각했다. 홀로 황야로 나가 40일 동안 명상과 단식을 했다. 마태오복음에는 "그때부터 예수는 말씀을 전달하기 시작하였다"라고 적혀 있다. 그리 고 세상에서 가장 유명한 연설의 하나인 '산상수훈(山上垂 訓)'을 설교하였다.

당신은 이렇게 반대할지도 모른다.

"정말 재미있는 이야기이다. 하지만 나는 불멸의 웅변가 가 될 생각은 없다. 나는 그저 업무상 간단하게 몇 마디 할 수 있으면 그걸로 충분하다."

맞는 말이다. 그 마음은 충분히 이해하고 있다. 이 책은 그야말로 여러분과 같은 비즈니스맨들을 위한 책이다. 그러나 당신이 어떤 이야기를 하던 간에 과거의 유명한 연설가들의 방법은 충분히 활용이 가능할 것이다.

6. 청중들이 관심을 둔 주제를 찾아라

어떤 주제로 이야기를 하는 것이 좋을까? 당신이 흥미를 느끼고 있는 것이라면 무엇이든 상관이 없다. 가능하다면 스스로 주제를 정해야 한다. 주제가 저절로 떠오른다면 최상일 것이다. 그러나 아쉽게도 타인에 의해 주제가 정해지는 경우가 많을 것이다.

짧은 연설 속에 많은 것을 담으려 하는 사람들이 많으니 그런 실수를 저지르지 않도록 주의가 필요하다. 하나의 주제에 대하여 한두 가지 관점에서 충분히 논할 수 있도록 해야 한다. 짧은 연설에서 이렇게 할 수 있다면 최선의 선택이 될 것이다.

주제는 일주일 전에 정하기 바란다. 그러면 시간이 날 때마다 주제에 대하여 여러 가지 생각을 할 수 있다. 주제에 대하여 일주일 동안 생각하며 꿈을 꾸어야 한다. 잠이 들기 전에도 그 주제에 대하여 생각을 하여라. 다음 날 아침에 면도를 할 때도, 샤워를 할 때도, 운동 중에도, 엘리베이터를 기다리는 동안에도, 점심 식사 중에도, 예약 시간을 기다리는 동안에도 생각을 집중하는 것이다. 친구와 그 주제에 대하여 이야기를 나누며 화젯거리로 삼는 것이다.

그 주제에 대해 가능한 많은 것들을 스스로에게 자문해보기 바란다. 이혼에 대한 이야기를 한다면 이혼의 원인에 대하여 생각해야 한다. 또한 이혼 후의 경제적, 사회적 영향을 고려해보는 것도 좋다. 어떻게 하면 이런 불행을 막을 수 있을까? 이혼을 위한 일종의 법규가 반드시 필요한 걸까? 이혼을 하지 못하게는 할 수 없는 걸까? 지금보다 이혼하기가 더 힘들게 해야 하는 걸까, 아니면 쉽게 해야 하는 걸까?

아니면 이 강습회에 참가한 이유에 대해 이야기해보자. 이때는 이렇게 자문을 해보기 바란다.

"내가 고민하고 있는 문제는 무엇일까?"

"여기서 지도를 받으면서 무엇을 바랄 수 있을까?"

"지금까지 사람들 앞에 서서 강연을 한 적이 있던가? 있었다면 언제, 어디서였는가? 그때는 어땠었는가?"

"왜 연설 훈련이 비즈니스맨에게 도움이 된다고 생각하는가?"

"자신감, 차분함, 설득력이 있는 탁월한 연설 능력 덕분에 비즈니스와 정치 세계에서 두각을 나타내고 있는 사람을 알고 있는가?"

"연설 능력이 없어서 성공을 손에 넣지 못한 사람을 알고 있는가?"

구체적으로 생각해봐야 한다. 단, 타인의 이야기를 할 때는 그 사람의 이름을 밝혀서는 안 된다.

처음 몇 번의 연설에서는 청중들 앞에 서서 명확하게 판단하면서 2, 3분 이야기를 지속하는 것만으로도 충분하다. 강습회에 들어오게 된 이유와 같은 주제는 간단하다. 그 이유는 확실하기 때문이다. 자기 자신이 관찰한 것, 바람, 경험에 대하여 이야기를 하는 것이기 때문에 소재를 골라 조합할 시간만 조금 있다면 이야기의 내용은 쉽게 풀려갈 것이다.

만약 자신의 일이나 직업에 관한 이야기를 하기로 결심했다면 어떤 식으로 준비를 하는 것이 좋을까? 이미 그 주제에 관한 소재는 충분히 가지고 있다. 문제는 그것들을 어떻게 고르고 어떻게 조합하는가이다. 모든 것을 3분 안에 다 이야기하려고 해서는 안 된다. 그것은 불가능한 일이며, 너무 엉성하고 단편적인 것이 되기 십상이다. 하나의 주제만 선택해서 그것을 키워나가는 것이다. 예를 들어 어떻게 해서 지금의 일을 하게 되었는지를 이야기하는 것은 어떨까? 우연이었을까? 자신이 선택한 결과는 현재 어떤가? 일을 시작하면서 맛봐야 했던 실패, 노력, 희망, 승리에 대한 이야기를 하자. 대부분 사람들의 인생에 대한 일화는 겸허한 말투에 상대방의 마음에 상처를 주지 않는다면 매우 흥미롭다. 연설의 소재로 실패할 확률이 적다.

자신의 일을 다른 각도에서 바라보기 바란다. 무엇이 문제인가? 신입사원에게 어떤 조언을 할 것인가? 아니면 자신이 접촉하는 사람들에 대하여 이야기하는 것도 좋다. 정직한 사람도 있고, 거짓말쟁이도 있을 것이다. 업무상의 고민과 고객과의 문제를 이야기하는 것도 좋다. 일을 하면서 깨닫게 되는 세상에서 가장 재미있는 이야기는 인간의 본성이 아닐까? 일에 관한 이야기든 다른 이야기든 간에 전문적인 이야기는 듣는 사람을 따분하게 만든다. 그러나 인간과 인간성에 대한 이야기라면 절대로 실패하지 않을 것이다.

특히 추상적인 설교를 하지 않도록 주의를 해야 한다. 그런 이야기는 따분해지기 십상이다. 실례와 일반적인 이야기로 층층이 쌓아 올린 케이크처럼 이야기를 정리하기 바란다. 자신이 본 구체적인 예와 그 구체적인 예를 통해 설명이 가능하다고 생각하는 원리에 대해 생각하기 바란다. 구체적인 예는 추상적인 이야기보다 훨씬 알기 쉽고, 또한 말하기도 쉽다. 그리고 당신이 말할 때의 몸짓도 안정적이 될 수 있다.

아주 흥미로운 문장가의 사례를 소개해보기로 하자. 이 글은 B. A. 포브스가 쓴 기사의 발췌문으로 경영자의 권한을 양도할 필요성에 대하여 적은 글이다. 여러 실례들, 즉 사람들에 대한 일화에 주목해주기 바란다.

현재의 거대 기업들 중에 대부분은 과거 1인 경영이었다. 하지만 그중에 대부분은 1인 경영에서 벗어날 수 있었다. 그 이유를 생각해보자. 아무리 우량기업이라 할지라도 특정 1인의 보호하에 존재하고 있는데, 상공업을 막론하고 현재의 경영 규모가 거대화되어 아무리 유능한 사람이라 할지라도 거대한 몸체를 끌어줄 우수한 두뇌들이 필요하기 때문이다.

울워스는 실제로 몇 년 동안이나 혼자 1인 경영을 했다고 내게 털어 놓았다. 때문에 그는 건강을 해쳐 몇 주일 동안이나 입원을 하게 되었는데, 병원에서 그는 자신이 원하는 대로 사업을 진행하기 위해서는 경영 책임을 다른 사람들과 함께 나누어야 한다는 것을 절실하게 실감했다.

베들레헴 스틸사도 오랫동안 1인 경영의 형태로 경영을 해오면서 전권을 찰스 M. 슈워브가 쥐고 있었다. 그러나 그가 몇 번이고 이야기했던 것처럼 마침내 유진 G. 그레이스가 두각을 나타나면서 슈워브를 능가하게 되었다. 지금은 베들레헴 스틸사가 슈워브 혼자만의 것이 아니다.

이스트만 코닥사는 초기 단계에는 이스트만이 모든 권한을 쥐고 있었지만, 그는 현명하게도 일찌감치 효율적인 조직을 꾸렸다. 시카고의 대형 통조림 회사들도 모두 똑같은 과정을 지나왔다. 스탠더드 석유회사는 다른 회사들의 일반적인 과정과는 정반대로 대규모 경영진을 갖춘 채 1인 경영을 한 적이 없었다.

J. P. 모건은 초 거물이었지만 유능한 파트너와 책임을 함께하는 가치를 굳게 믿었다.

1인 경영을 하고자 하는 야심을 품고 있는 경영자가 아직도 많다. 하지만 그들 또한 현대 기업의 거대화로 인해 어쩔 수 없이 타인에게 경영 책임을 위임할 수밖에 없게 되어 있다.

업무에 관한 이야기를 할 때는 본인 혼자만 관심이 있는 이야기를 하는 용서받기 힘든 과오를 저지르는 사람이 있다. 말을 하는 사람은 본인이 아니라 듣는 사람을 즐겁게 해주는 이야기를 해야 한다. 청중들의 변덕스러운 마음을 끌 수 있는 이야기를 해야만 한다. 예를 들어 화재보험 영업사원이라면 재산을 화재로부터 보호할 수 있는 방법을 이야기해야 한다. 은행원이라면 저금과 투자에 대한 조언을 하는 것이 좋다. 연설을 준비할 때는 자신의 이야기를 듣는 사람들이 어떤 사람들인지를 연구할 필요가 있다. 청중이 원하는 것이 무엇인지를 생각해보길 바란다. 그러면 싸움의 절반은 이미 승리한 것이나 마찬가지이다.

주제를 준비할 때, 시간이 허락한다면 책을 읽고 그 주제에 대하여 다른 사람이 어떻게 생각하는지 알아두면 좋을 것이다. 그러나 자신의 생각을 정리한 뒤에 책을 읽기 바란다. 이것은 아주 중요한 일이다. 그리고 도서관으로 가서 도서관 사서에게 자신이 원하는 것을 이야기하라. 자신이 어떤 주제로 연설을 하려고 하는지 이야기하는 것이다. 솔직하게 도움을 청하라. 조사하는 습관이 없는 사람이라면 도서관 사서가 얼마나 많은 도움을 줄지 놀랄 것이다. 주제에 맞는 기사를 찾아주거나 토론의 개요에 대하여 가르쳐주고, 당시 공적 질문의 찬반 양론에 관한 주요 논점을 가르쳐줄지도 모른다. 또한 20세기 초부터 주제별로 분리한 잡지기사의 목록인 정기 간행물 『리더스 가이드』, 『정보연감』, 『세계연감』, 각종 백과사전, 그 외에 다른 수십 권의 참고 도서 등을 제시해줄 것이다. 그것들은 당신을 위해 준비된 도구들이니 부디 활용하기 바란다.

7. 충분한 준비는 능력을 향상시켜준다

루터 버뱅크는 세상을 뜨기 직전에 이런 말을 남겼다.

"나는 아주 독특한 하나의 품종을 찾기 위해 백만 개의 표본을 만드는 일이 흔했다. 그리고 실패한 것들은 모두 처분해버렸다."

연설도 이렇게 충분한 준비가 필요하다. 100개의 연설문을 준비하여 90개를 버린다는 마음가짐을 가져야 한다. 필요 이상의 소재와 정보를 모아야 한다. 그러면 그것은 자신감으로 이어진다. 그것은 심리적으로나 육체적으로는 물론이고 이야기 태도에도 효과 만점이다. 이것은 준비의 기본적이면서도 가장 중요한 요소이지만, 공적이거나 사적이거나 상관없이 이 기본을 무시하는 경우가 많다.

아서 던은 이렇게 말했다.

나는 수많은 영업사원, 판촉사원 등을 훈련시켜 왔다. 그리고 그 사람들의 약점이 대부분 팔고자 하는 상품에 대한 정보를 미리 알아야 한다는 중요성을 깨닫지 못한다는 것이었다.

수많은 세일즈맨이 내 사무실을 찾아왔지만, 그들은 상품에 대한 대략적인 설명만 듣고 곧장 판매에 나서려 했다. 그들의 대부분은 일주일을 채 넘기지 못하고 이틀 만에 그만둬 버리는 경우가 많았다. 식품 판매 담당 판촉사원을 훈련시킬 때, 나는 그들을 식품 전문가로 만들려고 한다. 미국 농무성이 발행한 식품 속의 수분, 단백질, 탄수화물, 지방, 회분의 양을 나타내주는 식품 표준성분에 대해 공부를 시켰다. 또한 상품의 구성요

소도 공부하게 했으며 학교에 보내 시험에 합격시켰다. 그리고 동료들을 상대로 상품을 파는 훈련을 시키면서 가장 우수한 사람에게 상을 주기도 했다.

때문에 상품의 연구를 위해 필요한 준비 시간의 단계에서 포기해버리는 사람이 많았다. 그리고 그들의 변명은 대부분 다음과 같았다.

"소매점에서 이런 걸 모두 이야기해줄 시간이 없습니다. 손님도 바쁠 테니까요. 단백질과 탄수화물에 대해 이야기해주어도 전혀 들어주지 않아요. 설령 들어준다고 하더라도 무슨 말인지 전혀 이해를 못할 겁니다."

이런 변명을 하는 사람에게 나는 이렇게 말해준다.

"그 지식들은 손님들을 위한 것이 아니라 당신 자신을 위한 겁니다. 당신이 상품에 대해 하나부터 열까지 다 알고 있다면, 그것은 말로는 표현할 수 없는 무언가를 얻게 되는 것이죠. 그리면 당신은 그만큼 적극적이고 정신적으로도 강해질 수 있습니다. 손님은 당신을 거부할 수 없고, 이길 수 없다고 여기게 됩니다."

다음은 스탠더드 석유회사에 소속되어 있는 저명한 역사가 아이다 M. 타벨 여사로부터 들은 이야기이다. 그녀가 파리에 머무르고 있을 때 『맥클루어즈』지의 창립자 S. S.

맥클루어 씨에게서 대서양 횡단 해저 케이블 회사에 다한 짧은 기사를 의뢰받았다. 그녀는 런던으로 날아가 이 케이블 회사의 유럽 담당자로부터 이야기를 듣고 기사를 쓰기 위해 충분한 자료를 수집할 수 있었다. 하지만 그녀는 거기서 만족하지 않고 더 많은 자료를 수집하였다. 대영박물관에 전시되어 있는 모든 종류의 전선에 관하여 공부를 하고, 전선에 대한 역사책을 일일이 읽었고, 런던 교외의 공장으로 가서 전선 제조공정을 견학하였다.

어째서 그녀는 자신이 필요한 정보의 10배가 넘는 양의 정보를 수집한 걸까? 그렇게 함으로써 여분의 능력을 갖출 수 있을 것이라 생각했기 때문이다. 그녀가 알고 있으면서도 기사화하지 않은 정보는 실제로 기사화된 내용에 박력과 다채로움을 더해준다는 것을 잘 알고 있었기 때문이다.

에드윈 제임스 커텔은 약 3천만 명의 사람들 앞에서 강연을 하였다. 그러나 강연이 끝나고 집으로 돌아가는 길에 "이야기할 내용이 남아 있다고 스스로 반성할 정도가 아니면 그 강연은 실패한 것이다"라고 내게 말한 적이 있다. 왜 그런 말을 한 것일까? 그는 오랜 경험을 통해 강연자가 모든 것을 이야기할 수 있는 시간이 부족하다고 여길 만큼 충분한 소재를 가지고 있는 강연이야말로 훌륭한 강연이라는 사실을 알고 있었기 때문이다.

당신은 이렇게 반론을 제기할지 모른다.

"뭐라고? 이 저자는 내게 그 모든 것을 다 준비할 만큼 한가한 줄 아나? 나는 일도 해야 하고, 부양할 처자식이 셋이나 있고 두 마리의 에어데일테리어까지 있어. 미술관까지 달려가 케이블을 보고, 독서를 하고, 침대 속에서 연설 연습을 할 여유가 없어. 내 사정을 이해해달라고."

당신의 사정은 잘 알겠다. 물론 동정의 여지가 있다. 주어진 주제에 대해서는 이미 충분히 생각했었던 문제들이다. 사전에 충분히 생각할 필요 없이 청중들을 앞에 두고 즉흥적으로 이야기할 수 있는 간단한 주제가 주어지는 경우도 있다. 이것은 본인 스스로 생각하게 해주는 가장 유익한 훈련이 된다. 그것은 비즈니스 상황에서 반드시 필요한 것이기도 하다.

이 강습회의 수강생들 중에는 연설 준비의 방법을 배우는 데 관심이 전혀 없는 사람이 있다. 그들은 명석하게 생각을 할 수 있게 되거나, 온갖 비즈니스 회의의 토론 자리에 참가하고 싶다고 생각하고 있다. 그런 수강생은 수업에 참석하여 선배 수강생들의 연설 속에서 무언가 단서를 찾으려고 한다. 어느 정도는 그렇게 해도 좋을 것이다. 그러나 그것이 전부여서는 안 된다. 이 장에서 내가 제안한 것들을 따라주기 바란다. 그러면 당신이 원하던 안심과 자유를 얻을 수 있고, 보다 효과적으로 이야기할 수 있는 능력이 몸에 배이게 될 것이다.

연설 준비를 할 여유가 생길 때까지 기다린다고 해서 그런 여유가 생기지는 않는다. 그러나 습관적이고 익숙한 일을 하는 것은 간단하다. 따라서 일주일에 한 번, 밤 8시부터 10시까지 시간을 내서 이 작업을 해주길 바란다. 그것이야말로 확실하고 체계적인 방법이다. 그러니 부디 시험을 해보기 바란다.

2장의 정리

1. 연설자에게 진정한 메시지, 즉 꼭 이야기하고 싶은 것이 있다면 성공한 것이나 마찬가지이다. 충분한 준비가 된 연설은 이미 90퍼센트 이상 성공했다고 할 수 있다.

2. 준비란 무엇인가? 종이 위에 무의미한 문장들을 늘어놓는 것일까? 문구를 기억하는 것일까? 절대로 그렇지 않다. 진정한 준비란 자기 자신을 들춰내서 자신의 생각을 조합하여 순서를 정돈하는 것, 스스로의 확신을 소중히 여기며 키워가는 것이다.
   (뉴욕의 잭슨 씨가 『포브스』지에 실린 기사를 발췌하여 남의 생각을 전달할 때는 실패를 하였다. 그러나 그 기사를 자신의 연설을 위한 출발점으로 이용했을 때는 성공을 하였다. 다시 말해서 그는 자신의 생각, 실례를 발전시키는데 성공을 한 것이다.)

3. 앉은 채로 30만에 연설문을 완성시키려고 하지 말 것. 연설은 주문 받은 스테이크처럼 요리할 수가 없다. 연설은 성장시켜나가는 것이다. 일주일 정도 전에 주제를 정하고 틈이 날 때마다 그것에 대해 생각하고, 잠자리에 들어서도 생각하고, 꿈속에서조차 생각해야 한다. 친구의 평가도 들어보라. 이야기 속에서 그 주제를 다루어보라. 그것의 가능성을 스스로에게 모두 자문해보라. 머리에 떠오른 생각들은 모두 메모를 하여 많은 아이디어를 수집하라. 아이디어, 제안, 실례는 아주 사소한 시간들, 예를 들어 샤워를 할 때, 운전을 할 때, 식사가 나오길 기다리는 시간에 떠오르게 되어 있다. 이것은 링컨을 시작으로 유명한 연설가 대부분이 이용했던 방법이다.

4. 혼자서 생각한 다음에 시간이 허락된다면 도서관으로 가서 주제에 관한 책을 읽어보라. 도서관 사서에게 자신의 원하는 바를 말해주고 도움을 청하라.

5. 실제로 사용할 정보보다 훨씬 많은 양의 정보를 수집하라. 루커 버뱅크의 방법을 본받자. 그는 하나의 뛰어난 품종을 발견하기 위해 백만 개의 식물 표본을 만들었다고 한다. 연설을 위해 100을 준비하고 90을 버린다는 생각을 하라.

6. 여분의 능력을 갖추는 것은 실제로 사용하는 양보다 훨씬 더 많은 것을 안다는 것이다. 정보를 충분히 비축하는 것이다. 연설 준비를 할 때는 아서던이 아침 식사대용의 신제품을 팔아야 하는 영업사원들에게 훈련했던 방법이나, 아이다 M. 타벨이 대서양 케이블에 대한 기사를 쓸 때 준비했던 것과 같은 방법을 참고하기 바란다.

Develop success from failures. Discouragement and failure are two of the surest stepping stones to success.
실패에서 성공을 이끌어내라. 좌절과 실패, 이 두 가지는 틀림없이 성공의 밑거름이 될 것이다. –Dale Carnegie

유명한 연설가들에게서 배우는 준비방법

How Famous Speakers Prepared Their Addresses

"잡다한 사실을 정리하지 않은 채 머릿속에 담아두는 것과, 편리하게 처리할 수 있고 곧바로 이야기할 수 있게 정리해두는 것은 하늘과 땅 차이이다."
-로리머, 『인생이라는 학교에서 무엇을 배우며 어떻게 살 것인가』

"교양이 있는지 없는지를 구분하는 요령은 문제의 핵심을 파악하는 능력이 있는가에 달려 있다. 대학 교육에서 얻을 수 있는 최고의 장점은 훈련된 마음이라는 사실은 틀림 없다."
-존 그리어 히번(프린스턴 대학 총장)

"교양이 있는 사람들이 제일 처음 사람들을 감동시키는 것은 무엇일까? 교양이 있는 사람들이 뛰어난 기억력이 있다고 여겨지는 이유는 무엇일까? 인상에 남는 진짜 이유는 그 사람의 기억이 체계적이기 때문이다."
-S. T. 콜리지

"연설에 관한 공통적인 과오는 말하고 싶은 것만 있으면 된다고 생각하는 것이다. 이것은 완전히 잘못된 생각이다. '말하고 싶은 것'이 그렇게 확신하고 있는 사람의 마음의 법칙과 맞는 것이 아닌 이상 바람과 이야기하는 것과 마찬가지다. 현대의 연설자는 '말하고 싶은 것' 이외에 그것을 가장 잘 전달할 수 있는 방법을 알아야만 한다. 채텀이나 웹스터, 비처는 '말하고 싶은 것'만 있는 것이 아니라 발표하기 위해 그것을 신중하게 검토해야만 한다는 것을 알고 있었다."
-아서 에드워드 필립스 『효과적인 연설』

03

유명한 연설가들에게서
배우는 준비 방법

이전에 나는 뉴욕 로터리클럽의 점심 식사 모임에 참가한 적이 있다. 그날은 한 정부 고위 관료가 초청 연설을 하였다. 그의 지위는 권위를 느끼게 해주었고, 참가자들은 그의 연설에 많은 기대와 관심을 가지고 있었다. 그는 자신이 속해 있는 부처의 활동에 대하여 연설을 하기로 되어 있었기 때문에 뉴욕의 비즈니스맨들은 모두 관심을 기울이고 있었다.

그는 연설 주제에 대하여 전문가였고 실제로 연설할 내용보다 훨씬 더 많은 지식을 가지고 있었다. 그러나 그는 연설 준비를 전혀 하지 않았다. 소재도 결정을 하지 않았으며, 이야기의 순서조차 생각하지 않았다. 그럼에도 불구하고 무식하면 용감하다는 식으로 연설을 감행했다. 그렇게 무슨 말을 할 것인지 정하지도 않은 채 연설이 시작되었다.

그의 머릿속은 쉽게 말해 엉망진창이었다. 때문에 청중들에게 전달한 지적 자산도 엉망진창이 되고 말았다. 아이스크림을 먼저 먹고 스프를 먹는 꼴이었다. 그다음에 생선과 땅콩이 나오고, 다시 스프와 아이스크림과 훈제한 고급 청어를 섞어 놓은 것 같은 형국이었다. 나는 이렇게 혼란스러운 연설을 들은 적이 없었다.

그는 즉석연설을 하려고 했지만 결국은 하는 수 없이 주머니에서 메모장을 꺼내 들었다. 비서가 정리해주었다고 고백했지만 그의 고백을 의심하는 사람은 한 사람도 없었다. 그 메모조차 고철을 가득 실은 화물차처럼 혼란스러웠다. 그는 신경질적으로 메모장을 이리저리 펼치면서 어떻게 해서든 위기를 모면하기 위해 급급했다. 그러나 그것은 이미 불가능한 일이었다. 그는 사과를 하고 떨리는 손으로 물을 마신 뒤 두세 마디 말을 한 뒤 같은 말을 반복하다가 다시 메모장을 뒤졌다. 점점 더 혼란 속으로 빠져들며 걷잡을 수 없게 되었다. 이마에는 식은땀이 흘렀고, 땀을 닦은 손수건은 떨리고 있었다.

이 사태를 바라보던 우리 청중들은 동정을 하며 마음이

편안하지 않았다. 마치 본인이 실패를 한 것 같은 느낌조차 들었다. 그러나 그는 안타깝게도 메모를 보거나, 사과를 하거나, 물을 마시면서도 완고하게 이야기를 계속했다. 그 이외의 사람들은 모두 이제 곧 파경에 이를 것이라는 것을 깨닫고 있었다. 그리고 그가 악전고투를 끝내고 자리에 앉자 우리도 안도의 한숨을 내쉴 수 있었다.

이렇게 바늘방석처럼 불편했던 자리는 처음이었다. 그리고 그는 내가 들은 연설가 중에 가장 창피를 당한 연설가였다. 그는 루소가 말한 연애편지를 쓰는 방식으로 강연을 시작했다. 다시 말해서 무슨 말을 하는지 자신도 모르는 채 이야기를 시작해서 무슨 말을 했는지 모르는 사이에 끝나버리고 만 것이다.

이 일화에서 배울 수 있는 교훈은 하버트 스펜서가 말했던 것처럼 "지식이 정리되지 않는다면 지식이 많을수록 혼란도 더욱 깊어진다"는 것이다. 정신이 멀쩡한 사람이라면 설계도 없이 집을 짓지는 않을 것이다. 그렇다면 왜 아무런 개요나 계획도 세우지 않은 채 연설을 하는 걸까? 연설은 목적지가 있는 항해이기 때문에 항해 지도가 반드시 필요하다. 목적지를 알지 못한고 출발한 사람은 아무 데도 도착할 수가 없다.

나는 연설을 배우는 학생들이 모이는 장소의 모든 입구

위에 불타는 듯한 붉은 글자로 나폴레옹의 글귀를 적어 달라고 부탁하고 있다.

"전술은 과학이다. 철저하게 계산하고 선별한 것이 아니면 성공할 수 없다."

이것은 전술과 마찬가지로 연설에도 해당되는 말이다. 그러나 모든 연설자가 과연 이것을 깨닫고 있을까? 깨닫고 있다면 항상 이대로 시행을 하고 있을까? 결코 그렇지 않을 것이다. 수많은 연설이 무계획하고 무질서하다는 점에서 아이리시스튜(양고기와 감자, 양파로 만든 스튜)보다 조금 나은 정도에 불과하다.

소재를 모았다면 그것을 어떻게 정리하는 것이 가장 효과적일까? 그것은 스스로 연구를 해야 비로소 깨달을 수 있는 것이다. 연설자는 끝없이 자문자답을 해야 한다. 이것은 항상 새로운 문제이며 영원한 숙제이다. 만능의 법칙은 절대로 존재하지 않는다. 그러나 제대로 정리하는 것이 어떤 것인지는 간단하게 설명할 수가 있다.

1. 기술적으로 잘 정리된 연설의 예

내 강습회의 한 수강생이 전미 부동산 협회 회원들을 상대로 했던 연설을 소개해보기로 하자. 이것은 여러 도시에 관한 28개의 연설 중에서 1등을 차지한 연설이다. 이 연설

의 구성은 뛰어나며, 정보도 풍부하여, 생생하고 흥미진진
했다. 연설자의 정신이 담긴 당당한 연설이었다. 이것은
연구할 만한 가치가 있는 연설이다.

존경하는 회장님과 회원 여러분

144년 전, 이 위대한 나라 미합중국은 우리 필라델피아에서
탄생하였습니다. 때문에 이런 역사적 배경을 가진 이 도시가
미국의 영혼을 강하게 품고 있다는 것은 당연한 것이며, 또한
우리나라의 최대 공업중심 도시이자 세계에서 가장 아름다운
도시가 되었습니다.

필라델피아 시는 약 200만 명의 인구를 자랑하며, 면적은 밀
워키와 보스턴, 파리, 베를린을 합친 것보다 큰 130평방 마일
중에 약 8000에이커에 달하는 기름진 땅이 아름다운 공원과 광
장과 거리를 이루고 있습니다. 다시 말해서 필라델피아 시민은
휴식과 놀이 공간을 가지고 있기 때문에 양식이 있는 미국 시
민들이 살기에 걸맞은 훌륭한 환경을 자랑하고 있습니다.

그러나 필라델피아가 단순히 크고 깨끗하고 아름답기만 한
것은 아닙니다. 세계에 둘도 없는 대규모 공업지대로서도 널리
알려져 있습니다. 왜냐하면 40만 명 이상의 사람들이 9200개
의 사무실에서 일하고 있으며, 10분에 10만 달러에 해당하는
제품을 만들어내고 있기 때문입니다. 또한 어느 유명한 통계학

자의 통계에 따르면 양털, 가죽, 편물, 섬유제품, 펠트모자, 철물, 공구, 축전지, 강선(鋼船) 등의 생산량에 있어서 필라델피아와 견줄 만한 도시는 미국 내에 없습니다. 철도용 기관차는 밤낮 없이 2시간마다 한 대씩 제조되고 있으며, 미국 인구의 절반 이상이 필라델피아에서 만든 열차를 타고 있다고 합니다. 잎담배는 매 분마다 1000개가 생산되고 있으며, 작년에 150개의 양말 공장에서 전국의 남녀노소 1인당 2족의 양말을 생산하였습니다. 카펫과 깔판에 관해서는 영국과 아일랜드의 생산량을 합친 것보다 더 많았습니다. 실제로 우리 도시의 상공업은 다른 지역을 능가하고 있으며 작년 한 해의 은행에서의 어음 교환액이 370억 달러를 넘었으며, 이 금액은 미국의 공채를 모두 사고도 남을 정도입니다.

우리는 필라델피아의 훌륭한 공업계획을 대단히 자랑스럽게 여기는 동시에 우리나라의 의료, 예술, 교육의 중심지라는 것을 자랑스럽게 여기고 있습니다. 그러나 이보다 더 자랑스러운 것이 있습니다. 그것은 바로 단독주택에 세계에서 제일 많다는 점입니다. 필라델피아에는 39만 7천에 달하는 단독주택이 있으며, 각 주택의 폭을 7.5미터로 가정했을 때, 그것을 일렬로 늘어놓으면 필라델피아에서 캔자스시티의 컨벤션 홀을 지나 덴버까지 이어집니다. 거리로는 약 1881마일이 됩니다.

그러나 여러분이 특히 주목해야 할 것이 있습니다. 이런 주택의 소유자들이 바로 이 도시의 노동자 계급이라는 중요한 사실입니다. 그리고 인간의 거점인 집을 소유한다는 것은 외국으로부터 들어온 질병, 흔히 말하는 사회주의와 소련 공산주의자들이 주장하는 분쟁이 일어날 수 없다는 점입니다.

필라델피아는 유럽의 무정부주의자 추종자들에게는 비옥한 토지가 될 수는 없습니다. 왜냐하면 우리의 집도, 교육제도도, 거대한 공업도, 이 도시에서 태어난 진정한 미국 정신의 산물이기 때문입니다. 필라델피아는 이 위대한 나라의 어머니이자 미국의 자유 수호 정신의 원천인 것입니다. 제일 처음 미국의 국기가 만들어진 것도 이곳입니다. 처음으로 의회가 열린 곳도 이곳입니다. 독립선언문이 조인된 것도 이곳입니다. 미국인들에게 가장 소중한 유품인 '자유의 종'이 수많은 사람들에게 용기를 심어준 곳도 이곳입니다. 따라서 우리 필라델피아 시민들에게는 성스러운 사명이 있습니다. 그 사명이란 부를 숭배하는 것이 아니라 미국의 정신을 널리 알려 자유의 불꽃을 영원히 불태우는 것입니다. 그럼으로써 신의 허락을 얻어 워싱턴, 링컨, 루즈벨트가 쌓아올린 이 나라는 모든 인류의 귀감이 될 것입니다.

이 연설을 분석해보자. 어떻게 구성이 되었고, 어떤 효과를 거두었을까? 먼저, 시작과 결말이 있다. 이것은 의외로 보기 드문 것이며 장점이라 할 수 있다. 철새들이 목적지를 향해 곧장 날아가듯이 전혀 시간의 낭비가 없다.

또한, 신선하면서도 개성이 넘친다. 제일 앞부분에 자신이 살고 있는 도시에 대하여 다른 사람이 흉내조차 낼 수 없는 말을 하였다. 그것은 바로 필라델피아가 미국의 발원지라는 사실을 지적한 것이다.

다음으로 필라델피아가 전 세계에서 가장 큰 도시이자 아름다운 도시라는 사실을 전하고 있다. 그러나 이것은 아주 일반적이고 평범한 내용이다. 이것만으로는 큰 인상을 남기지 못했을 것이다. 그는 그 사실을 잘 알고 있었기 때문에 '면적은 밀워키와 보스턴, 파리, 베를린을 합친 것보다 크다'는 이미지를 부각시켰다. 이렇게 하면 구체적으로 얼마나 큰지를 알 수 있다. 게다가 흥미롭고 의외라는 인상을 남겨준다. 이런 이미지는 한 페이지의 통계보다 훨씬 설득력이 있다.

다음으로 그는 "필라델피아는 세계적으로 대규모 공업지대로 잘 알려져 있다"고 말하고 있다. 이것이 과장되게 들리는가? 마치 선전문구와도 같다. 이대로 연설을 진행했다면 아무도 믿으려 하지 않았을 것이다. 그러나 그는 그렇게 하지 않았다. 그는 잠시 필라델피아가 세계에서 제일 많은 생산량을 자랑하는 제품들 즉, "양털, 가죽, 편물,

섬유제품, 펠트모자, 철물, 공구, 축전지, 강선(鋼船) 등"을 열거해주었다. 덕분에 선전 문구처럼 과장되게 들리지 않았다.

"철도용 기관차는 밤낮 없이 2시간마다 한 대씩 제조되고 있으며, 미국 인구의 절반 이상이 필라델피아에서 만든 열차를 타고 있다고 합니다."

이 말을 들은 사람들은 이렇게 생각했을 것이다.

'그건 몰랐는데. 어제 필라델피아로 올 때 탔던 열차도 그거였는지 몰라. 내일 열차를 탈 때 확인해봐야지.'

"잎담배는 매 분마다 1000개가 생산되고 있으며, 작년에 150개의 양말 공장에서 전국의 남녀노소 1인당 2족의 양말을 생산하였습니다."

청중들은 감탄을 한다.

'내가 피우는 담배도 필라델피아에서 만들었을지도 몰라. 게다가 양말까지….'

다음에는 무엇에 대해 이야기를 했을까? 다시 처음에 말했던 도시의 규모로 돌아가 잊었던 내용을 첨부했을까? 아니다. 그는 한 가지 이야기를 할 때 다시 되돌아갈 필요가 없도록 철저하게 짚고 넘어갔다. 이 점은 청중들에게 있어 매우 고마운 일이다. 왜냐하면 새벽 무렵의 박쥐처럼 이리저리 우왕좌왕한다면 청중들은 혼란스러워하기 때문이다.

그러나 대부분의 연설자는 이런 실수를 저지르고 만다. 요점을 1, 2, 3, 4, 5의 단계로 나누어 이야기를 하는 것이 아니라 미식축구 주장이 외치듯이 27, 34, 19와 같은 순서대로 말하는 것이다. 아니, 그보다 훨씬 심각하다. 27, 34, 277, 19, 2, 34, 19처럼 들쭉날쭉하게 느껴진다.

이 연설자는 앞으로 되돌아가거나 우왕좌왕하지 않았고, 시간의 낭비도 없이 마치 가속도를 받은 기관차처럼 곧장 전진하고 있다. 그러나 이제부터 전체적인 연설의 약점이 드러난다. 그는 "필라델피아가 미국의 의료, 예술, 교육의 중심지이다"라고 했다. 단지 이렇게만 말하고 다른 주제로 옮겨갔다. 이 사실에 관하여 고작해야 12단어밖에 말하지 않았다. 생생하게 기억에 남기기 위해 그것만으로 끝내버렸다. 전체 65개의 단어로 이루어진 한 문장 속에서 이 12개의 단어는 묻혀버리고 말았다. 아무런 효과도 없으며 당연히 있을 수도 없다.

인간의 두뇌는 하나로 이어진 철사처럼은 작동하지 않는다. 그는 이 내용에 대해서는 거의 시간을 할애하지 않아 그냥 평범한 내용을 끝나버려 본인조차 감동을 받지 못했다. 때문에 청중들의 반응은 기대하기 어렵다. 그렇다면 어떻게 했어야 했을까? 필라델피아가 세계 제일의 공업지대라는 것을 입증해주었던 방법을 쓰면 될 것이다. 본인 자신도 잘 알고 있는 사실이다. 그러나 그는 스톱워치로 시간을 재는 시합이었기 때문에 5분이라는 주어진 시간에서 단 1초도 초과해서는 안 된다는 것을 알고 있었다. 때문에 어쩔 수 없이 내용을 정리할 수밖에 없었다.

다음으로 그는 "필라델피아의 단독주택이 세계에서 제일 많다"고 말했다. 어떻게 하면 이것을 보다 인상적이고 설득력 있는 것으로 만들 수 있을까? 그는 우선 39만 7000이라는 숫자를 제시해주었다. 그리고 "각 주택의 폭을 7.5미터로 가정했을 때, 그것을 일렬로 늘어놓으면 필라델피아에서 캔자스시티의 컨벤션 홀을 지나 덴버까지 이어집니다. 거리로는 약 1881마일이 됩니다"라고 숫자를 이미지화시켰다. 숫자는 금방 잊어버릴 것이다. 그러나 한 번 정착된 이미지는 쉽게 지워지지 않는다.

무미건조한 사실을 열거한 것은 여기까지이다. 사실만을 늘어놓아서는 감명을 줄 수가 없다. 그는 단독주택을 소유하고 있는 사람들이 이 도시 사람들에게 어떤 정신적 영향을 끼치고 있는지를 말하였다. 그런 다음 "외국으로부터 들어온 질병, 흔히 말하는 사회주의와 소련 공산주의자들"을 비난하고, "필라델피아야 말로 미국의 자유 수호 정신의 원천"이라고 칭송하고 있다.

자유! 이 마법의 언어에는 감정이 담겨져 있기 때문에 수

백만 명에 이르는 사람들이 목숨을 던져도 아깝지 않다고
여긴다. 이 말은 그 자체로서 훌륭하지만, 사실과 기록의
구체적인 예를 제시하면 더욱 훌륭해진다.

"처음 미국의 국기가 만들어진 것도 이곳입니다. 처음으
로 의회가 열린 곳도 이곳입니다. 독립선언문이 조인된 것
도 이곳입니다. '자유의 종' … 성스러운 사명… 미국의 정
신… 자유의 불꽃을 영원히 불태우는 것… 신의 허락을
얻어 워싱턴, 링컨, 루즈벨트가 쌓아올린 이 나라는 모든
인류의 귀감이 될 것입니다."

이것은 그야말로 연설의 절정이었다.

이 연설의 구성에 대해서는 이 정도만 살펴보기로 하겠
다. 구성이 이렇게 훌륭하게 되었더라도 마음이 담겨 있지
않고, 생동감을 느낄 수 없었다면 실패를 하고 말았을 것
이다.

그러나 이 연설자는 성실함에서 비롯된 열정을 품고 준
비한 대로 연설을 하였다. 이 연설이 1등을 차지하고 시카
고 컵을 수상한 것은 당연한 일이다.

2. 콘웰 박사의 연설 준비 방법

이미 말했던 것처럼 연설의 구성에 만능의 법칙은 없다.
거의 모든 연설에 맞는 형식이나 체계는 존재하지 않는다.

그러나 몇몇 상황에서 실제로 유용하게 이용되었던 형식은 있다. 유명한 『다이아몬드의 땅(Acres of Diamonds)』의 저자인 러셀 H. 콘웰 박사가 생전에 말한 바에 의하면, 그의 셀 수 없을 만큼 많은 연설은 다음과 같은 큰 틀에 맞춰 구성되어 있다.

1. 사실을 말한다.
2. 그 사실을 발전시켜 토론한다.
3. 행동을 유도한다.

다음의 구성도 많은 사람들에게 도움을 주고 좋은 자극제가 되고 있다.

1. 문제점을 지적한다.
2. 그에 대한 개선책을 제시한다.
3. 협조를 구한다.
위의 것을 바꾸어 말하면 다음과 같이 된다.

1. 개선이 필요한 상황이 있다.
2. 그 문제에 대하여 이런저런 일을 해야 한다.
3. 그러니 협조해 주길 바란다.

제15장 '청중을 행동으로 이끈다'에서는 또 다른 연설 구성에 대하여 대략적으로 소개하고 있다. 간단히 정리하자면 다음과 같다.

1. 흥미를 갖게 한다.
2. 신뢰를 얻는다.
3. 사실을 말하고 자신이 제안한 장점을 가르쳐준다.
4. 행동할 수 있는 동기를 만들어준다.

궁금한 사람은 지금 제15장을 펴서 연구해보기 바란다.

3. 자료를 수집하고 결론은 스스로 생각하자

상원의원이었던 앨버트 J. 비버리지는 매우 간단하고 실용적인 책 『대중연설 기법(The Art of Public Speaking)』을 저술하였다. 이 저명한 정치가는 다음과 같이 말하고 있다.

연설자는 자신이 이야기할 주제를 완전히 숙지하고 있어야만 한다. 즉, 모든 사실을 수집하고, 정리하고, 연구하고, 소화시켜야만 한다. 찬성뿐만이 아니라 반대 의견까지 양쪽 자료 모두를. 또한 그것은 사실이어야만 하며, 단순한 억측과 증명되지 않은 주장이어서는 안 된다. 모든 일을 당연하게 여겨서는 안 된다.

그러기 위해서는 모든 항목을 점검하고 또 확인해야 한다. 이것은 분명 힘든 과정이겠지만, 그것이 어쨌다는 말인가? 권위자로서 다른 사람을 가르치고, 지도하고, 조언하려 하고 있다는 사실을 잊어서는 안 된다. 사실을 수집하고 정리하였다면, 그런 사실로부터 필연적으로 도출되는 결론은 본인 스스로 생각하길 바란다. 그러면 연설은 독창성과 개성을 띠게 되어 사람들이 저절로 움직일 수밖에 없다. 그 속에서 당신의 모습이 드러날 것이다. 그런 다음 가능한 명확하고 논리적으로 자신의 생각을 써내려가기 바란다.

다시 말하자면, 사실의 양면을 제시해준 다음에 그 사실들에 의해 명백해진 결론을 제시하는 것이다.

4. 정리한 연설문을 실제로 말해보는 것이 중요하다

우드로 윌슨은 연설의 구성 방법에 대한 질문에 다음과 같이 대답하였다.

"나는 먼저 내가 이야기하고 싶은 주제의 목록을 만드는 것부터 시작합니다. 다시 말해서 뼈대를 만드는 거죠. 그런 다음 그것을 속기해나갑니다. 나는 늘 속기로 쓰는데, 덕분에 시간이 많이 절약됩니다. 그리고 타이핑을 하면서 수정하고, 교정하고 첨삭을 할 수 있습니다.”

루즈벨트는 자신만의 독특한 방법으로 연설을 준비했다. 그는 제일 먼저 모든 사실을 끄집어내서 재고하고 평가하여 끝까지 확인한 뒤에 결론을 내리는 방법을 통해 흔들리지 않는 자신감을 얻는다.

그런 다음 메모지를 앞에 두고 빠른 말투로 이야기를 진행함으로써 연설의 생동감을 느꼈다. 그리고 타이핑된 원고를 검토하면서 수정, 삽입, 삭제할 내용을 연필로 표시한 뒤 다시 이야기를 시작한다. 그는 이렇게 말했다. “최선의 판단을 내리기 위해 열심히 노력하고 사전에 신중한 계획을 세우지 않았다면, 나는 결코 아무것도 이루지 못했을 것이다.”

그는 자신의 연설하는 모습과 내용에 대한 의견을 듣기 위해 자주 비평가들을 찾아갔다. 그러나 그의 연설 주제에 대하여 이미 완성을 시킨 상태였기 때문에 반론은 받아들이지 않았다. 무엇을 말해야 할지가 아니라 어떻게 이야기를 해야 할지에 대한 비평을 받기 위한 것이었다. 그는 첨삭과 수정과 개선을 몇 번이고 반복하며 원고를 교정하였고, 그 연설문은 신문에도 실렸다. 물론 그는 원고를 암기하지는 않은 채 분위기에 맞춰 연설을 하였다. 때문에 실제로 연설을 할 때는 몇 번이고 교정에 교정을 거듭한 원고와는 다를 때가 많았다. 그러나 구술을 통한 예행연습과 원고의 교정을 통한 준비는 완벽에 가까웠다. 덕분에 그는 말하고자 하는 주제의 모든 것들에 익숙해져 있었고, 이야기의 요점도 순서대로 차곡차곡 머릿속에 입력할 수 있었다. 다른 방법으로는 이렇게까지 완벽하게 준비를 할 수 없을 것이다.

올리버 로지 경은 내게 연설의 구술 예행연습을 마치 청중들 앞에서 말하고 있듯이 실제 속도로 구술하는 것은 준비와 연습을 동시에 할 수 있는 훌륭한 방법이라고 말했다. 강습회의 많은 수강생들에게 있어 녹음기로 자신의 연설을 녹음하고 들어보는 것은 즐거운 경험이다. "즐겁다고?"라고 반문하는 사람도 있을 것이다. 아마도 환멸을 느끼기도 하고 활기를 불어넣어줄 수도 있을 것이다. 이것은 매우 효과적인 연습법이니 적극적으로 추천할 만하다.

자신이 이야기하고자 하는 내용을 실제로 적어보는 연습을 하면 저절로 생각을 하게 된다. 그 덕분에 생각이 확실해지고 기억에 생생하게 남는다. 우물쭈물하지 않고 말하는 태도도 훨씬 좋아진다.

5. 벤저민 프랭클린에게 배우는 생각의 정리법

벤저민 프랭클린은 자신의 자서전에서 어떻게 연설 능력

을 높이고, 어휘력을 늘리고, 사고를 정리하는 법을 배웠는지에 대하여 적고 있다. 그의 자서전은 이미 고전이지만 다른 고전들과 달리 쉽게 즐기며 읽을 수가 있다. 어렵지 않고 꾸밈이 없는 영어의 교과서라 할 수 있다. 누가 읽더라도 즐겁고 많은 도움을 얻을 수 있다. 당신도 아마 그렇게 생각하게 될 것이다. 여기에 일부 발췌한 내용을 소개해보기로 하자.

그 무렵 나는 우연히 『스펙테이터』 지의 합본 한 권을 발견하였다. 그것은 제3호였는데, 나는 이전까지 그것을 본 적이 없었다. 나는 그것을 사서 몇 번이고 반복해서 재미있게 읽었다. 매우 뛰어난 문장이었기 때문에 가능하다면 나도 흉내를 내보고 싶을 정도였다. 이런 생각을 품고 종이에 문장별로 요약을 한 뒤, 그 메모들을 보지 않고 신문을 완성시켜보려고 했다. 힌트가 되어준 문장의 분량과 똑같은 분량으로 하여 완전한 문장으로 만들어보려고 한 것이다. 생각이 떠오르는 대로 어울리는 단어를 이용하여 재현을 했다.

그런 다음 내가 재현한 『스펙테이터』와 원래의 원고를 비교한 다음 틀린 곳이 있으면 다시 수정을 했다. 그러자 어휘력이는 것은 물론이고 금방 단어가 떠올라 적절하게 쓸 수 있는 능력이 생겼다. 나는 시를 계속해서 썼다면 이미 오래전에 이 능력을 익혔을 수도 있다는 생각이 들었다. 왜냐하면 시를 쓸 때는 문장의 길이에 맞춰 같은 의미라도 길이가 다른 단어를 고르거나 운율을 맞추기 위해 같은 의미를 가진 다른 단어를 골라야만 하기 때문이다. 따라서 각양각색의 단어를 고를 수 있어야 한다. 그러기 위해 언제나 여러 가지 단어를 조합해보아야 하고, 그 덕분에 단어를 자유자재로 구사할 수 있게 된다.

때문에 나는 이런 작업을 꾸준히 반복했다. 그리고 적어놓은 메모들을 한데 섞어 놓고 몇 주일 동안 놔두었다가 가장 적당한 순서대로 조합해보기도 했다. 그렇게 해서 생각했던 것들을 조화롭게 순서대로 정리를 할 수 있게 되었다. 내가 쓴 것과 원래의 것을 비교해봄으로써 많은 결점을 발견하고 수정을 하였다. 또한 그런 결점을 발견하는 데서 희열을 맛보기도 하였다. 문체가 향상되었다는 기쁨도 동시에 느낄 수 있었다. 이 덕분에 나는 작가가 될 수 있을 것이라고 생각하게 되었다. 야심이 점점 강해진 것이다.

6. 메모들을 조합하여 연설문을 완성시켜라

앞 장에서 어떻게 메모를 할 것인지에 대해서는 이미 설명을 하였다. 모든 생각과 실례를 종이에 적었다면 그것을 가지고 혼자 놀이에 빠져보자. 일단은 메모의 분류 작업부터 시작하자. 그 메모들은 당신이 말하고자 하는 요점과 거의 일치할 것이다. 다음으로 그것을 작은 단위로 나누어 보라. 필요한 것은 남기고 불필요한 것은 배제시키는 것이다. 남겨진 메모 중에서도 버려야 할 것이 있다. 철저하게 이 작업을 하게 되면 남는 게 많지 않을 것이다.

이 선별 작업은 연설문이 완성될 때까지 지속해야 한다. 계속해서 개선할 문제점들을 발견하게 될 테니까 말이다.

뛰어난 연설자는 연설을 마친 뒤 자신의 연설에 네 가지의 이야기 방식이 있다는 것을 깨달을 수 있다. 첫 번째는 준비한 대로 이야기를 한 것, 두 번째는 실제로 이야기한 것, 세 번째는 신문에 게재된 그대로의 것이고, 마지막 네 번째는 집으로 돌아가는 길에 이렇게 말하는 것이 좋았을 것이라고 후회하는 것이다.

7. 연설을 할 때는 가능한 한 메모에 의존하지 마라

링컨은 즉흥연설의 달인이었지만 대통령이 되고 난 뒤에는 비록 각료들과의 비공식 회합자리라고 할지라도 연설을 할 때는 반드시 신중하게 연설문을 작성하였다. 물론 취임연설을 할 때는 매번 연설문을 읽어야만 했다. 그런 역사적인 중요한 정부문서의 표현은 더욱 주의를 기울여야 했기 때문에 즉흥연설은 불가능했다. 그러나 일리노이 주로 돌아가 연설을 할 때는 메모조차 쓰지 않았다. 링컨의 말에 따르면 "메모는 청중들을 따분하게 하는 것은 물론이고 혼란만 가중시킬 뿐이다"라고 한다.

그의 말에 이의를 제기할 사람은 아무도 없을 것이다. 메모는 연설의 재미를 반감시킨다. 메모는 연설자와 청중들 사이에 존재해야 하는 귀중한 접촉과 친근성을 방해하거나, 적어도 어렵게 만들어버린다. 마치 꾸며낸 듯한 분위기를 자아낸다. 메모를 보고 읽는다면 연설자에게 자신감과 여유가 없는 것처럼 느껴지기도 한다.

여기서 다시 한 번 짚고 넘어가겠다. 준비를 할 때는 반드시 메모를 해야 한다. 청중들을 앞에 두고도 주머니 안에 잘 정리된 메모가 있다면 마음이 든든해질 것이다. 그러나 메모는 특별 열차에 미리 준비해 놓은 망치와 톱과 도끼와 같은 비상도구이다. 열차가 충돌을 하거나 전복이 되고, 사상자가 발생하는 참사가 벌어졌을 때 꼭 필요한 도구이다. 메모가 꼭 필요하다면 아주 간단하게 종이에 큰 글씨로 적어놓아야 한다. 그리고 회의장에 미리 가서 테이블 위에 놓여 있는 책갈피 사이에 감춰놓아라. 꼭 봐야 할 때만 살짝 보고 청중들에게 약한 모습을 보이지 않도록 하자. 존 브라이트는 테이블 위에 올려놓은 커다란 모자 뒤에 메모지를 자주 감추곤 했다.

그러나 메모지를 이용하는 것이 훨씬 현명한 경우도 있

다. 예를 들어 연설에 익숙하지 않아 신경이 예민해지고 긴장을 하게 되면 준비한 연설 내용을 잊어버리는 경우가 종종 있다. 그렇게 된다면 결과는 불 보듯 빤하다. 열심히 연습한 연설 내용을 잊어버리고 탈선하여 진흙탕 속에 처박히고 만다. 그런 상황이라면 연설을 하는 동안 손에 작은 메모지를 반드시 가지고 있어야 한다. 갓난아기가 걸음마를 배울 때는 가구에 의존을 한다. 그러나 이것도 처음 걸음마 단계일 뿐이다.

8. 통째로 암기하는 것은 시간 낭비다

원고를 그대로 읽거나 단어 하나하나까지 외우려고 해서는 안 된다. 시간이 너무 많이 걸리고 실패할 확률도 높다. 그러나 아무리 경고를 하더라도 그런 사람이 꼭 있다. 만약 통째로 암기했을 경우에 실제 상황에서는 무엇을 생각하게 될까? 과연 전달하고자 하는 메시지일까? 아니다. 그런 사람은 단어 하나하나를 기억해내려는 데 급급하게 된다. 다시 말해서 인간의 두뇌 작용과 정반대로 긍정적이아니라 부정적으로 생각하게 된다. 그런 연설은 전체적으로 딱딱하고, 차갑고, 무미건조하고, 인간미가 없다. 그런데 시간과 정력을 낭비하지 않길 바란다.

중요한 거래 상담이 있을 때, 전달해야 하는 내용을 방에 틀어박혀 암기하고 단어 하나하나를 기억해내는가? 무론 그렇게는 하지 않을 것이다. 말하고자 하는 요지가 확실히 떠오를 때까지 생각할 것이다. 약간의 메모와 관련 서류들을 찾아볼 수도 있다. 그리고 '이것과 이것을 이야기하기로 하자. 이런저런 이유 때문에 그렇게 해야 한다고 말하자'라고 생각할 것이다. 그런 다음 스스로 이유를 열거하고 구체적인 예를 들어 설명할 것이다. 이런 식으로 상담 준비를 할 것이다. 그와 마찬가지로 연설을 준비하는 것이다.

9. 자연스럽게 말이 나오도록 연습하자

남북전쟁에서 패배한 리 장군이 항복 조건을 적어달라고 부탁했을 때, 북부군 사령관인 그랜트 장군은 부하인 파커 장군을 돌아보며 필기구를 요청했다. 그랜트 장군은 자신의 『회상록』에서 다음과 같이 적고 있다.

"나는 처음에는 펜을 들고 항복 조건으로 무슨 내용을 어떻게 적어야 할지 몰랐다. 그저 내 머릿속에 있는 것만을 확실하게 표현하고 싶었을 뿐이었다. 덕분에 실수를 하지 않았다."

그랜트 장군은 망설일 필요가 없었다. 그에게는 확실한 신념과 하고 싶은 말이 있었기 때문이다. 덕분에 평소에 자주 쓰던 말이 별 저항 없이 나올 수 있었다. 이 말이 거짓이라고 생각한다면 누군가를 한 대 때려봐라. 그 사람은 당장에 일어서 무슨 말을 해야 할지 고민하지 않는다는 것을 알 수 있을 것이다.

2000년 전에 호레이스는 이렇게 말하였다.

어떻게 말할 건인지 고민하지 말고, 사실과 사상만을 추구하라. 그러면 자연스럽게 할 말이 떠오르게 될 것이다.

확실하게 생각이 떠오르면 이제 그것을 처음부터 끝까지 연습을 하라. 거리를 걸을 때나, 자동차나 엘리베이터를 기다리고 있을 때 마음속으로 생각하기 바란다. 그런 다음 혼자 방안에서 몸동작과 목소리를 내서 생동감 있게 이야기를 해보아라. 캔터베리의 낙스 리틀 목사는 전도사들이 심금을 울리는 설교를 하기 위해서는 똑같은 설교를 몇 번이고 반복해야 한다고 했다. 그렇게 연습하지 않으면 진정한 메시지는 전달되지 않는 것이다. 연습을 할 때는 눈앞에 청중들이 있다고 생각을 하며 상상력을 총동원하여라. 그러면 실제로 청중들을 앞에 두고서도 이미 경험한 것처럼 당당할 수 있다. 수많은 범죄자들이 수갑을 차고서도 아무렇지 않게 행동하는 것도 바로 이런 이치이다. 그들은 스스로 몇 천 번이고 그런 상황을 상상을 통해 바라보았기 때문에 전혀 두렵지 않은 것이다. 실제로 처형을 당하는 순간에도 그들은 마치 이전에 몇 번이고 겪었던 일을 겪는 정도로밖에 여기지 않는다.

10. 남는 시간들을 활용해서 연습하자

이 방법에 따라 연습을 한다면 수많은 유명 연설가의 실례를 충실히 따르게 되는 것이다. 로이드 조지는 고향 웨일즈에 있는 토론회의 회원이었을 때, 한적한 시골길을 어슬렁거리며 나무나 울타리를 상대로 몸짓을 섞어가며 이야기를 하곤 했다.

링컨은 젊었을 때, 왕복 50~60킬로미터나 되는 거리를 걸어 브레켄리지와 같은 유명 연설가의 강연을 들으러 가곤 했다. 연설을 듣고 감동을 받아 돌아온 링컨은 연설가가 되기로 결심을 하고 주변의 농부들을 모아 나무 그루터기에 올라가 연설이나 이야기를 들려주곤 했다. 그러자 고용주는 화를 내며 "게으름뱅이 시골 촌놈"이라고 욕설을 퍼부으며, 링컨의 농담이나 연설이 다른 노동자들까지 물들인다고 말했다.

영국의 수상이었던 애스퀴스는 옥스퍼드 유니온 토론회에서 활약을 하면서 처음으로 두각을 나타냈다. 그는 훗날 스스로 토론회를 조직하기도 했다. 우드로 윌슨도 토론회에서 연설을 배웠다. 헨리 워드 비처도 마찬가지이다. 노벨 평화상을 받은 일라이휴 루트는 뉴욕의 23번가에 있는 YMCA에서 문학연구회 동료들 앞에서 연습을 거듭하였다.

유명 연설가의 경력을 살펴보면 그들에게서 한결같은 공통점을 발견할 수 있다. 그것은 그들이 많은 연습을 했다는 것이다. 우리 강습회에서도 가장 빠른 발전을 하는 사람은 가장 많은 연습을 하는 사람이다.

연습할 시간이 없는 사람은 조지프 초트의 방법을 응용하길 바란다. 그는 조간신문을 사서 출근 전철 안에서 신문으로 얼굴을 가린 채 아무런 방해도 받지 않도록 하였다. 그는 쓸데없는 스캔들이나 가십거리 기사를 읽는 대신에 연설에 대해 생각하고 구상하였다.

촌시 M. 데퓨는 철도회사의 사장이자 미국 상원의원으로 바쁜 나날을 보내고 있었다. 그러나 그렇게 바쁜 일과 속에서도 매일 밤마다 연설 연습을 게을리 하지 않았다. 그는 이렇게 말했다.

"나는 일에 지장을 주는 일을 하지 않았다. 저녁에 사무실을 나와 집으로 돌아온 뒤에야 모든 것을 준비하였다."

누구나 하루 중에 3시간 정도는 자유시간이 있다. 병약

했던 다윈은 하루에 3시간 밖에 연구에 시간을 할애하지 않았다. 그는 24시간 중에 단 3시간을 현명하게 이용하였기 때문에 유명해질 수 있었다.

루즈벨트는 백악관에 있을 때, 5분마다 계속해서 인터뷰를 해야 했기 때문에 오전 반나절을 정신없이 보내야 하는 일이 자주 있었다. 그러나 인터뷰와 인터뷰 사이의 단 몇 초라도 활용하기 위해 항상 메모장을 준비해두었다.

당신이 정말로 그렇게 바빠서 시간에 쫓기고 있다면 아놀드 베넷의 『24시간을 어떻게 살 것인가(How to Live on Twenty-Four a Day)』를 읽는 것이 좋을 것이다. 100페이지 정도를 잘라 주머니에 넣고 다니다가 짬이 날 때마다 읽는 것이다. 나도 이 방법으로 단 이틀 만에 그 책을 다 읽었다. 그 책은 시간을 어떻게 절약하면 좋을지, 하루라는 시간 속에서 얼마나 많은 시간을 만들어낼 수 있는지를 가르쳐 주고 있나.

평소의 업무 스트레스를 풀기 위해서는 기분전환이 반드시 필요하다. 그리고 연설의 연습도 마찬가지이다. 만약 가능하다면 강습회 사람들끼리 일주일에 한 번씩 모여 실전처럼 연습을 하는 건 어떨까? 그것이 불가능하다면 가족들을 모아놓고 집에서 즉흥연설 게임을 해보는 것도 좋을 것이다.

11. 연설 연습이 인생의 즐거움이 된다

최근 들은 바에 의하면 더글러스 페어뱅크스와 찰리 채플린에게 유흥을 즐길 수 있을 만큼의 충분한 수입이 들어왔다고 한다. 그러나 아무리 부와 명성을 얻은 뒤로도 즉흥연설을 연습하는 것보다 즐겁고, 밤 시간을 유용하게 활용하는 방법을 찾지는 못했다.

더글러스 페어뱅크스는 『아메리칸 매거진』에서 이에 대한 자신의 경험을 다음과 같이 밝혔다.

어느 날 저녁, 우리는 저녁을 먹다 말고 장난삼아 찰리 채플린을 소개하는 흉내를 냈다. 그러자 그는 일어서서 그에 어울리는 연설을 해야만 했다. 우리는 이 일을 계기로 2년 동안 거의 매일 밤 이 게임을 하게 되었다. 우리 세 사람(메리 픽포드와 페어뱅크스, 채플린)은 각자 뭔가 주제를 종이에 적어 접은 뒤에 섞었다. 그리고 각자 한 장씩 뽑았다. 종이에 무엇이 적혀 있든 그것에 대하여 60초 동안 이야기를 해야만 하는 것이다. 그리고 절대로 같은 주제는 쓰지 않고 폭넓은 주제를 다루었기 때문에 언제나 신선했다. 하루는 두 사람이 뽑은 주제가 '신념'과 '전등갓' 이었다. '전등갓'을 뽑은 나는 그날 저녁 60초 동안 이야기를 하는 데 진땀을 흘려야 했다. 혹시 간단하다고 생각한다면 한 번 용기를 내서 도전해보기 바란다.

"전등갓은 두 가지의 용도로 이용할 수가 있다. 빛의 양을 조절하여 부드럽게 하는 것과 장식용으로 활용하는 것이다."

당신이 나보다 전등갓에 대해 많은 지식이 있지 않는 한 대부분 이 정도에서 이야기가 끝나고 말 것이다. 어쨌거나 나는 이야기를 계속했다. 그러나 중요한 사실은 이 게임을 시작하기 전과 비교한다면 세 사람 모두 많은 발전을 하였다는 것이다. 우리는 아주 많은 주제에 대하여 새롭게 알게 되었다. 그러나 그보다 더 소중한 것은 갑자기 주어진 주제에 관한 지식과 생각을 조합하는 방법을 배울 수 있었다는 것이다. 우리는 스스로 생각할 수 있는 능력이 생겨났다. 내가 우리가 배우고 있다고 표현한 것은 아직도 그 게임을 계속해서 하고 있기 때문이다. 벌써 거의 2년이 다 되었지만 전혀 질리지가 않는다. 다시 말해서 우리는 여전히 능력이 향상되고 있다는 것이다.

3장의 정리

1. 나폴레옹은 이렇게 말했다. "전술은 과학이다. 철저하게 계획하고 선별하지 않는다면 성공할 수 없다." 이것은 연설에도 해당되는 말이다. 연설은 항해와 같은 것이라 해도가 없으면 안 된다. 목적지를 모르는 채 출발한 연설자는 아무 데도 갈 수 없다.

2. 연설의 조합과 구성에 있어 모든 상황에 통용되는 법칙은 없다. 어떤 연설이든 각각의 문제점이 있다.

3. 하나의 요점에 대하여 말할 때는 그것에 집중하여야 하며 반복을 해서는 안 된다. 필라델피아를 주제로 연설하여 상을 받은 이야기를 참고하기 바란다. 새벽 무렵의 박쥐처럼 목적지도 없이 이리저리로 우왕좌왕해서는 안 된다.

4. 콘웰 박사는 수많은 연설을 다음과 같은 형식을 세워 이용했다.

   a. 사실을 말한다.
   b. 그것을 발전시키고 토론한다.
   c. 행동을 유도한다.

5. 다음 구성도 도움이 될 것이다.

   a. 문제점을 말한다.
   b. 개선안을 제시한다.
   c. 행동을 유도한다.

6. 또 한 가지 연설의 구성이 있다.(자세한 내용은 제14장을 참조 할 것)
   a. 흥미를 자극한다.
   b. 신뢰를 얻는다.
   c. 사실을 말한다.
   d. 행동으로 옮길 동기를 제공하라.

7. 상원 의원 앨버트 J. 비버리지는 다음과 같은 조언을 하고 있다.
   "자신의 주제에 찬성, 반대하는 양쪽의 의견을 모으고, 조합하고, 연구하고, 받아들여야 한다. 그리고 그것이 사실이라는 것을 입증하라. 그렇게 유도된 결론을 신중하게 검토하라."

8. 링컨은 연설을 하기 전에 수학적으로 정확하게 자신의 결론을 이끌어냈
다. 그는 40살에 의원이 된 이후에는 궤변을 깨부수고 결론을 입증할 능
력을 갖추기 위해 유클리드를 공부했다.

9. 루즈벨트가 연설 준비를 할 때는 사실을 모두 파헤치고 평가한 뒤에 빠른
속도로 구술을 하고, 타이핑한 것을 수정한 다음 마지막으로 한 번 더 구
술을 했다.

10. 가능하다면 자신의 연설 내용을 녹음하여 들어보면 좋을 것이다.

11. 메모는 연설의 감동을 감소시킨다. 따라서 메모는 이용하지 마라. 연설문
을 그대로 읽는다면 청중들은 따분함을 참지 못할 것이다.

12. 연설을 생각하고 구성을 끝냈다면 걸으면서 큰 소리를 내어 연습을 하라.
그리고 적당한 장소를 찾아 혼자서 몸짓을 섞어 가면서 처음부터 끝까지
연습을 하라. 청중들 앞에서 연설을 하고 있다고 상상을 하라. 연습을 많
이 할수록 마음의 여유가 생긴다.

Most of the important things in the world have been accomplished by people who have kept on trying when there seemed to be no hope at all.

이 세상의 중요한 모든 것들은 아무런 희망이 없어 보이더라도 끝없이 도전하는 사람에 의해 이루어졌다. -Dale Carnegie

| Part 04 |

기억력을 향상 시키는 비결

The Improvement of Memory

"비즈니스맨에게 가장 절실하게 필요한 것은 실전에 도움이 되는 기억력일 것이다."
−E. B. 고원, 『경영관리 능력의 계발(Developing executive ability)』

"비즈니스맨에게 가장 곤혹스럽고 손해가 막심한 것은 심한 건망증이다. 무슨 일을 하든 기억력이 뛰어나다는 것은 매우 큰 힘이 된다."
−『새터데이 이브닝 포스트』

"기억력이 좋은 사람은 항상 무언가를 달성하고 발전한다. 그러나 평범한 사람들은 한 번 기억했다가 잊어버린 것을 다시 기억하기 위해 많은 시간을 낭비한다."
−윌리엄 제임스 교수

"나는 중요하다고 여기는 것에 대해 말을 할 때, 청중에게 어떤 인상을 각인시킬지 생각한다. 내가 말하고자 하는 사실이나 주장을 모두 적지는 않는다. 하지만 말하고자 하는 사실을 대략적으로 알아볼 수 있는 몇 장의 메모를 적는다. 그리고 이야기를 할 때 그 메모를 보고 기억해낸다. 실수를 하지 않으려 짧은 문장을 적기도 한다. 필요에 따라서는 이야기의 결론을 적는 경우도 있다."
−존 브라이트

04

기억력을
향상시키는 비결

✤

저명한 심리학자 칼 시쇼어 교수는 다음과 같이 말했다.

"보통 사람들은 자신이 유전적으로 물려받은 기억력의 10퍼센트도 활용하지 못한다. 기억의 자연법칙에 등을 돌리기 때문에 90퍼센트를 낭비하고 있는 것이다."

당신도 그런가? 혹시 그렇다면 사회적으로나 사업적으로나 불리한 상황에 놓이게 될 것이다. 어떻게 하면 이 장을 재미있게 읽을 수 있고, 또한 도움이 될 것인가? 이 장에서는 기억의 자연법칙을 설명한 뒤 연설뿐만이 아니라 사업적으로도 기억력을 어떻게 활용하면 좋을지 알려주겠다.

이 '기억의 자연법칙'은 아주 단순하다. 세 개의 규칙밖에 없다. 쉽게 말해서 '기억 시스템' 이 세 가지 기본이 되며, 그것은 바로 인상, 반복, 연상이다.

기억을 하기 위해서는 먼저 기억하고 싶은 것에 대하여 깊고 생생하게 지속되는 인상을 가져야 한다. 그러기 위해서는 반드시 집중이 필요하다. 루즈벨트의 기억력은 주변 사람을 놀라게 할 정도였다. 그의 비범한 기억력은 그가 물 위에 새긴 것이 아니라 강철에 각인시킨 것처럼 인상을 받아들였기 때문이다. 그는 그 어떤 악조건 속에서도 집중을 할 수 있도록 지독하게 연습을 하였다. 1912년에 루즈벨트가 조직한 진보당의 당원대회가 열리는 기간 동안의 일이었다. 그의 본거지인 콩그레스 호텔 주변 도로로 모여든 군중이 깃발을 흔들면서 "테디, 테디!"를 외쳤다.

함성과 악단의 음악이 들려왔고, 정치가들이 바쁘게 오가며 정신없이 회담이 진행되었다. 이런 상태에서 다른 사람들이라면 정신을 차리지 못할 것이다. 그러나 루즈벨트는 자신의 방 흔들의자에 앉은 채 전혀 개의치 않고 집중을 해서 그리스 역사가 헤로도토스를 읽고 있었다. 브라질의 황야를 여행할 때도 마찬가지였다. 저녁에 야영지에 도착하자마자 큰 나무 아래의 마른 곳을 찾아 기번이 쓴 『로마 제국의 쇠망사』를 꺼내 들고 의자에 앉아 책에 파묻힌 채 비가 오는 것도, 야영장의 소음도, 열대 숲에서 들려오는 소리에도 전혀 신경을 쓰지 않았다. 그러니 그가 읽은 책의 내용을 잊지 않는 것이 어쩌면 당연한 일이다.

단 5분이라도 정신을 집중한다면 하루 종일 멍하니 보내는 것보다 많은 것을 얻을 수가 있다. 헨리 워드 비처는 "한 시간이라도 제대로 정신을 집중한다면 넋을 잃고 몇 년 동안 해온 일을 처리할 수 있다"고 적고 있다. 또한 베들레헴 철강회사의 사장으로 몇 년 동안 100만 달러 이상의 수익을 올렸던 유진 그레이스는 "내가 배운 다른 그 어떤 것보다 중요한 것, 나 자신이 어떤 상황에서도 매일 실행해온 것은 업무에 집중하는 것이었다"라고 말했다.

이것이야말로 진정한 힘, 그리고 기억력의 비결이다.

1. 언제나 정확하게 관찰하는 습관을 들여라

토머스 에디슨은 어느 날, 27명의 직원이 그가 경영하고 있는 전구 공장에서 뉴저지 주 멘로 파크 본사 공장으로 이어지는 작은 길을 6달 동안이나 매일 지나다닌다는 것을 깨달았다. 그 거리에는 벚나무 한 그루가 있었는데, 27명의 직원은 아무도 그 사실을 깨닫지 못했다.

에디슨은 이렇게 열변을 토했다.

"보통 사람의 두뇌는 눈으로 본 것의 1000분의 1도 기억하지 못한다. 이렇게 관찰능력이 떨어지다니 믿어지지 않을 정도이다."

주변의 평범한 사람에게 당신의 친구 두세 명을 한 번 소개해보라. 아마도 그 사람은 2분 뒤에 한 사람의 이름을 잊어버릴 것이다. 왜 그럴까? 그것은 당신의 친구에게 충분한 주의를 기울이지 않고 정확하게 관찰을 하지 않았기 때문이다. 그 사람은 기억력이 나쁘다고 변명을 하겠지만 절대로 그렇지 않다. 관찰력이 부족한 것이다. 그 사람은 안개 속에서 사진을 찍고 제대로 찍히지 않았다고 사진기를 원망하지는 않을 것이다. 그러나 자신의 마음속의 안개처럼 흐릿한 인상이 자신의 기억 속에 남기를 바란다. 물론 그런 일은 불가능하다.

『뉴욕 월드』지의 창립자인 조셉 퓰리처의 편집실 책상 위에는 이렇게 세 단어가 적혀 있다.

정확하게
정확하게
정확하게

이것이야말로 반드시 필요한 것이다. 타인의 이름을 정확하게 들으려고 노력하라. 확실하게 알아들을 때가지 몇 번이고 반복해서 물어도 좋다. 철자를 물어봐도 괜찮다.

당신이 관심을 가져준 것에 대해 상대방은 기뻐할 것이고, 당신도 상대에게 집중을 할 수 있기 때문에 이름을 기억할 수 있을 것이다. 정확한 인상이 남게 되는 것이다.

2. 감각을 총동원하여 기억하라

링컨은 어린 시절 시골 학교에 다녔다. 그 학교의 마룻바닥은 널빤지로 되어 있었고, 창문에는 유리 대신 습자지가 붙어 있었다. 교과서는 한 권밖에 없어 선생님이 소리 내어 읽어주었다. 학생들은 선생의 뒤를 따라 복창을 하였는데, 모두가 일제히 따라서 복창을 하였기 때문에 언제나 와자지껄한다고 해서 마을 사람들은 '시끄러운 학교'라 불렀다.

링컨은 이 '시끄러운 학교'에서 평생 가는 습관이 몸에 배었다. 그는 기억하고 싶은 것은 반드시 소리를 내어 읽었다. 그는 매일 아침 스프링필드 법률 사무소에 도착하자마자 소파에 누워 긴 다리를 옆에 있는 의자에 올려놓은 채로 소리 내어 신문을 읽었다.

그의 동료는 당시를 이렇게 회상했다.

"나는 그런 행동을 참을 수가 없었습니다. 그래서 한 번은 그에게 왜 소리를 내서 신문을 읽느냐고 물은 적이 있습니다. 그러자 그는 이렇게 설명해주었습니다. '소리를

내서 읽으면 두 개의 감각으로 받아들일 수 있다네. 하나
는 눈이고 또 하나는 귀지. 그리고 그만큼 기억하기가 쉬
워진다네.'"

링컨의 기억력은 정말로 경이적이었다. 그는 이렇게 말
했다. "내 기억력은 강철과도 같다. 철판 위에 무언가를 새
기는 것은 어렵지만, 일단 새겨진 것은 절대로 사라지지
않는다."

그는 기억을 하기 위해 두 개의 감각을 이용하였다. 당신
도 이 방법을 꼭 한 번 실험해보기를 바란다.

기억을 하기 위해 보고 듣는 것뿐만이 아니라 만져보고,
냄새를 맡고, 맛을 볼 수 있다면 더할 나위가 없다. 그러나
일단은 잘 보아야 한다. 인간의 두뇌는 시각 중심으로 되
어 있다. 눈이 받아들인 인상은 잘 지워지지 않는다. 사람
의 이름은 기억이 잘 나지 않더라도 얼굴은 또렷하게 기억
하는 경우가 많다. 눈에서 뇌로 이어지는 신경은 귀에서
뇌로 이어지는 신경의 20배나 크다. 동양에는 '백문이 불
여일견' 이라는 속담이 있다.

기억하고 싶은 이름과 전화번호, 연설의 개요를 적고 그
것을 보는 것이다. 눈을 감고 그것을 활활 불타고 있는 문
자로 연상해보기 바란다.

3. 생생한 인상은 머릿속에 남는다

마크 트웨인은 연상의 힘을 이용하게 되면서부터 몇 년 동안이나 연설을 망치게 했던 메모 습관을 버렸다. 『하퍼스 메거진』에 실린 그의 이야기를 소개해보기로 하자.

날짜는 숫자로만 이루어져 있기 때문에 기억하기가 쉽지 않다. 숫자는 단조롭기 때문에 보기만 해서는 인상에도 기억에도 잘 남지 않는다. 연상이 잘 되지 않는다. 때문에 눈에도 잘 남지 않는다. 그러나 인상을 연상 작용을 이용하면 확실하게 기억할 수 있다. 본인 스스로 연상을 할 때는 특히 그렇다. 실제로 본인 스스로 연상하여 묘사하는 것은 상당히 중요하다. 나는 그것을 경험으로 알고 있다.

30년 전에 나는 기억을 바탕으로 강연을 했었다. 매일 밤 나는 혼돈되지 않도록 매번 한 장의 메모에 의존하였다. 그 메모에는 도입 부분만 적혀 있었다. 예를 들어 이런 식이었다.

이 지방의 기후는,

당시의 습관은,

그러나 캘리포니아에서는 들은 적이 없습니다.

전부 다 해서 11줄이었다. 이것은 큰 단락의 도입 부분으로 이야기가 다른 데로 튀지 않게 하기 위한 방침이었다. 그러나 종이 위에서는 그게 그것처럼 보여 연상이 잘 되지 않았다. 기억은 하고 있지만 순서는 전혀 기억을 할 수가 없었다. 때문에 이 메모지를 옆에 놓고 가끔씩 확인을 하도록 하고 있다. 그런데 한 번은 메모지를 잊어버린 적이 있었다. 그때 내가 얼마나 당황을 했는지 상상이 되는가? 나는 그때 다른 방법을 찾아야 한다는 것을 깨달았다. 그래서 나는 처음 단어를 열 개 정도 I, A, B와 같은 식으로 순서를 정해 암기하고 다음 날 밤에 손톱에 적어 단상에 올랐다. 그러나 생각처럼 잘 되지 않았다. 나는 한동안 손톱만 바라보고 있었다. 그러다 엉망진창이 되어 마지막에 이용한 내용이 어느 손톱이었는지 기억이 나지 않았다. 한 번 쓴 손톱을 입으로 빨아 지울 수는 없지 않는가. 만약 그랬다면 한동안은 괜찮았을지도 모르겠지만, 그래서야 청중들의 호기심만 자극하고 말았을 것이다.

그렇지 않아도 청중들은 나를 호기심 어린 눈으로 바라보고 있다. 청중들은 아마 내가 연설 주제보다 손톱에 더 관심이 있다고 여긴 것 같았다. 연설이 끝나자 사람들은 내게 손에 무슨 이상이 있냐고 물었을 정도였다.

그때 연상 작용이라는 생각이 떠올랐다. 그것으로 내 고민도 해결이 되었다. 나는 2분 동안 6개의 그림을 그렸다. 그것은 앞서 말한 11줄의 방식과 같은 작용을 하는 데다 완벽했다. 나는 그린 그림을 바로 버렸다. 왜냐하면 눈을 감아도 잊어버리지 않을 자신이 있었기 때문이다. 이것은 25년 전의 일이다. 강연 내용은 20년 전에 이미 내 기억 속에서 사라져버렸지만, 그림에 대한 인상은 아직 남아 있기 때문에 연설 내용까지 떠올릴 수가 있다.

얼마 전에 나는 기억력에 관한 강연을 했다. 나는 이 장의 내용을 바탕으로 이야기를 할 생각이었다. 그리고 요점을 영상 이미지로 기억을 했다. 창 밖에서는 군중들이 소리를 지르고, 악단이 연주를 하고 있는 동안 루즈벨트가 역사책을 읽고 있는 모습을, 토마스 에디슨이 벗나무를 바라보고 있는 모습, 링컨이 큰 소리로 신문을 읽는 모습, 마크 트웨인이 청중들 앞에 서서 손톱의 잉크를 빨고 있는 모습을 연상했다.

이미지를 순서대로 기억하는 내 방법을 소개해보기로 하겠다. 1, 2, 3, 4로 기억하는 것이 아니다. 그렇게 하면 너무 어려워서 기억하기가 쉽지 않을 것이다. 나는 이 숫자들을 영상 이미지로 바꾸어 그 숫자의 이미지와 말하고자 하는 요점의 이미지를 결합시킨다. 예를 한 번 들어보자. 1(one)은 run의 발음과 비슷하다. 그래서 나는 경주마로 1을 표시하기로 했다. 그리고 루즈벨트가 자신의 방에서 말을 탄 채로 독서를 하고 있는 영상을 떠올린다. 2(two)는 마찬가지로 비슷한 소리가 나는 zoo를 선택했다. 토마스 에디슨이 동물원의 곰 우리 안에서 자라는 벚나무를 바라보고 있는 영상이다. 3(three)와 비슷한 발음으로 tree의 영상을 떠올린다. 링컨이 나무 꼭대기에 누워서 큰 소리로 신문을 읽고 있는 모습이다. 4(four)도 비슷한 발음인 door를 연상한다. 활짝 열린 문 앞에 서 있는 마크 트웨인이 기둥에 기대어 청중들에게 연설을 하면서 손톱의 잉크를 빨고 있다.

이 방법을 터무니없는 방법이라고 생각하는 사람이 많을 것이다. 물론 바보 같아 보인다. 그러나 그렇기 때문에 오히려 효과적이다. 황당하고 터무니없는 방법이라 기억에 남기 쉽다. 만약 내가 숫자들만 순서대로 암기하려고 한다면 금방 잊어버릴 것이다. 그러나 이런 방법이라면 절대로 잊지 않을 것이다. 세 번째 요점을 떠올릴 때 나무 꼭대기에 누가 무엇을 하고 있는지만 생각하면 된다. 그러면 금세 링컨을 떠올릴 수 있다.

나는 오로지 나만을 위해 1부터 20까지의 발음과 비슷한 이미지로 바꾸어 기억하고 있다. 여기서 잠시 그것을 소개해보겠다. 이 그림 숫자를 3분 동안 기억하고 전체적인 복습을 한 번만 하면 순서대로 외우거나 마음대로 원하는 번

호에 무엇이 있는지를 대답할 수 있게 된다.

다음에 영상 이미지에 의한 번호를 실험해보기 바란다. 정말 재미있을 것이다.

1(one)-run. 경주마가 달리는 모습을 떠올린다.

2(two)-zoo. 동물원의 곰 우리를 떠올린다.

3(three)-tree. 세 번째 것이 나무 꼭대기에 누워 있는 모습을 떠올린다.

4(four)-door. 혹은 boar(멧돼지)처럼 발음이 비슷한 동물을 떠올린다.

5(five)-hive. 벌집을 떠올린다.

6(six)-sick. 적십자의 간호사를 떠올린다.

7(seven)-heaven. 금으로 포장된 도로, 하프를 연주하고 있는 천사를 떠올린다.

8(eight)-gate. 문을 연상한다.

9(nine)-wine. 탁자 위에 병이 쓰러져 있고 포도주가 흘러나와 물건을 적시고 있는 모습을 떠올린다. 움직임이 있는 이미지는 기억하기 쉽다.

10(ten)-den. 깊은 숲속 동굴 야생동물의 은신처.

11(eleven)-eleven. 축구선수 11이 경기장을 뛰어다니고 있는 모습을 연상한다. 그들이 열한 번째 것을 높이 들어

올리는 모습을 연상한다.

12(twelve)-shelve. 누군가가 물건을 선반 위에 올려놓고 있는 모습을 떠올린다.

13(thirteen)-hurting. 붉은 피가 상처에서 솟구쳐 열세 번째 것을 붉게 물들이고 있는 모습을 떠올린다.

14(fourteen)-courting. 한 쌍의 연인이 무언가 위에 앉아 껴안고 있는 모습을 연상한다.

15(fifteen)-lifting. 복싱 선수 존 L. 설리반이 열다섯 번째 것을 머리 위로 높이 들고 있는 모습을 연상한다.

16(sixteen)-licking. 남자 둘이 서로 주먹질을 하고 있는 모습을 연상한다.

17seventeen)-leavening. 주부가 빵 반죽을 하면서 열일곱 번째 것을 반죽 속에 넣는 모습을 연상한다.

18(eighteen)-waiting. 깊은 숲속 갈림길에서 한 여성이 누군가를 기다리고 있는 모습을 떠올린다.

19(nineteen)-pining. 한 여성이 울고 있는 모습을 떠올린다. 열아홉 번째 추억 위로 눈물이 흘러내리고 있는 모습을 연상한다.

20(twenty)-horn of plenty. 꽃, 과일, 옥수수로 가득 차 있는 뿔을 떠올린다.

실험을 해보고 싶다면 이 그림 숫자들을 15분 정도 기억해주기 바란다. 자신만의 독특한 것을 만들어도 상관없다.

ten에는 wren(굴뚝새)나 fountain pen(만년필), hen(암탉), sen-sen(구취제거제) 등, ten과 발음이 비슷한 것이라면 뭐든 상관없다. 열 번째로 떠올려야 하는 것이 풍차라고 가정해보자. 그럴 경우에는 암탉이 풍차 위에 올라가 있는 영상이나 풍차가 만년필에 잉크를 주입하고 있는 영상을 떠올리면 좋을 것이다. 그리고 열 번째로 떠오르는 것이 무엇이냐고 물으면 10이라는 숫자를 떠올리는 것이 아니라 암탉이 어디에 있는지를 떠올리면 된다. 쉽지 않을 수도 있지만 한 번쯤 실험해보기 바란다. 당신은 자신의 경이적인 기억력에 놀라게 될 것이다. 그것만으로도 충분한 재미가 있을 것이다.

4. 그들은 막대한 분량의 코란을 어떻게 외웠을까?

카이로의 알 아자르 대학은 세계에서 제일 큰 대학 중에 하나이다. 이슬람교 대학으로 2만 1000명의 학생이 있다. 이 대학에 입학을 하려면 코란을 반드시 암송해야 한다. 코란은 신약성서만큼의 분량으로 암송을 하는 데만 사흘이 걸리기도 한다.

중국의 학생들은 중국의 종교서적이나 고전을 암기해야

만 한다. 아랍과 중국의 대부분은 평범한 학생들이지만 어떻게 이렇게 경이로운 암기력을 발휘할 수 있는 걸까?

두 번째 '암기의 자연법칙'인 반복에 의한 것이다. 대단히 많은 분량의 내용이라 할지라도 충분히 반복하면 기억을 할 수 있다. 기억하고 싶은 지식을 계속해서 반복하라. 그리고 실제로 그것을 활용하고 응용해보는 것이다. 대화 속에서 새로운 단어들을 이용해보라. 사람의 이름을 기억하고 싶다면 그 사람의 이름을 불러보는 것이 좋다. 연설에서 이야기하고 싶은 요점들을 대화 속에서 이야기해보자. 지식은 실제로 활용해야 기억 속에 정착되기 쉽다.

5. 무슨 일이든 하룻밤 사이에 효과를 거둘 수는 없다

그러나 기계적으로 반복해서는 충분한 효과를 거둘 수가 업다. 머리를 써서 반복하는 것, 다시 말해서 이미 입증된 기억의 특성에 따라 반복하는 것이 반드시 필요하다. 에빙하우스 교수는 학생들에게 'deyux'나 'qoli' 처럼 아무 의미가 없는 단어를 적어놓은 목록을 제시하고 사흘 동안 반복시키자 38번 만에 외울 수가 있다는 것을 알았다. 그러나 지속적으로 단번에 암기시켰을 경우에는 68번의 반복이 필요하다는 것을 알았다. 다른 심리학의 실험에서도 이와 비슷한 결과들이 많이 보고되고 있다. 이것은 기억력에 관한 매우 중요한 발견이다. 다시 말해서 단숨에 모든 것을 외우는 것과 적절한 틈을 두고 암기하는 것과 비교해서 두 배의 시간과 에너지가 필요한 것이다.

이 기억의 특징(이렇게 부를 수 있다면)은 다음의 두 가지 요인으로 설명이 가능하다.

첫째, 반복하고 있는 동안 잠재의식이 그것에 대한 이미지를 확실하게 인식하는 작용을 한다. 제임스 교수는 이렇게 말했다. "우리는 겨울에 수영을 배우고 여름에 스케이트를 배운다."

둘째, 간격을 두고 기억을 하면 지속적인 작업에 의한 긴장감과 피로가 적다.

27개 언어를 자유롭게 구사하는 『아라비안나이트』의 저자 리처드 버튼조차 이렇게 말했다. "외국어를 15분 이상 계속해서 공부한 적이 없다. 왜냐하면 15분을 넘으면 두뇌가 신선하지 않게 느끼기 때문이다."

이런 사실을 알고 있다면 상식적인 사람이라면 연설 준비를 하룻밤 만에 해치울 생각은 하지 않을 것이다. 그렇게 하며 효과가 반으로 줄어든다는 것은 불 보듯 빤하기 때문이다.

또한 망각에 관한 유익한 발견도 있다. 반복적인 심리학 실험을 통해 판명된 것으로, 새롭게 배운 것을 처음 8시간

만에 잊어버리는 경우가 외운 뒤 사흘 만에 잊어버리는 경우보다 많다. 이건 정말 놀라운 비율이다. 따라서 회의에 참석하기 전이나 연설을 하기 직전에는 자료를 확인하고 사실에 관해 생각하면서 기억을 새롭게 해주는 것이 필요하다.

링컨은 이런 훈련의 중요성을 잘 알고 있었고, 또한 실제로 행동으로 옮겼다. 게티즈버그에서 링컨이 연설을 하기 전에 에드워드 에버렛이 연설을 하였다. 에버렛의 길고 장엄한 연설이 끝나갈 무렵, 링컨은 이렇게 말했다. "다른 사람의 연설이 끝나가고 내 차례가 다가올 때면 점점 초조해지기 시작했다." 그는 서둘러 안경을 고쳐 쓰고 주머니에서 원고를 꺼내 들고 묵독을 통해 기억을 새롭게 했다.

6. 연상 작용을 펼쳐나가는 요령

지금까지 두 가지 기억의 법칙을 소개하였다. 그러나 나머지 세 번째 법칙인 '연상'은 기억을 되살리는 데 있어 없어서는 안 될 것이다. 사실 이것은 기억력 그 자체에 관한 설명이기도 하다. 제임스 교수는 현명하게도 다음과 같이 말하고 있다.

기억이란 기본적으로 연상 작용이다. 예를 들어 내가 한동안 말을 하지 않다가 당신에게 '기억을 떠올려! 떠올려!'

라고 명령했다고 하자. 당신의 기억력은 내 명령에 따라 과거의 특정 이미지를 재생할 수 있을까? 그것은 불가능하다. 당신은 '대체 뭘 기억하라는 거야?' 라고 반문을 할 것이다. 쉽게 말해서 기억을 떠올릴 단서가 필요한 것이다. 만약 내가 당신에게 '생년월일을 떠올려라', '오늘 아침 먹은 것을 떠올려라', '음계 중에 특정 음을 떠올려라' 라고 한다면 당신의 기억기능은 원하는 것을 금세 찾아낼 수 있다. 그 단서가 기억 속에 있는 것을 특정한 방향으로 인도하기 때문이다. 그리고 이것을 통해 단서가 기억된 것과 밀접한 관계가 있다는 것을 쉽게 알 수 있다.

'생년월일' 이라는 단어는 특정한 날짜와 깊은 관계가 있으며 '오늘 아침 식사' 라는 말은 커피와 베이컨과 달걀로 연상되는 것 이외의 것은 모두 배제한다. '음계' 라는 단어는 도레미파솔라시도와 밀접한 관계가 있다. 이 연상의 법칙은 외부로부터의 자극으로 일어나는 감각에는 좌우되지 않는 사고의 모든 과정을 지배하고 있다. 머릿속에서 떠오르는 것은 모두 뭔가의 자극이 필요한데, 그것은 이미 있는 무언가와 연상을 통해 이루어진다. 이것은 의식적으로 기억해내려고 하는 것은 물론이고, 그 외의 다른 어떤 것이든 간에 생각해낸 모든 것에 적용된다. 훈련이 된 기억은 조직적인 연상 작용을 기반으로 성립되어 있으면, 그것의 우열관계는 연상의 지속성과 다양성이라는 두 가지 특성에 의해 결정된다. 따라서 '기억력의 비결'이란 기억하고 싶은 모든 사실을 여러 가지 형태로 연상할 수 있도록 하는 비결이라고도 할 수 있다. 그러므로 사실에 대하여 연상할 수 있기 하는 것은 그 사실에 대하여 가능한 많이 생각할 필요가 있는 것이다. 즉, 거의 똑같은 모습을 하고 있는 두 남자 중에 자신의 경험을 깊이 생각하는 사람, 그리고 그것을 서로 가장 잘 체계적으로 생각할 수 있는 사람이 훨씬 기억력이 좋은 것이다.

7. 연관을 지어 인상을 남기면 잊지 않는다

그렇다면 어떤 식으로 사실과 사실을 체계적으로 연관을 지을 수 있을까? 그 의미를 찾고 그것을 깊이 생각하는 것으로 연관을 지으면 좋다.

예를 들어 새로운 사실에 대한 질문에 대답한다고 할 때, 그 과정은 사실들의 연관성을 형성하는 데 도움이 될 것이다.

1. 이것은 왜 그런 걸까?
2. 이것은 어떻게 그렇게 된 걸까?
3. 그것은 언제 그렇게 된 걸까?

4. 그것은 어디서 그렇게 된 걸까?

5. 그것은 누가 그렇게 말한 걸까?

처음 만난 사람의 이름이 흔한 이름이라면 같은 이름의 동료와 연관을 지어 기억하면 좋다. 반대로 특이한 이름이라면 본인에게 이름이 특이하다고 말해주어라. 그러면 상대도 자신의 이름에 대하여 말해줄지도 모른다. 예를 들어 나는 이 장을 적고 있을 때 소터라는 사람을 알게 되었다. 나는 그녀에게 철자를 물어보면서 "특이한 이름이네요"라고 말했다. 그러자 그녀는 "네, 드문 이름이지요. 제 이름은 'Savior(구세주)' 라는 의미의 그리스어예요"라고 대답해주었다. 그러고는 남편 가족이 아테네에서 왔다는 것과, 아테네에서 신분이 높은 집안이었다는 이야기를 해주었다. 사람은 자신의 이름에 대해 관해서라면 쉽게 이야기를 해주기 때문에 쉽게 이름을 외울 수가 있다.

처음 만난 상대의 외모를 유심히 관찰하는 것도 좋은 방법이다. 눈과 머리카락의 색, 그리고 얼굴을 유심히 관찰해보기 바란다. 복장에도 주목을 하고, 말투에도 신경을 쓰기 바란다. 외모와 성격을 있는 그대로 기억하고 그것을 그 사람의 이름과 연상시키기 바란다. 그렇게 해서 만들어진 강렬한 인상이 당신의 마음속에 떠오르게 되었다면 그 사람의 이름을 떠올리는 데 도움이 될 것이다.

두 번째나 세 번째 만났을 때, 그 사람이 하는 일에 대해서는 기억이 나지만 이름이 전혀 떠오르지 않는 경험들이 있을 것이다. 그 이유를 간단히 설명해보자. 일이란 명확하고 구체적이며 의미가 있다. 마치 반창고처럼 딱 달라붙는 것이다. 그러나 별 의미가 없는 이름의 경우에는 경사가 심한 지붕 위로 굴러 떨어지는 것과 마찬가지다. 그러므로 사람의 이름을 확실하게 기억하기 위해서는 상대가 종사하고 있는 일과 연관성을 지어 생각하면 좋다. 이 방법은 확실한 효과를 발휘한다.

예를 들어 얼마 전 전혀 모르는 20명이 필라델피아의 팬 애슬레틱 클럽에서 처음 만났다. 한 사람씩 일어서서 이름과 직업을 말했다. 그때마다 이름과 직업을 연관 지어 짧은 문장을 만들었다. 그 결과 모든 사람이 2, 3분 만에 전원의 이름을 기억할 수 있었다. 게다가 이 강습회 과정이 끝나고 나서도 이름과 직업을 잊지 않았다. 왜냐하면 이름과 직업을 연상 작용을 통해 기억했기 때문이다. 때문에 기억 속에 깊숙이 젖어든 것이다. 여기에 알파벳 순서대로 그 모임에 참석한 10명의 이름을 제시해보겠다. 그리고 이름과 직업을 연관 짓는 문장을 소개해보기로 하자.

G. P Albrecht(모래 채취업자)-Sand makes all bright.(모래는 모두 브라이트하게 만든다.)

George A. Ansley(부동산 업자)-To sell real estate, advertise in Ansley's Magazine.

(부동산을 매도하려면 '앤슬리 매거진에 광고를 하라.')

G. W. Bayless(아스팔트 업자)-Use asphalt and pay less.(아스팔트를 이용해서 지불을 줄인다.[pay less])

H. M. Biddle(모직업자)-Mr Biddle about the wool business.(비들 씨는 모직업으로 시간을 낭비한다.[piddles])

Gideon Boericke(광산업자)-Boericke bores quickly for mines.(보어릭은 광산을 빨리 판다.[bores quickly])

Thomas J. Devery(인쇄업자)-Every man needs Dever's printing.(누구나[Every man] 데브리의 인쇄가 필요하다.)

O. W. Doolittle(자동차 매매업자)-Do little and you won't succeed in selling cars.(일을 적게[Do little] 하면 자동차는 팔리지 않는다.)

Thomas Fischer(석탄업)-He fishes for coal orders.(그는 석탄 주문[fishes]을 땄다.)

Frank H. Godley(목재업)-There is gold in lumber business.(목재업은 금[gold]이 된다.)

J. H. Hancock(새터데이 이브닝 포스트)–Sing your John Hancock to a subscription blank for the Saturday Evening Post.(새터데이 이브닝 포스트 구독 신청지에 '존 행콕'이라고 사인을 해주십시오.)

8. 연호(年號)와 지명은 이렇게 외우자

연호는 이미 기억하고 있는 다른 연호와 연관 지어 외우는 것이 가장 효과적이다. 예를 들어 미국인들에게는 수에즈 운하의 개통 연호를 1869년이라고 외우는 것보다는 남북전쟁이 끝난 4년 뒤라고 외우는 것이 기억하기 쉽다. 또한 호주에 유럽인들이 정착하기 시작한 해를 1788년이라고 외운다면 자동차 볼트가 빠져다나듯이 쉽게 잊어버리고 말 것이다. 그러나 그것을 1776년의 독립선언과 연관 지어 외운다면 기억에 정착되기 쉬울 것이다. 그러면 느슨해진 볼트를 너트로 꽉 조이는 효과가 있다.

전화번호를 고를 때도 이 원칙을 생각하면 도움이 된다. 예를 들어 전쟁 중의 전화번호는 1776이었다. 이것은 독립선언을 한 해와 같은 숫자이기 때문에 쉽게 외울 수 있다. 전화국에서 1492, 1861, 1865, 1941, 1918 등의 번호를 받을 수 있다면 당신의 친구들은 전화번호부 책을 들추지 않게 될 것이다. 그들은 당신의 전화번호가 1492라는 것을 절대 잊지 않을 것이고, 당신이 "우리 전화번호는 금 방 외울 겁니다. 1492지요. 콜럼부스가 미국 대륙을 발견한 해와 같으니까요"라고 말하면 친구의 머릿속에서 사라지는 일은 없을 것이다.

당신이 미국인이 아니라면 1776, 1861, 1865 대신에 당신 나라의 중요한 연호를 대신하면 좋을 것이다.

다음과 같은 연호를 가장 효과적으로 외우기 위해서는 어떻게 하는 것이 좋을까?

1. 1564년, 셰익스피어 탄생
2. 1607년, 영국이 제임스타운에서 미국 땅에 처음 정착
3. 1819년, 빅토리아 여왕 탄생
4. 1807년, 로버트 E. 리 장군 탄생
5. 1789년, 바스티유 감옥 습격

미합중국이 독립을 했을 때의 12개 주의 이름을 연방에 가맹한 순으로 외울 때, 단순히 기계적으로 반복해서 외우려 한다면 분명히 따분하게 느껴질 것이다. 그러나 그것을 하나의 이야기로 정리하여 기억을 한다면 시간도 많이 걸리지 않고 적은 노력만으로도 충분하다. 다음 문장을 한 번 읽어보기 바란다. 집중해서 다 읽고 나면 올바른 순서

대로 12주의 이름이 떠올릴 수 있는지 실험해보기 바란다.

어느 토요일 오후 델라웨어에서 온 여성이 펜실베이니아 열차 승차권을 사서 여행을 나섰다. 그녀는 가방에 새로 짠 뉴저지 스웨터를 넣었고, 조지아라는 친구를 만나기 위해 코네티컷까지 갔다. 다음 날 아침, 두 사람은 미사(매사추세츠의 약칭)에 참석했는데, 그곳은 메리(메릴랜드)에 있는 성당이었다. 그곳에서 남행열차(사우스캐롤라이나)를 타고 집으로 돌아갔다. 그리고 새로운 햄(뉴햄프셔)을 먹었는데, 그것을 버지니아가 요리해주었다. 그녀는 뉴욕 출신의 흑인이다. 식사를 마치고 그들은 북행열차(노스캐롤라이나)를 지나 아일랜드 길(로드아일랜드)을 따라 갔다.

9. 줄거리를 머릿속으로 그리며 기억하자

무언가를 생각해내는 방법은 두 가지 밖에 없다. 하나는 외부로부터의 자극에 의한 것이고, 또 하나는 이미 머릿속에 있는 것과의 연상 작용에 의한 것이다. 이것을 연설과 관련지어 생각해보자. 먼저 메모 등 외부의 도움을 빌어 요점을 떠올린다.(단, 메모를 보면서 연설을 하는 것은 바람직하지 않다.) 또 하나는 머릿속에 있는 것과 연관시켜 기억을 되살리는 것이다. 이 방법은 하나를 말하면 자연스럽게 두 번째 것이 떠오르도록 논리적인 순서에 의해 정렬해놓아야 하며, 하나의 방에서 다른 방으로 이어지듯이 자연스럽게 두 번째에서 세 번째로 이어질 수 있어야 한다.

이것은 아주 간단해 보이지만 긴장과 두려움으로 굳어져 있는 상태의 초보 연설자에게 있어서는 절대로 쉬운 것이 아니다. 그러나 간단하고, 빠르고, 틀림없이 요점을 정리하는 방법이 있다. 그것은 바로 난센스 문장을 만드는 것이다. 서로 전혀 연관이 없고 기억하기 힘든 경우, 예를 들어 소, 담배, 나폴레옹, 집, 종교를 떠올려보자. 이 경우 "소가 담배를 피우며 나폴레옹을 뿔로 받았고, 집이 종교와 함께 불타버렸다"는 황당한 문장을 만든다면 각각을 고리처럼 이을 수 있을 것이다.

그럼 이제 이 문장을 손으로 가리고 다음 질문에 답해보기 바란다. 세 번째 나폴레옹은 어떻게 되었는가? 네 번째, 다섯 번째, 두 번째, 첫 번째는 무엇이었는가?

아마 꽤 효과가 있었을 것이다. 내 강습회에 참석한 학생들에게는 이 방법을 적극적으로 권하고 있다. 어떤 대상이든 이런 식으로 연관을 지어 생각할 수 있다. 그리고 황당한 문장일수록 떠올리기가 쉬워진다.

10. 연단에서의 긴장감에서 벗어나는 방법

완벽하게 준비를 하고 연단에 섰는데도 불구하고 연설을 하는 동안 머릿속이 하얗게 되어 어찌할지 모르고 당황스러운 상황을 가정해보자. 혼란과 절망 속에서 도망치기 위해 의자에 앉아버리는 것은 자존심이 허락하지 않는다. 10초, 아니 15초만 지나면 다음 내용이 떠오를지도 모른다. 그러나 비록 15초 동안이라도 청중들을 앞에 두고의 적막은 이미 실패임에 틀림이 없다. 이럴 때는 어떻게 하는 것이 좋을까? 최근 한 유명한 미국 상원의원이 이런 상황에 처한 적이 있는데, 그는 청중들에게 자신의 목소리가 확실히 들리는지, 뒤쪽까지 잘 들리고 있는지를 물었다. 물론 잘 들리고 있다는 것은 알고 있었다. 뒤에까지 잘 들리는지를 확인하고 싶어서가 아니라 시간을 벌기 위한 것이었다. 그는 그 짧은 시간 안에 할 이야기를 기억해내도 다시 연설을 이어갔다.

그러나 이런 당황스러운 상태에서 가장 도움이 되는 것은 다음과 같은 방법이다. 앞에서 말한 마지막 단어, 문구, 생각을 새로운 문장의 처음으로 가져오는 것이다. 그러면 테니슨의 시 속에 나오는 냇물처럼 줄줄이 이어지는 이야기의 고리가 만들어진다. 진정한 목적이 없이 그저 흐르고 있다는 점에서도 테니슨의 냇물과 마찬가지이다. 이것이 실제로 얼마나 효과가 있는지 살펴보자. '비즈니스에서의 성공'에 대하여 연설을 하고 있는 사람이 "일반 사원들이 실적을 올리지 못하는 것은 업무에 흥미가 없고 솔선수범해서 나서는 일이 없기 때문이다"라고 말해 놓고 머릿속이 새하얗게 되어버렸다고 가정하자.

그럴 때는 '솔선수범'이라는 단어부터 다시 시작하면 좋을 것이다. 당신이 무슨 말을 하는지, 혹은 문장을 어떻게 매듭을 지을지는 모른다. 그러나 그래도 시작을 해야 한다. 멋지게 이야기를 하지 못하더라도 아무 말도 하지 못하는 것보다는 낫다.

"솔선수범은 독자성입니다. 즉, 자기 스스로 일을 처리하는 것입니다. 남에게 의지를 하지 않고…."

이것은 그다지 새로운 이야기가 아니다. 역사에 남을 만한 이야기도 아니다. 그러나 괴로워하면서 침묵을 지키는 것보다는 낫다. 마지막 문구는 무엇이었는가? 그것은 '남에게 의지하지 않고'이다.

그렇다면 이번에는 그것을 이용해서 새로운 문장을 시작해보자.

"독창적인 사고를 하지 못하는 사원에게 항상 가르치며 잔소리를 해야 하는 것은 상상만 해도 지겨운 일 중에 하나이다."

이제, 하나의 난관을 이겨냈다. 다시 한 번 도약을 해보자. 이번에는 상상력에 대해서다.

"상상력, 이것은 정말 필요한 것이다. 이것은 이상이다. 솔로몬은 '이상이 없다면 인류는 멸망한다' 고 말했다.

두 번째도 별 문제 없이 지나갔다. 마음을 편하게 먹고 계속해보자.

"해마다 비즈니스 현장의 전투에서 패배하여 무너지는 사원의 수는 안타까울 정도로 많다. 내가 이렇게 말하는 이유는 충성심과 야망과 열의가 조금만 더 있다면 실패를 뛰어넘어 성공할 수 있다고 생각하기 때문이다. 그러나 비즈니스에서 실패한 사람은 절대로 이 사실을 인정하려 들지 않는다."

이렇게 이어가면 된다. 이렇게 즉흥적으로 이야기를 진행하는 동시에 열심히 준비했던 연설의 다음 내용, 다시 말해서 자신이 정말로 말하고자 했던 진짜 내용을 기억해내는 것이다.

이 즉흥적인 연설도 너무 길어지면 엉뚱한 길로 빠질 수 있으니 주의하기 바란다. 그러나 순간적인 망각으로 상처받은 마음을 일시적으로 치유해주는 훌륭한 응급처치는 될 수 있다. 그리고 실제로 망쳐버릴 뻔했던 연설을 되살리는 데 도움이 된다.

11. 연관이 있는 것에만 기억력은 작용한다

이 장에서는 생생한 인상을 얻거나 반복을 통해 사실과 사실을 이어주는 방법에 대하여 알아봤다. 그러나 기억은 본질적으로 연상 작용을 통해 이어지기 때문에 제임스 교수가 지적했던 것처럼 "기억력을 전면적이고 근본적으로 향상시키는 것은 불가능하다. 향상시킬 수 있는 것은 단지 연상 작용을 통해 이어진 일정한 범위에 국한되어 있다"는 것이다.

예를 들어 셰익스피어에서 인용할 문구를 매일 하나씩 외운다면 문학적 인용문에 관해서는 놀라운 속도로 기억력이 향상될지는 모른다. 인용문을 하나 외울 때마다 그것과 연관되는 수많은 문구를 찾을 수 있다. 그러나 햄릿에서 로미오까지 모든 것을 기억한다고 하더라도 면 시장이나 강철에 포함되어 있는 탄소와 불순물을 산화시키는 베

서머 제강법의 지식을 원하는 사람에게는 큰 도움이 되지 않는다.

다시 한 번 이야기하겠다. 이 장에서 소개한 원칙을 응용한다면 기억하는 방법과 능률을 높일 수 있다. 그러나 이 원칙들을 적용하지 않는다면 야구에 대한 천만 개의 사실을 기억하고 있더라도 주식 시장에 관한 사실을 기억하는 데는 아무런 도움이 되지 않는다. 서로 아무런 연관성이 없는 사실들은 연상 작용이 일어나지 않기 때문이다. "우리의 두뇌는 본질적으로 연상의 기계이다"라고 제임스 교수는 말하고 있다.

4장의 정리

1. 저명한 심리학자 칼 시쇼어 교수는 이렇게 말했다. "보통 사람들은 자신이
   유전적으로 물려받은 기억력의 10퍼센트도 활용하지 못한다. 기억의 자연
   법칙에 등을 돌리기 때문에 90퍼센트를 낭비하고 있는 것이다."

2. '기억의 자연법칙'이란 바로 인상, 반복, 연상의 세 가지이다.

3. 기억하고 싶은 것에 대한 깊고 선명한 인상을 만들어 내라. 그러기 위해서
   는 다음과 같은 것들을 해야만 한다.

   a. 집중하라. 이것은 루즈벨트의 기억력의 비결이다.
   b. 유심히 관찰하라. 정확한 이미지를 만들어내라. 안개 속에서 사진을 찍
      으면 좋은 사진을 찍을 수 없다. 이와 마찬가지로 우리의 마음도 흐릿한
      이미지를 기억할 수가 없다.
   c. 이미지는 가능한 많은 감각을 동원하여 만들어내라. 링컨은 기억하고 싶
      은 것을 목소리를 내어 읽었다. 그러면 눈과 귀를 통한 인상이 동시에
      남는다.
   d. 일단은 눈으로 들어오는 이미지를 남겨라. 그것은 인상에 각인된다. 눈
      에서 뇌로 이어지는 신경은 귀에서 뇌로 이어지는 신경의 20배나 크다.
      마크 트웨인은 메모를 이용했을 때는 연설의 내용이 머릿속에 남지 않
      았다. 그러나 메모를 버리고 각 요점의 처음을 떠올릴 수 있는 영상을
      이용해서 고민을 해결했다.

4. 기억의 제2법칙은 반복이다. 수천 명에 달하는 이슬람 학생들이 신약성서
   에 필적하는 장대한 분량의 코란을 외운다. 그들은 반복의 힘을 이용하고
   있다. 무언가를 외우고자 할 때는 충분한 반복을 통해 힘들지 않게 외울
   수 있다. 그러나 반복을 할 때는 다음과 같은 사실에 주의를 기울이자.

   a. 기억 속에 각인시키기 위해 앉은 채로 모조건 외워서는 안 된다. 한두
      번 반복을 한 다음에는 일단 멈춰라. 이런 식으로 외운다면 계속 앉은
      채로 외우는 것보다 절반의 시간만으로도 외울 수가 있다.
   b. 기억했던 것을 잊어버리는 비율은 처음 8시간과 사흘이 지났을 때가 똑
      같다. 따라서 연설을 하기 몇 분 전에 반드시 복습을 해야 한다.

5. 기억의 제3법칙은 연상이다. 무언가가 기억에 남는 것은 그것이 다른 어
   떤 사실과 연상 작용을 일으키기 때문에 가능한 것이다. 제임스 교수는 다
   음과 같이 말했다

"머릿속에 떠오른 것은 모두 끌어내야 한다. 그리고 끌어냈을 때 그것은 이미 그곳에 있는 무언가와 연상 작용을 하고 있다. (중략) 자신의 경험에 대해 깊이 생각하고, 그 경험들을 서로 종합적으로 상호관계가 있도록 구성해나가는 것이다. 이것이 가능한 사람은 가장 뛰어난 기억력을 가질 수 있다."

6. 어떤 사실을 이미 머릿속에 있는 다른 사실과 연상을 시키고 싶다면 새로운 사실을 모든 방면에서 생각해보아야 한다. 그 사실에 대하여 '왜 그런지', '어떻게 그렇게 되었는지', '언제 그렇게 되었는지', '어디서 그렇게 되었는지', '누가 그렇게 말했는지'에 대해 자문해보자.

7. 사람의 이름을 외울 때는 본인에게 직접 이름을 물어보는 것이 좋다. 예를 들어 철자를 물어보는 것이다. 상대의 외모를 유심하게 관찰하라. 이름과 얼굴을 연관 지어보기 바란다. 직업을 물어보고 이름과 직업을 이어줄 난센스적인 문장을 만들어보는 것도 좋다. '팬 애슬래틱 클럽'의 실례를 참고하기 바란다.

8. 연호를 외우기 위해서는 자신의 기억 속에 이미 있는 중요한 연호와 연관 지어 기억하라. 예를 들어 셰익스피어의 탄생 300주년은 미국의 남북전쟁 기간 중이었다고 외우면 좋을 것이다.

9. 연설의 요점을 기억하기 위해서는 하나가 다음의 것과 필연적으로 이어지도록 순서를 정렬해야 한다. 그리고 중요한 요점들로 난센스 문장을 만들 수도 있다. 예를 들어 '소가 담배를 피우며 나폴레옹을 뿔로 받고, 집이 종교와 함께 불타버렸다.'

10. 세심한 주의를 기울였음에도 불구하고 말하고자 했던 것을 갑자기 잊어버렸을 때는 마지막 문장의 마지막 단어를 다음 문장의 처음에 이용함으로써 완전한 실패를 피할 수 있다. 다음 내용을 떠올릴 때까지 계속할 수가 있다.

Part 05

청중들을
매료시키는 비결

Keeping the Audience Awake

"천재란 집중력의 차이에 달렸다. 가치가 있는 것을 얻는 사람은 고양이를 쫓는 불독처럼 혼신의 힘을 다해 목표를 추구하는 사람이다."
-W. C. 홀맨(내셔널캐쉬리지스터 사 전 판매부장)

"의욕적인 사람은 만나는 사람마다 자석처럼 영향력을 끼치곤 한다."
-H. 에딩턴 브루스

"강렬한 열의를 갖기 바란다. 열의는 열의를 부른다."
-러셀 H. 콘웰

"나는 열광적인 사람을 좋아한다. 진흙탕보다는 끓어오르는 냄비가 낫다."
-존 G. 세드(마샬필드 사 사장)

"그는 혼신의 힘을 다해 그것을 했고 번영을 누렸다."
-구약성서 『역대기』 하편

"장점은 자신감을 낳고, 자신감은 열정을 낳고, 열정은 세계를 정복한다."
-월터 H. 코팅햄(서윈윌리엄스 사 사장)

"정직은 웅변의 일부이다. 우리는 열심히 함으로써 타인을 설득시킬 수 있다."
-해즐릿

05

청중들을
매료시키는 비결

얼마 전 나는 세인트루이스 상공회의소에서 연설을 한 적이 있었다. 그때 셔먼 로저스도 연설을 하였다. 내가 처음 연설을 하였는데, 가능하다면 그 자리를 도망치고 싶은 심정이었다. 그는 '목재업계의 웅변가' 라 불리는 사람이었는데, 솔직히 말하자면 그의 연설이 따분할 것이라고 생각하고 있었다. 왜냐하면 흔히 말하는 '웅변술' 이란 것을 조화와도 같은 것이라고 여겼기 때문이었다. 그러나 놀랍게도 로저스의 연설은 내가 들었던 연설 중에서도 최고의 것이었다.

셔먼 로저스는 대체 어떤 인물일까? 그는 서부지역의 광활한 숲에서 거의 모든 시간을 지내는 진짜 목재업자였다.

그는 웅변술 책에 적혀 있는 연설의 기본에 대해서 전혀 몰랐고 관심도 없었다. 그의 연설은 세련되지는 않았지만 박력이 넘쳤다. 아무런 기교를 부리지 않고 열정으로 가득했다. 문법적으로 틀리거나 기본에서 벗어난 부분도 있었다. 그러나 연설을 실패로 끝나게 하는 것은 실수가 아니라 박력이 부족한 것이다.

그의 연설은 한 사람의 노동자, 혹은 한 사람의 상사로서 자신의 삶을 투영한 생동감 넘치는 체험담이었다. 책에서 인용한 것이 아닌 생생한 목소리였다. 대문에 청중들의 마음을 사로잡았다. 그의 말은 모두 그의 심장에서 이글거리는 불덩이가 되어 청중들에게 충격을 안겨 주었다.

그가 큰 성공을 거둔 비결은 무엇일까?

에머슨은 "역사에 남는 위대한 업적은 모두 열정의 승리이다"라고 했다.

'enthusiasm(열정)' 이란 단어는 두 개의 그리스어에서 유래하였다. 하나는 'en' 으로 영어의 'in' 에 해당하며, 그리고 'theose' 는 'God(신)' 이라는 의미이다. 다시 말해서 'enthusiasm' 을 말 그대로 해석하면 '우리 안에 있는 신' 이 된다. 열정적인 사람은 마치 신에게 소유된 인물처럼 이야기를 하는 사람인 것이다.

열정은 광고, 판매, 행동에 있어 가장 효과적이고 중요한 요소이다. 세계 최대의 광고주는 주머니에 50달러가 채 되지 않는 돈을 가지고 30년 전에 시카고에 왔다. 세계 최대의 추잉검 회사인 뤼글리는 해마다 3000달러 어치의 추잉검을 판매하고 있는데, 이 사무실의 벽에는 "열정이 없이 성공을 거둔 위대한 업적은 없다"라는 에머슨의 말이 걸려 있다.

나는 연설의 기본에만 충실했던 적이 있었다. 그러나 해를 거듭하면서 정신에 무게를 두고 연설을 하게 되었다.

민주당 대통령 후보였던 브라이언은 이렇게 말했다.

웅변이란 자신이 말하고 있는 것, 그리고 자신이 이야기하는 의미를 알고 있는 사람의 연설이라고 정의할 수 있다. 그것은 불붙은 사상이라고도 할 수 있다…. 지식은 열정이 없는 연설자에게는 아무런 도움이 되지 않는다. 설득력이 있는 연설은 머리에서 머리로 전달되는 것이 아니라 마음에서 마음으로 전달되는 것이다. 연설사가 청중들을 속이는 것은 자신의 감정을 속이는 것만큼 어려운 일이다…. 약 2000년 전에 라틴의 한 시인은 "타인의 눈에서 눈물을 흘리게 하기 위해서는 당신이 슬퍼하는 모습을 보여주어야만 한다"라고 말했다.

마르틴 루터는 "만약 내가 작곡, 수필, 기도, 설교를 하게 된다면 화가 나 있어야 한다. 화가 난 상태에서는 정맥 속의 피가 요동을 치면서 이해력이 날카로워진다"고 말했다.

그러나 꼭 화가 나 있을 필요가 있을까? 물론 자극을 받아 진지하고 열정적이어야 하는 것은 분명하다.

열변은 말조차 영향을 받는다는 말이 있다. 동물 조련사로 유명한 레이니는 말의 맥박을 1분에 10회 이상 더 뛰게 만드는 말을 알고 있다고 한다. 청중들은 말과 마찬가지로 감수성이 예민하다.

연설자는 말을 할 때마다 청중들의 태도를 결정해준다. 이것은 매우 중요한 사실이다. 연설자는 청중을 자신의 손아귀에 쥐고 있다. 연설자에게 의욕이 없다면 청중들 또한 의욕을 잃게 된다. 연설자가 소심하게 대하면 청중들도 소심해진다. 연설자가 별로 관심을 보이지 않는다면 청중들도 멍하니 관심을 가지지 않게 된다.

그러나 연설자가 열정적으로 감정을 실어 자발적, 박력, 확신을 갖고 이야기를 한다면 청중들도 연설자의 열정을 받아들일 수밖에 없다.

뉴욕의 유명한 강연자 마틴 W. 리틀턴은 이렇게 말하고 있다.

세상은 이성과 마찬가지로 감정에 의해 움직이고 있다. 매우 심각해 하거나, 요령을 부리려는 사람은 오래 가지 않아 실패를 하게 된다. 그러나 진심으로 확신을 가지고 이야기하는 사람은 결코 실패를 하지 않는다. 자신의 제일 관심사가 흰 레그혼 종의 닭을 키우는 것이든, 아르메니아에서 기독교인들이 겪고 있는 고난이든, 국제연맹이든, 진심으로 청중에게 전달하고자 하는 메시지가 있다면 그 연설은 불꽃처럼 활활 타오를 것이다.

어떤 식으로 표현을 하던 상관이 없다. 중요한 것은 청중들을 향해 쏟는 성실함고 감정의 힘뿐이다.

열의와 진지함이 있다면 연설자의 영향은 안개처럼 퍼질 것이다. 500개의 결점이 있더라도 실패를 하지 않을 것이다. 위대한 루빈스타인은 인용 문구를 자주 틀렸다고 한다. 그러나 그의 실수에 신경을 쓰는 사람은 아무도 없었다. 왜냐하면 그는 평범한 사람들, 일몰을 보고 감동을 한 적이 없는 사람, 일몰을 단순히 지평선 너머로 저무는 크고 붉고 둥근 것으로만 인식하는 사람들의 마음속에 쇼팽의 시를 심어줄 수 있었기 때문이다.

아테네의 위대한 지도자 페리클레스는 연설을 하기 전에 단 한마디라도 가치가 없는 말이 자신의 입 밖으로 흘러나오지 않기를 신께 기도했다고 한다. 그는 메시지에 진심을 담았고, 그 메시지는 국민들을 마음속 깊이 파고들었다.

미국의 가장 유명한 여류작가 윌라 캐서는 이런 말을 했다.

"강연자는 모두 예술가이며, 모든 예술가의 비결은 정렬에 있다. 이것은 공공연한 비밀이자 틀림없는 사실이다. 그것은 영웅적 자질과 마찬가지로 싸구려 재료로는 흉내조차 낼 수 없다."

정열, 감정, 정신, 성실함, 이런 특성을 연설 속에 담아야 한다. 그러면 청중들도 작은 결점 정도는 눈감아줄 것이다. 당연히 그런 사소한 것에는 신경도 쓰지 않을 것이다. 역사가 그것을 증명해주고 있다. 링컨은 귀가 따가울 정도의 큰 소리로 이야기를 했다. 고대 웅변가였던 데모스테네스는 말을 더듬었다. 후커의 목소리는 아주 작았다. 커런의 더듬는 말투는 혹평을 받기도 했다. 세일의 목소리는 비명에 가까웠다. 영국 수상이었던 젊은 시절 피트의 목소리는 불투명해서 알아듣기 어려울 정도였다. 그러나 그들은 이런 단점을 이겨낼 만큼의 열정이 있었다. 모든 단점을 날려버릴 감정적 충동을 가지고 있었던 것이다.

1. 정말로 말하고자 했던 것을 말하고 있는가?

브랜더 매튜스 교수는 『뉴욕 타임즈』에 다음과 같은 흥미로운 기사를 실었다.

　뛰어난 연설의 본질은 연설자가 정말로 말하고 싶은 것을 가지고 있다는 것이다. 나는 콜롬비아 대학의 커디스 상 수상자를 뽑는 세 명의 심사위원 중에 한 명으로 참가했을 때 이 사실을 절실하게 깨달았다. 대회에는 6명의 학생이 참가했다. 그들은 훈련 받은 대로 초지일관 매끄럽게 연설을 마무리 지었다. 그러나 단 한 사람을 제외하고는 모두 다 메달을 따겠다는 생각밖에 없었다.

　그들은 청중을 설득시키겠다는 생각이 거의 없거나 전혀 없었다. 그들은 연설 대회에서 정해준 주제라는 이유 하나만으로 그 주제를 선택했다. 이야기 내용에 진심에서 우러난 관심 같은 것은 없었다. 다시 말해서 그들의 연설은 단순히 말하는 방법을 연습한 것에 불과했다. 그러나 줄루족의 왕자만은 달랐다. 그는 '현대문명에 대한 아프리카의 공헌' 이라는 주제로 연설을 하였는데, 연설하는 단어 하나하나에 감정이 강하게 실려 있었다. 그의 연설은 단순한 연설이 아니라 확신과 열정에서 우러난 생생하게 살아 있는 것이었다. 그는 민족과 대륙의 대표자로 연설을 한 것이다. 마음속에 하고 싶은 이야기를 품고 있었으며 그것을 성실하게 이야기했다. 때문에 연설의 기술이라는 점에서는 두세 명이 그보다 뛰어났지만 심사위원들은 그에게 메달을 수여하였다. 우리는 그의 연설에서 진정한 열정이 담겨 있다는 사실을 높이 평가했다. 그의 열정적인 연설과 비교하면 다른 사람들의 연설은 빈껍데기에 불과했다.

수많은 연설자들이 이 점에서 실패를 하고 있다. 말 속에 확신과 바람과 충동이 없다. 그것은 마치 총알이 들어 있지 않는 빈 총과도 같다.

당신은 이렇게 말할지도 모른다. "좋은 말이네요. 하지만 당신이 그렇게 침이 마르도록 말하고 있는 진지함과 열정을 어떻게 하면 끌어올릴 수 있는가요?"

이것만은 확실하다. 이렇게 수박 겉핥기식의 연설은 아무 것도 얻을 수가 없다. 분별력이 있는 청중이라면 연설자가 피상적인 인상만으로 이야기를 하고 있는지, 진심에서 우러나서 이야기를 하고 있는지를 꿰뚫어볼 수 있다. 따라서 타성에서 벗어나기 바란다. 연설에 진심을 담도록 노력하라. 그 속에 빠져 그것이 당신에게 중요한 것이 될 때까지 깊이 생각하기 바란다. 결국, 철저한 준비와 올바른 준비만이 정답이다. 마음의 준비는 머리의 준비와 마찬가지로 중요하다.

예를 한 번 들어보기로 하자. 나는 절약 캠페인 기간 중에 뉴욕의 아메리카 은행 협회 회원들을 대상으로 강습회를 열었다. 그중에 한 사람은 유난히 박력일 떨어졌다. 그는 단순히 이야기를 하고 싶다는 이유만으로 이야기를 하고 있을 뿐, 절약에 관한 열정이 전혀 없었다. 그를 바꾸기 위한 첫 단계는 그의 마음을 고양시키는 것이다.

나는 그에게 혼자서 그 주제에 열정을 느낄 수 있을 때까지 생각해보라고 했다. 나는 그에게 '뉴욕의 유언확인 재판소의 기록에 의하면 85퍼센트의 사람이 죽을 때 아무것도 남기지 못하며, 만 달러 이상을 남기는 사람이 불과 3.3퍼센트에 불과하다' 는 사실을 염두에 두라고 말했다.

그는 자신이 불가능한 것을 남에게 원해서는 안 된다는 것을 항상 염두에 두어야 했다. 그는 스스로 '나는 이런 사람들이 노후에도 의식주에 대한 준비가 되고, 처자식을 부양할 수 있도록 준비할 수 있게 하고 있다' 고 다짐해야 한다. 그는 자신이 사회에 공헌하고자 하고 있다는 사실을 마음에 새겨야 한다. 그는 자신이 예수의 복음에 대한 실천을 제창하고 있다는 신념을 갖기 위해 십자군과 같은 신념으로 충만해 있어야 한다.

그는 이런 사실을 신중하게 생각했다. 그는 자신의 흥미를 환기시키고, 열정을 불사르고, 자신이 고귀한 사명을 다하고 있다는 사실을 실감하게 되었다. 그 후로 그가 연설을 할 때는 단어 하나하나마다 신념으로 가득했다. 실제

로 그의 절약에 관한 연설은 각광을 받았고, 미국 최대 은
행으로부터 입사 권유를 받았다. 나중에 그는 남미 지점으
로 파견되었다고 한다.

2. 중요한 것은 자신의 말이어야 한다

한 청년이 볼테르에게 "나는 살아야만 합니다!"라고 소
리치자, 볼테르는 "나는 그럴 필요성을 못 느끼겠네"라고
대답했다.

대부분의 경우 당신의 말에 대한 세상의 반응은 이런 것
일 것이다. 세상은 당신의 말에 대한 필요성을 알아주지
않는다. 그러나 성공하고 싶다면 그 필요성을 반드시 느껴
야만 한다. 꼭 그럴 필요성이 있다면. 당신은 그것에 빠지
게 될 것이다. 그것은 한동안 당신에게 있어 세상에서 가
장 중요한 것으로 여겨진다.

드와이트 L. 무디는 '신의 은총'에 대해 설교를 준비하다
가 마음이 어지러워졌다. 그는 너무 깊이 진실을 추구한
나머지 모자를 집어들고 연구실을 나와 거리로 나왔다. 그
리고 처음 만난 사람에게 갑자기 "신의 은총이 무엇인지
알고 있나요?"라고 물었다. 이렇게 강한 열정에 빠져 있는
사람이 청중들에게 마법의 힘을 발휘하는 것은 전혀 이상
할 것이 없다.

얼마 전 파리에서 강습회를 하고 있을 때의 일이다. 수강생 중에 한 명이 매일 밤마다 무미건조한 연설을 했다. 그는 학자답게 지식이 풍부했다. 그러나 흥미나 열정은 전혀 느껴지지 않았다. 전혀 박력이 없었던 것이다. 그는 자신이 이야기하는 것이 별로 중요하지 않다는 듯한 말투로 이야기했다. 당연히 듣는 입장에서도 거의 신경을 쓰지 않았다. 청중들은 그의 연설을 본인의 자화자찬으로밖에 여기지 않았다.

나는 그가 깨닫기를 바라며 몇 번이고 중단을 시키면서 박력을 더하게 하려 했다. 그러나 그는 그럴 때마다 차갑게 식어버린 난로에서 증기를 내뿜게 하려고 있는 것처럼 느껴졌다. 그러나 결국은 그에게 연설의 준비 방법이 잘못되었다는 것을 납득시킬 수 있었다.

나는 그에게 머리와 마음 사이에 전신망과 같은 것을 만들어야 한다고 설득을 했다. 그리고 사실만을 이야기하는 것이 아니라 그 사실에 대한 의견까지 제시해야 한다고 말했다.

그다음 주, 그는 발표할 가치가 충분히 있다고 강하게 여기고 있는 주제를 가지고 나타났다. 드디어 그는 주제에 열정적인 관심을 쏟게 되었다. 그는 새커리가 베키 샤프를 사랑했을 때처럼 뜨거운 메시지를 준비했다. 그는 열정적으로 연설을 했고, 길고 진심 어린 박수갈채를 받았다.

이것은 준비의 근본적인 부분이다. 제2장에서 배웠던 것처럼 진정한 연설의 준비는 말을 기계적으로 종이 위에 받아 적거나, 문장을 통째로 외우는 것이 아니다. 책이나 신문 기사에서 따온 내용을 이야기하는 것도 아니다. 그것은 자신의 마음과 인생을 깊이 파고들어 성찰하는 것이며, 본질적으로 자기 자신의 것이라는 확신과 열정을 전면에 내세우는 것이다. 그것은 자신의 것이어야만 한다. 철저하게 파고들면 반드시 찾을 수 있을 것이다. 그것을 의심해서는 안 된다. 지금까지 꿈도 꾸지 못했던 금광에서 무궁무진하게 쏟아질 것이다.

당신은 자기 자신의 가능성을 강하게 인식하고 있는가? 아쉽게도 인식하지 못하고 있다. 제임스 교수는 보통 사람들은 정신력을 10퍼센트도 개발하지 못한다고 했다.

그렇다. 연설에서 중요한 것은 차가운 말투가 아니라 말 뒤편에 있는 그 사람, 그 정신, 그 확신인 것이다. 하원에서 셰리든이 워렌 헤이스팅스를 공격하는 명연설을 들은 유명한 연설가 버크와 피트, 윌버포스와 폭스는 지금까지 영국에서 들었던 연설 중에 최고였다고 평가했다. 그러나 셰리든은 그 연설의 가장 큰 장점이 너무나 정신적인 내용이었기 때문에 그것을 차가운 책자로 만드는 것은 무의미하게 여겨졌다. 때문에 5000달러에 출판 계약을 하자는 제안을 거절했다. 만약 그 연설을 책으로 읽으면 가장 훌륭한 특성이 사라져버려 전혀 감동을 느끼지 못하고 실망을 할 것이 빤했다. 빈껍데기만 남은, 박제된 독수리에 지나지 않은 것이다.

연설에서 가장 중요한 점은 항상 자기 자신임을 명심하기 바란다. 에머슨의 지혜롭고 위대한 말을 소개해보겠다.

"어떤 말을 하던 자신의 것이 아니면 결코 말해서는 안 된다."

이것은 자기표현의 기술에 관한 말 중에서 가장 중요한 것 중에 하나이다. 강조하기 위해 다시 한 번 반복한다.

"어떤 말을 하든 자신의 것이 아니면 결코 말해서는 안 된다."

3. 열정의 불이 타오를 때까지 준비하라

링컨은 이 말을 읽지 않았을 수도 있지만 한 가지는 확실하다. 그것은 그가 이 진실을 알고 있었다는 것이다. 어느 날, 늙고 허리가 굽은 독립전쟁 참전 군인의 미망인이 링컨의 사무실로 찾아와 연금 담당 직원이 200달러라는 수수료를 부당하게 받아 갔다고 말했다. 화가 난 링컨은 당장에 소송을 제기했다.

링컨은 어떤 준비를 하였을까? 그는 열정적으로 워싱턴의 전기를 읽고, 혁명전쟁의 역사를 읽으면서 감정을 고취시켰다. 링컨은 애국자들에게 자유를 위한 전투를 결심하게 한 배경을 설명해주고, 그들이 말로는 형언할 수 없는 고통을 겪었으며, 포지 계곡에서 굶주림을 견디고, 얼음과 눈밭 위를 피투성이가 된 채로 기면서 힘겹게 버텨온 모습을 생생하게 묘사했다. 격분한 링컨은 그런 영웅의 미망인에게서 연금의 절반을 강탈해 간 악당들을 향해 울분을 토해냈다. 그는 자신이 다짐했던 대로 이글거리는 눈빛으로 통렬하게 피고인들을 질타하며 비난했다.

그는 이렇게 결론을 맺었다.

많은 시간이 흘러, 1776년 당시의 용사들은 전사하여 피안의 세계로 떠났습니다. 병사들은 이제 쉬기 위해 저세상으로 떠났습니다. 그리고 지금 한 병사의 미망인이 불편한 눈에 불편한 다리를 끌고 부당함을 호소하기 위해 여러분과 나, 그리고 배심원 여러분 앞에 섰습니다. 그녀의 과거는 이렇지 않았습니다. 정말로 아름다운 여성이었습니다. 다리도 정상이었고, 단아한 외모에 목소리는 버지니아 산맥의 메아리처럼 달콤했습니다. 그러나 이제는 가난 속에서 아무도 도와주는 사람이 없습니다. 어린 시절을 보냈던 곳에서 수백 킬로미터나 떨어진 일리노이의 벌판에서 제게 도움을 청해 온 것입니다. 우리는 독립전쟁의 애국자들 덕분에 특권을 누리고 있습니다. 그녀는 우리의 동정 어린 지원과 든든한 보호를 간절히 바라고 있습니다. 내가 바라는 것은 단 한 가지, 그녀를 도와주지 않겠냐는 겁니다.

링컨의 이야기가 끝나자 눈물을 흘리는 배심원까지 있었다. 그들은 노파가 원하는 판결을 내려주었다. 링컨은 그녀의 보증인이 되어 호텔 비와 교통비를 내주었고, 변호비용도 전혀 받지 않았다. 며칠 뒤, 링컨의 동료는 작은 메모장에 적힌 링컨의 변론의 개요를 읽고 웃음을 터뜨렸다.

계약서 없음. 법적 지원 없음. 부당 수수료. 피고가 돈을 보유한 채 원고에게 전달되지 않고 있음. 독립전쟁. 포지 계곡의 참상을 알릴 것. 원고의 남편. 군대에 입대하는 병사. 피고를 비난할 것.

열정을 불태우기 위한 첫째 조건은 전하고자 하는 진정한 메시지를 찾아낼 때까지 준비하는 것이다. 나는 이것을 알기 쉽도록 설명하였다고 생각한다. 이제 다음 단계는 열정을 행동으로 옮기는 것이다.

4. 행동으로 열정을 표현하라

제1장에서 제임스 교수는 이렇게 지적을 하고 있다. "행동과 감정을 동시에 작용하는 것이다. 따라서 행동(의지의 힘으로 직접 제어가 가능한 것)을 규제하면 간접적으로 감정을 제어할 수 있다."

쉽게 말해서 진지함과 열정을 느끼고자 한다면 진지함과 열정을 가지고 행동하면 된다. 테이블에 기대지 말고 똑바로 서라. 앞뒤로 흔들려서는 안 되며, 상하로 움직여서도 안 된다. 피로에 지친 말처럼 좌우로 비틀거려서는 안 된다. 불안함과 초조함이 드러나도록 불안해 보이는 행동을 해서는 안 되는 것이다. 자신의 육체를 통제하라. 그러면 냉정함과 박력이 전달될 수 있다. 똑바로 서서 '경기를 즐기는 강한 남자' 처럼 행동하라. 다시 한 번 말하겠다.

"폐 안에 산소를 가득 채워라. 크게 심호흡을 하라. 청중들을 똑바로 쳐다보라. 지금 당장 해야 할 말이 있다는 듯이 청중들을 바라보라. 학생들을 바라보고 있는 선생님처럼 자신과 용기를 가지고 바라보라. 왜냐하면 당신은 선생님이기 때문이다. 그리고 그들은 당신에게 배우러 온 것이다. 자신감과 열정을 갖고 이야기 하기 바란다. 예언자 이사야는 이렇게 말했다. '목청을 높여라! 두려워하지 말라!' "

자신 있는 몸짓을 해라. 그것이 아름다울지, 우아해 보일지는 신경 쓰지 않아도 좋다. 박력이 넘치고 자발적인 것처럼 보이도록 하기만 하면 된다. 몸짓은 상대방을 위한 것이 아니라 자신을 위한 것이다. 그러면 놀랄 만큼 효과가 있다. 예를 들어 라디오 청취자들에게 이야기를 할 경우에도 몸짓을 사용해야 한다. 물론 몸짓이 청취자들에게는 보이지 않지만, 몸짓을 사용하면 청취자들도 그것을 느낄 수 있다. 몸짓을 사용하면 목소리의 상태와 전반적인 분위기에 활기가 넘친다. 나는 몇 번이고 기운이 없는 연설을 도중에 멈추게 하고 이제껏 써본 적이 없는 큰 몸짓을 쓰라고 가르쳐왔다. 억지로 몸짓을 하게 되면 그것이 자극이 되어 결국은 자발적으로 몸짓을 사용하게 된다. 얼굴 표정도 밝아지고 전체적인 태도도 열정을 띠게 된다.

열정이 가득한 행동을 함으로써 열정이 찾아온다. 셰익스피어는 "장점이 없더라도 장점이 있는 것처럼 행동하라"라고 충고했다.

일단 입을 열고 이야기를 시작하자. 변호사 워커샴은 "대중들 앞에서 연설을 하는 사람의 대부분은 9미터만 떨어져도 목소리가 들리지 않는다"라고 말한 적이 있다.

이 말이 과장되게 들리는가? 얼마 전 한 유명 대학의 학장이 연설을 할 때의 일이었다. 나는 앞에서 네 번째 줄에 앉아 있었는데, 그가 하는 말의 절반은 알아들을 수가 없었다. 최근 유럽 중요 국가의 대사가 유니언 대학에서 졸업 축사를 하였다. 그의 말투에는 힘이 없어 연단에서 6미터 떨어진 곳에서도 거의 들리지 않을 정도였다. 숙련된 연설자가 이 정도이니 초보자는 어떻겠는가? 초보자는 청중들을 앞에 두고 큰 소리로 말을 한 경험이 없다. 때문에 자신이 큰 소리로 말하면 마치 자신이 소리를 치는 것처럼 들려 사람들의 비웃음을 살 거라고 착각하고 있다.

마치 대화를 하듯이, 그러나 큰 소리로 이야기를 해야 한다. 30센티미터의 거리에서는 작은 글씨도 잘 보이지만 강당 뒤에서까지 볼 수 있게 하기 위해서는 큰 글씨로 써야 하는 것이다.

5. 자신을 분발하게 해주는 것이 있는가

헨리 워드 비처는 한 시골 목사로부터 "무더운 토요일 오후에 신도들을 졸지 않게 하는 방법이 있나요?"라는 질문을 받고, "뾰족한 막대기로 목사를 찌르기만 하면 된다"라고 대답해주었다.

정말 재미있고 기가 막힌 발상이다. 이것은 아름다운 지혜이다. 대부분의 사람들에게 이것은 그 어떤 웅변술에 관한 책에 적혀 있는 내용보다도 도움이 될 것이다. 학생이

자기 자신을 해방시키고 마음 편하게 이야기할 수 있는 확실한 방법 중에 하나는, 본인이 연설을 하기 전에 흠씬 때려주는 것이다. 그러면 연설이 타오르는 불길처럼 뜨거운 정렬과 활기로 넘치게 될 것이다.

배우들은 무대에 오르기 전에 자신의 감정을 고취시키는 것이 얼마나 중요한 것인지를 잘 알고 있다. 후디니는 무대 뒤에서 펄쩍펄쩍 뛰면서 주먹을 허공에 휘두르면서 상상 속의 적과 싸우며 감정을 고취시켰다. 맨스필드는 무대 담당의 숨소리가 거슬린다며 트집을 잡아 일부러 화를 내기도 했다. 어떤 구실이든 간에 그에게 남아 있는 모든 힘을 다 끌어내는 데 도움을 주었기 때문에 그가 바라던 대로 정신을 고양시킬 수 있었다. 나는 배우가 무대 뒤에서 가슴을 탕탕 치면서 자신의 차례를 기다리는 모습을 본 적이 있다. 나는 학생들이 실습 연설 직전에 옆방으로 가서 피가 들끓고 얼굴과 눈에 생기와 빛이 감돌 때까지 자신을 때리도록 시켰다. 강습회에서 연설을 연습하기 전에 학생들에게 격렬한 몸짓으로 활력과 분노를 표현하도록 ABC를 반복해서 외치게 했다. 경주마의 고삐를 힘껏 당기듯이 청중들 앞에 나서는 것이 바람직하지 않겠는가?

연설을 하기 직전에는 가능하면 충분한 휴식을 취하기 바란다. 가장 이상적인 것은 옷을 벗고 몇 시간 동안 잠을 청하는 것이다. 가능하다면 냉수마찰을 하면 좋다. 수영을 할 수 있다면 그 이상 더 좋은 것이 없을 것이다.

찰스 프로먼은 배우를 고용할 때 활력이 있는지를 살핀다고 했다. 가치가 있는 액션과 연설은 신경의 힘과 구체적인 에너지의 소비가 엄청나다는 사실을 프로먼은 알고 있었다. 나는 히코리나무를 잘라 통나무로 만드는 것이나, 청중들 앞에서 한 번에 두 시간 이야기하는 것이나 모두 똑같이 힘들다는 것을 경험을 통해 잘 알고 있다.

1차 세계 대전 중에 더들리 필드 말론은 뉴욕 센추리 극장에 모인 수많은 군중들을 향해 열정적인 연설을 하였다. 연설을 시작하고 한 시간이 지났을 무렵에 절정에 달했는데, 그는 그때 피로에 지쳐 정신을 잃은 채 연단에서 실려 내려왔다.

시드니 스미스는 대니얼 웹스터를 '바지를 입은 증기기관' 이라고 표현했다.

비처는 이런 말을 남겼다.

"가장 뛰어난 연설자는 활력과 회복력이 있는 사람이며, 사물을 날려버릴 만큼 폭발력이 있는 사람이다. 그들은 함선의 기관총이며, 그들 앞에서 모두는 쓰러져버린다."

6. 힘이 실린 말의 사용방법

이야기하고자 하는 말에 힘을 실어 적극적으로 이야기하라. 그러나 너무 지나쳐서는 안 된다. 무지한 사람만이 무엇이든 적극적으로 달려든다. 그러나 나약한 사람은 무슨 말을 하더라도 'ㅇㅇ과 같이' 나 '아마 ㅇㅇ일 것이다', 그리고 '내 생각은 ㅇㅇ이다' 라는 말을 쓴다.

초보자들이 연설에서 실수를 하는 것은 대부분 적극적인 것이 아니라 맥없는 말투로 연설을 망치는 것이다.

뉴욕의 비즈니스맨이 자동차로 코네티컷을 여행했을 때에 관한 연설을 하는 것을 들은 적이 있다. 그는 "도로의 왼쪽에 양파 밭이 있던 것 같다"고 말했다. 양파 밭이 있던 것 같다니? 있으면 있고, 없으면 없는 것이다. 게다가 양파 밭을 발견하는 게 특별한 능력은 아니다. 그러나 이것은 연설자들이 가끔은 얼마나 황당하게 이야기를 하고 있는지를 잘 보여주는 예이다.

루즈벨트는 이것을 '족제비 말투' 라고 불렀는데, 그것은 족제비가 알의 내용물만 쏙 빼먹고 껍질은 버리기 때문이다. '족제비 말투' 는 연설에도 마찬가지이다.

우물쭈물하는 말투, 사과하는 말투, 빈껍데기 같은 말투가 자신감을 갖게 해주지는 못한다.

"언더우드는 당신이 마지막으로 살 기계라고 생각한다."

"내 생각에는 프루덴셜은 지브롤터의 힘을 가지고 있다고 생각한다."

"언젠가 당신은 우리 회사의 밀가루를 쓸 것이라고 생각한다. 그렇다면 지금 쓰는 것이 어떤가?"

이렇게 광고를 하는 회사가 있다고 생각해보길 바란다.

브라이언이 1896년에 처음 대통령에 출마했을 때, 소년이었던 나는 어째서 그가 몇 번이고 강조해서 "나는 당선이 되고 맥킨리는 떨어진다"라고 말했는지 이해가 되지 않았다. 그 이유는 아주 단순하다. 브라이언은 일반 대중들이 강조와 증거를 구별할 줄 모른다는 사실을 잘 알고 있었던 것이다. 그는 같은 말을 몇 번이고 반복해서 강조하면 결국 대중들을 그것을 믿게 된다는 것을 잘 알고 있었다. 세계의 위대한 지도자들은 자신의 주장을 부정할 사람이 이 세상에 없다는 듯이 항상 호언장담하고 있다. 부처는 죽음을 맞이하기 직전에 이유를 말하지 않고, 부탁하지도 않고, 논쟁의 여지도 주지 않았다. 그는 권위자로서 "내 말을 따르라"라고 말했다.

코란은 수백만 명의 지침서로서 첫 기도문 뒤에 "이 책은 의심의 여지가 없다. 이것은 명령서이다"라고 적혀 있다.

빌립보 감옥의 간수가 바울에게 "구원을 받기 위해서는 어떻게 해야 하나요?"라고 묻자, 바울의 대답은 논쟁도 애매모호한 대답도, '~라고 생각한다' 도, '그래야 한다' 라는 주장도 아니었다. 그저 "예수를 믿어라. 그러면 구원을 받을 것이다"라고 명령하였다.

그러나 이미 말했던 것처럼 어떤 일이든 간에 지나치게 적극적이어서는 안 된다. 장소, 주제, 상대에 따라서는 지나치게 적극적인 것이 오히려 해가 될 때도 있다. 일반적으로 청중들의 지적 수준이 높을수록 단순히 박력만으로는 성공할 가능성이 낮다. 사고력이 있는 사람들은 인도를 받기를 원하지 끌려가기를 원하지는 않는다. 그들은 사실을 제시하길 바라며, 스스로 결론을 내리고 싶어 한다. 그들은 질문을 받고 싶어 하며, 일방적으로 이야기를 들어야 하는 것을 원하지 않는다.

7. 청중에 대한 이해와 애정

몇 년 전에 나는 영국에서 많은 강사들을 훈련을 시킨 적이 있었다. 시행착오 끝에 힘겹게 세 명을 해고해야 했는데, 그중에 한 명은 수천 킬로미터 떨어진 미국으로 다시 보내야만 했다. 그들의 문제점은 청중들에게 봉사하겠다는 순수한 마음을 가지고 있지 않다는 점이었다.

그들의 관심은 타인에 대한 관심이 아니라 자신이 받을 급여에만 있었다. 누구나 쉽게 그것을 알아차릴 수 있었

고, 청중들에게는 무관심했다. 때문에 청중들도 그들에게
차가운 시선을 보냈다. 그들은 단지 소리를 내는 나팔이자
생각하는 심벌즈에 불과했다.

보는 눈이 있는 사람이라면 연설이 머릿속에서 나온 것
인지, 가슴 깊은 곳에서 우러나는 것인지를 쉽게 눈치 챌
수 있다. 개조차도 그것을 알 수 있을 것이다.

나는 연설자 링컨에 대해 연구를 한 적이 있다. 그는 아
무도 부정할 수 없는 미국이 낳은 국민들의 사랑을 가장
많이 받은 사람이었으며, 동시에 최고의 연설자였다. 그는
연설에 있어서는 천부적인 재능을 타고났는데, 그의 청중
의 마음을 사로잡는 힘은 청중들에 대한 동정과 정직함과
도덕성에서 비롯된 것이라고 생각한다. 그는 국민을 사랑
했던 것이다. 그의 아내는 "그의 마음은 그의 팔의 길이만
큼 넓다"고 했다. 그는 예수와도 같은 사람이었다. 2000년
전에 연설에 관하여 처음 기록된 책 중에 하나에는 웅변가
에 가까운 탁월한 연설자를 '말하기를 좋아하는 선량한 사
람' 이라고 표현하였다.

유명한 프리마돈나 슈만하잉크는 이렇게 말했다.

"내 성공의 비결은 청중에 대한 완벽한 헌신 덕분이다.
나는 청중들을 사랑하고 있다. 청중은 모두 내 친구이다.
그들 앞에 서는 순간, 나는 그들과 유대감을 느낄 수 있

다.”

때문에 그녀는 세계적인 명예를 얻을 수 있었다. 그녀와 같은 마음가짐을 갖기 바란다.

연설에 있어서 가장 중요한 것은 육체적인 것도 지적인 것도 아니다. 그것은 바로 정신적인 것이다. 대니얼 웹스터가 죽기 직전까지 봤던 책은 연설자라면 누구나 살아 있는 동안에 머리맡에 두어야 할 책이다.

예수는 인류를 사랑했다. 그리고 사람들의 마음은 예수가 길에서 그들에게 말을 걸었을 때 활활 타올랐다. 연설에 관한 위대한 내용을 알고 싶은 사람은 신약성서를 읽을 것을 적극 권장한다.

1. 연설을 할 때는 언제나 당신이 청중들의 태도를 결정한다. 연설자에게 의욕이 없다면 청중도 의욕을 잃게 된다. 연설자가 관심 없이 대충한다면 청중들도 대충밖에 듣지 않는다. 연설자가 열정을 보이면 청중들은 그 열정을 받아들여준다. 열정은 연설의 요소 중에 제일 중요한 것은 아니지만 대단히 중요한 요소인 건 사실이다.

2. 마틴 W. 리틀턴은 "지나치게 진지한 사람, 요령을 피우려는 사람은 실패하기 쉽다. 그러나 확신을 갖고 청중에게 호소하는 사람은 결코 실패하지 않는다. 확고한 신념이 있고, 청중에게 전할 메시지를 가지고 있는 사람의 연설은 타오르는 불꽃과도 같다"라고 했다.

3. 확신과 열정은 전염하는 중요한 성질을 가지고 있지만, 대부분의 사람들은 열정이 부족하다.

4. 브랜더 매튜스 교수는 "뛰어난 연설의 본질은 연설자가 진심으로 하고 싶은 말이 있는가에 달려 있다"라고 말했다.

5. 자신이 제대로 이해하고 공감하는 사실에 대해 이야기하라. 그것의 중요성을 마음속으로 불태워라. 상대를 믿게 하기 전에 열정을 품어라.

6. 머리와 마음 사이에는 전산망을 펼쳐 놓아라. 사실만을 말하는 것이 아니라 그 사실에 대한 의견을 말하도록 하라.

7. "어떤 말을 쓰던 자신의 말이 아닌 것은 말하지 마라." 연설에 있어서 중요한 것은 말 뒤에 감춰진 정신이다.

8. 열정을 불태우거나, 열정을 느끼게 하기 위해서는 열정을 가지고 행동해야 한다. 똑바로 서서 청중을 응시하라. 눈에 잘 띄는 몸짓을 하기 바란다.

9. 무조건 입을 크게 벌리고 잘 들리도록 이야기하라. 많은 연설자의 목소리가 9미터 떨어진 곳에서는 들리지 않는다.

10. 헨리 워드 비처는 한 시골 목사로부터 "무더운 토요일 오후에 신자들이 졸지 않게 하기 위해서는 어떻게 하면 좋은가?"라는 질문에, "누군가에게 뾰족한 지팡이로 목사를 찌르게 하라"라고 대답했다. 이것은 연설의 기술에 대한 충고 중에 최고의 충고이다.

11. 연설을 '~와 같이 생각한다' 나 '내 의견에 불과하지만' 같은 말로 하지

마라. 그리고 '족제비 말투'로 연설을 약하게 만들지 마라.

12. 청중을 사랑하라.

A talk is a voyage with a purpose, and it must be charted. The man who starts out going nowhere generally gets there.
이야기는 목적이 있는 항해이기 때문에 지도가 없으면 안 된다. 어디로 가는지 모르고 출발한 사람은 어디에도 도착할 수 없다. –Dale Carnegie

역경을 이겨낼
신념을 가져라

Essential Elements in Successful Speaking

"어떤 상황에서도 나는 결코 실망하지 않는다. 가치가 있는 일을 성취하기 위해서는 첫째로 근면, 둘째로 인내, 셋째로 상식이 필요하다."
−토마스 에디슨

"노력이 조금 부족한 탓에 위대한 업적을 이루지 못하는 경우가 많다."
−E. H. 해리먼

"결코 실망해서는 안 된다. 그러나 만약 실망을 한다고 하더라도 멈추지 말고 계속하라."
−에드먼드 버크

"인내심을 가지고 일을 완벽하게 마무리 지어라."
−러셀 H. 콘웰의 좌우명

"극복할 수 있다는 신념을 가진 사람은 반드시 극복해낸다. 일상의 공포심을 극복하지 못하는 사람은 인생의 가장 중요한 교훈을 배우지 못한 것이다."
−랠프 알도 에머슨

"무슨 일을 하든 간에 그것을 끝까지 해낼 강한 목적의식, 도덕심, 충성심이야말로 위업을 달성하는 데 필요한 것이다."
−F. B. 로빈슨 박사(뉴욕 시립대학 영영관리학부 학장)

06

역경을 이겨낼
신념을 가져라

이 장을 쓰고 있는 1월 5일 오늘은 어니스트 새클턴 경의 추모일이다. 그가 죽은 것은 남극 탐험을 위해 '퀘스트 호'라는 훌륭한 배로 남극을 향하고 있을 때였다. '퀘스트 호'에 오르면 제일 먼저 눈에 들어오는 것은 동판에 새겨진 다음과 같은 시였다.

꿈을 품고도 그 꿈의 자신의 것을 만들지 못한다면,

생각을 품고도 그 생각을 목표로 삼지 않는다면,

승리와 재난을 맞이하더라도

동요하지 않는다면,

당신이 마음과 신경과 체력을 단련해서

만일의 상황에 대비할 수 있다면,

'견뎌내자.' 는 의지이외의 모든 것을 잃고도

여전히 견뎌낼 수 있다면,

무정한 1분을

장거리 경주에서 충실하게 60초를 채울 수 있다면

지구, 그리고 지상에 있는 모든 것이 당신 것이 된다.

그리고 무엇보다, 너는 어른이 될 것이다, 청년들이여!

새클턴은 이 시를 '퀘스트 호의 정신' 이라 불렀다. 그리고 이 시야말로 남극점과 연설을 하는 데 있어서 자신감을 얻기 위해 출항하는 사람에게 어울리는 것이다.

그러나 안타깝게도 연설을 배우려 하는 사람들이 모두 이런 정신을 가지고 있는 것은 아니다. 몇 년 전에 처음으로 교육에 관심을 기울이기 시작했을 때, 각종 야간학교에 다니는 학생들이 중간에 포기하는 사람이 많다는 사실에 깜짝 놀랐다. 안타깝게도 그것이 바로 인간의 모습이다.

독자들 중에서는 사람들 앞에 서의 공포심을 극복하지 못하고 자신감이 없어 자신에게 실망을 하고 있는 사람이 있을 것이다. 정말로 안타까운 일이다. "불쌍한 것은 인내심이 부족한 사람이다. 어떤 상처라도 시간이 흐르면 낫게 되어 있다"라는 말이 있다.

프랑스어, 골프나 연설 등을 배울 때는 항상 꾸준하게 실력이 향상되지만은 않는다. 서서히 실력이 올라가는 것이 아니다. 갑자기 실력이 향상되었다가 또 갑자기 멈춰버리기도 한다. 경우에 따라서는 후퇴하기도 하거나 배웠던 것조차 잊어버리는 경우가 있다. 심리학자라면 이런 정체기나 후퇴기에 대해 잘 알고 있으며, 학문적으로는 이것을 '학습곡선의 고원현상' 이라 부르고 있다. 연설을 배우는 사람도 몇 주에 걸쳐 이 고원현상을 경험하기도 한다. 그럴 때는 아무리 노력을 하더라도 그 상태에서 쉽게 벗어나지 못한다. 의지가 약한 사람은 실망과 함께 좌절을 하고 만다. 그러나 인내심이 강한 사람은 어느 날 갑자기 비약적으로 향상되었다는 것을 깨닫게 된다. 비행기처럼 고원현상에서 이륙하면서 어느 날 갑자기 요령을 터득하게 된다. 아무런 전조현상도 없이 연설이 자연스럽고 박력 있고 당당해지는 것이다.

이미 앞에서 말했던 사실이지만, 청중들을 향해 처음 몇 분 동안은 일시적인 공포심, 쇼크, 불안이 동반될 것이다. 존 브라이트도 그런 순간을 평생 동안 떨쳐내지 못했다. 그랜드스톤도, 윌버포스 주교도 그랬고, 그 밖의 저명한 수많은 강연자들이 그랬다. 이미 셀 수 없을 정도로 많은 무대에 선 경험이 있는 유명한 음악가들의 상당수 또한 그랬다.

파데레프스키는 피아노 앞에 앉으면 초조해하며 옷깃을 매만졌다. 노르디카는 심장이 빠르게 뛰었다. 젬브리히도, 엠마 임스도 그랬다. 그러나 이런 대중 공포는 8월의 안개처럼 곧 사라지고 말았다.

그들이 했던 경험을 당신도 경험하게 될 것이다. 그러나 노력만 지속한다면 결국 청중들 앞에 섰을 때의 첫 공포심 이외의 모든 걱정은 사라지게 될 것이다. 그리고 시작했을 때의 공포심은 그 이상의 것이 아니게 된다. 한동안 이야기를 하다 보면 마음이 차분히 가라앉으면서 즐겁게 술술 연설을 이어나갈 수 있게 된다.

1. 불굴의 정신이 최후의 승리를 가져다준다

어느 날 법률 공부를 하는 청년이 링컨에게 편지로 도움을 청해오자, 링컨은 이렇게 대답해주었다.

"변호사가 되겠다는 확고한 신념이 있다면 자네의 꿈은 이미 절반 이상 실현된 것이다. 성공하고 싶다는 의지가 다른 어떤 것보다도 중요하다는 사실을 항상 마음에 새기길 바란다."

링컨은 몸소 이것을 경험했다. 링컨이 학교를 다닌 것은 평생 동안 1년밖에 되지 않는다. 그러나 독서에 있어서는 집에서 80킬로미터 이내에서 빌릴 수 있는 모든 책을 빌려서 읽었다고 한다. 그의 오두막은 밤새도록 장작불이 피어올랐고, 링컨은 그 불빛으로 책을 읽기도 했다. 링컨은 오두막의 통나무 벽 사이에 자주 책을 꽂아놓곤 하였다. 그리고 밤이 새고 책을 읽을 수 있을 정도로 밝아지자마자 나뭇잎 침대에서 일어나 눈을 비비며 책을 집어 들고 읽기 시작했다.

그는 30~50킬로미터의 거리를 걸어가서 강연을 듣기도 했다. 그리고 돌아와서는 농장, 숲속, 혹은 존스 잡화점에 모여 든 군중들 앞에서 등, 어디서나 기회가 될 때마다 연설 연습을 하였다. 그는 뉴세일럼과 스프링필드에 있는 문학 모임과 토론 모임에 들어가 우리 강습회와 마찬가지로 시사적인 이야기를 주제로 연설 연습을 하였다.

링컨은 항상 열등감에 사로잡혀 있었고, 이성을 앞에 두고는 부끄러워서 한마디도 하지 못했다. 메리 토드와 사랑을 할 때도 찻집 의자에 앉아 부끄러워하며 아무 말도 하지 않은 채 그녀의 이야기를 들어줄 뿐이었다. 그러나 그랬던 그가 연습과 연구를 통해 웅변가 더글러스 상원의원과 토론을 할 수 있게 된 것이다. 또한 게티즈버그와 두 번째 취임 연설로 역사에 남는 명연설을 남기게 되었다.

링컨의 커다란 약점과 피눈물 나는 노력을 생각해본다면 그가 "변호사가 되겠다는 확고한 신념이 있다면 자네의 꿈은 이미 절반 이상 실현 된 것이다"라는 답장을 보낸 것도 이해할 수 있다.

대통령 집무실에는 링컨의 멋진 초상화가 걸려 있다. 루즈벨트는 이렇게 말했다.

"복잡하고 곤란한 일이나, 이해관계가 복잡하게 얽힌 문제를 해결해야 할 때마다 나는 링컨의 초상화를 바라본다. 그리고 그가 내 입장이었다면 어떻게 했을지 생각해본다. 희한하게 느껴질 수도 있지만, 솔직히 그렇게 한 덕분에 문제가 간단하게 해결되는 기분이 들었다."

루즈벨트의 이 방법을 시험해보기 바란다. 풀이 죽어 연설 연습을 포기하고 싶어졌을 때는 주머니에서 링컨의 초상화가 인쇄되어 있는 5달러 지폐를 꺼내 들고, 링컨이라면 이럴 때 어떻게 했을까 자문해보기 바란다. 링컨이라면 어떻게 했을까를 당신은 이미 알고 있을 것이다. 그는 상원의원 선거에서 스티븐 A. 더글러스에게 패했을 때, "한 번의 패배로는, 아니 백 번 지더라도 포기하지 않는다"라고 자신의 지지자들에게 말했다.

2. 역경에 부딪혔을 때야말로 전진하라

하버드 대학의 유명한 심리학자 윌리엄 제임스 교수의 말을 소개해보기로 하겠다. 일주일 정도 매일 아침식사 전에 이 페이지를 펼쳐서 식탁 위에 올려놓으라고 추천하고 싶다.

젊은이에게 공부의 성과를 걱정하게 해서는 안 된다. 신념을 갖고 한 시간 한 시간 공부에 전념한다면 성과는 드러나게 될 것이다. 어느 날 아침 눈을 떴을 때, 자신이 친구들 사이에서 특출난 존재가 되어 있다는 것을 깨닫게 될 것이다. 그런 날이 반드시 찾아온다. 그 길이 어떤 길이든 간에.

그리고 유명한 제임스 교수의 말에 덧붙여 나는 이렇게 말하고 싶다. "강습회를 열정을 갖고 충실하고 현명하게 연습을 계속한다면, 어느 날 아침에 눈을 떴을 때, 당신이 사는 도시에서 손꼽히는 연설가 중에 한 명이 되어 있다는 사실을 깨달을 것이다."

지금은 자신과는 상관없는 먼 꿈처럼 여겨질지 모르지만, 이것은 일반적인 원칙으로 정확한 것이다. 물론 예외는 있다. 지능과 인격에 문제가 있는 사람, 이야기 내용을 가지고 있지 않은 사람은 훌륭한 연설자가 될 수 없다. 그러나 일반적으로는 이 주장은 틀림이 없다.

뉴저지 주의 스톡스 주지사가 트론트 시에서 진행된 대중 연설 강습회 수료식에 참석을 하였다. 그는 자신의 감상을 이렇게 말했다. "오늘 여러분의 연설은 수도 워싱턴 상하원에서의 연설에 필적하는 것이었습니다." 그러나 그 연설을 한 것은 불과 몇 달 전까지는 사람들 앞에 서기를 두려워하며 한마디도 하지 못했던 영업사원들이었다. 그들은 키케로의 알이 아니라 뉴저지의 평범한 영업사원들로, 미국의 어떤 거리에서나 흔하게 볼 수 있는 전형적인 영업사원에 불과했다. 그러나 그들은 어느 날 아침에 눈을 떠보니 자신의 도시에서 손꼽히는 연설자가 되어 있었던 것이다.

연설자로서 성공하기 위해서는 두 가지 요인에 달려 있다. 그것은 선천적인 재능과 얼마나 깊고 강렬하게 원하고 있는가이다.

제임스 교수는 이렇게 말했다.

대부분의 분야에 있어서, 그 분야에 있어서 당신의 열정이 당신을 구할 것이다. 성과를 진심으로 원한다면 거의 틀림없이 그렇게 될 것이다. 부자가 되고 싶다고 염원한다면 부자가 될 것이다. 박학다식하게 되기를 원한다면 그 또한 그렇게 될 것이다. 착한 사람이 되길 원한다면 착한 사람이 될 것이다. 그러나 그것을 진심으로 원하면서 또 다른 무언가를 동시에 갈망하지 않도록 해야 한다.

그리고 제임스 교수는 이렇게 덧붙였을지도 모른다. "자신감 넘치는 연설자가 되고 싶다면 그렇게 될 것이다. 그러나 그것을 진심으로 원해야만 한다."

나는 사람들 앞에서 자신 있게 연설을 할 능력을 익힌 수천 명의 사람들을 면밀하게 관찰해왔다. 성공한 사람들 중에서 뛰어난 능력을 가진 사람은 정말로 극소수에 불과하다. 나머지 대부분은 어디서나 흔히 볼 수 있는 평범한 영업사원이었다. 그러나 그들은 끊임없이 노력하였다. 그들보다 머리가 좋은 사람은 의욕을 잃었거나, 돈벌이에 급급하여 연설자로서 성공하지 못했다. 그러나 평범한 사람일지라도 끈기와 목적의식을 가진 사람은 결국 정상에 올라설 수 있었다.

이것은 단순히 인간적이고 자연스러운 일에 불과하다. 록펠러는 사업에서 성공하기 위해 가장 중요한 것이 인내라고 했다. 연설도 마찬가지이다.

포슈 장군은 세계 최강의 부대를 상대로 승리를 거두었다. 그런 그도 "나는 내 유일한 장점은 결코 실망하지 않는 것이다"라고 했다.

1914년, 프랑스군이 마른 강까지 후퇴하였을 때, 총사령
관이었던 조프르는 200만 병사들을 지휘하는 휘하 장군들
에게 퇴각을 멈추고 공격을 개시하라고 명령했다. 그렇게
해서 역사의 흐름을 바꾸어놓을 만큼 중요한 '마른 전투'
가 이틀에 걸쳐 벌어지게 되었다. 군대의 중앙을 지휘하던
포슈 장군은 조프르 사령관에게 이렇게 전문을 보냈다.
"중앙이 뚫려 우측으로 후퇴하였음. 공격 기회. 공격하겠
음." 이것은 세계 전쟁사 중에서 가장 인상적인 전문이었
다. 이 공격이 파리를 구했다.

나는 독자 여러분에게 이렇게 말하고 싶다. 전투 상황이
어려워지고 절망적이라는 생각이 들 때, 중앙이 무너지고
우측으로 후퇴하였을 때가 '상황이 호전'이다. 그럴 때일
수록 공격을 감행해야 한다. 그럼으로써 당신의 마음속에
가장 중요한 것, 다시 말해서 용기와 신뢰가 구원받을 수
있다.

3. 먼저 성공에 대해 생각해보라

몇 년 전 여름의 일이다. 나는 오스트리아 알프스의 와일
드 카이저라고 하는 산 정상을 향해 출발했다. 안내 책자
『베데커』에는 초보자는 위험하니 가이드와 함께하라고 적

혀 있었다. 나와 친구는 초보자였지만 가이드와 함께하지는 않았다. 어떤 사람으로부터 "정상까지 오를 수 있다고 생각하나요?"라는 질문을 받은 나는 "물론이오"라고 대답했다. 그러자 그 사람은 "어째서 그렇게 자신만만한가요?"라고 다시 물었다.

나는 이 질문에 이렇게 대답해주었다.

"가이드 없이도 정상까지 간 사람이 있습니다. 그러니 못할 게 없다고 생각합니다. 실패할지도 모른다고 생각하면서 뭔가를 한 적은 없습니다."

나는 등산에 관해서는 초보자였지만, 이것은 연설 원고를 쓰는 것은 물론이고 에베레스트를 등반하는 것까지 모두 해당되는 말이다.

성공할 것이라고 생각해야 한다. 청중들 앞에서 완벽하게 자신을 통제하면서 이야기를 하고 있는 모습을 상상해보기 바란다. 이것은 쉽게 할 수 있을 것이다. 성공할 것이라고 확신하기 바란다. 성공을 확신하면 성공에 필요한 일을 하게 되어 있다.

듀퐁 제독은 자신의 함대를 찰스턴 항에 입항시키지 않은 이유 대여섯 가지를 열거했다. 그의 이야기를 귀 기울여 듣고 있던 패러것 제독은 그에게 "자네가 말하지 않은 이유가 하나 더 있네"라고 말하자, 듀퐁은 "그게 무엇인가요?"라고 물었다. 그러자 패러것은 "자네는 그것이 불가능하다고 여겼던 것이지"라고 대답해주었다.

강습회에서 수강생들이 습득해야 할 가장 중요한 것은 강한 자신감과 그것을 달성할 수 있는 능력이 있다고 자신을 믿는 것이다. 무슨 일이든 성공을 위해서는 이것이 중요하다.

4. 성공을 위해 반드시 필요한 네 가지

엘버트 하버드의 현명한 충고를 소개해보겠다. 이것은 반드시 인용해야 하는 중요한 말이다. 이 말에 포함되어 있는 지혜를 인생에서 응용한다면 보다 큰 행복과 풍요를 누릴 수 있을 것이다.

외출을 할 때는 언제나 턱을 당기고, 고개를 들고, 깊이 심호흡을 하라. 태양빛을 쬐며 친구들과 웃는 얼굴로 인사를 하고, 악수를 할 때는 진심을 담아라. 오해를 받을까 두려워하지 마라. 적에 관한 생각은 절대로 하지 마라. 당신이 원하는 것이 무엇인지 확실하게 인식하고 우왕좌왕하지 말고 그 목표를 향해 곧장 돌진하라. 당신이 하고 싶어 하는 훌륭한 일을 항상 마음에 새기고 있어라. 그러면 산호초가 흐르는 조류 속에서 자신에게 필요한 양분을 섭취하는 것처럼 매일매일 소망을 실현시키기 위해 필요한 기회를 무의식중에 얻게 된다는 것을 깨달을 것이다.

당신이 원하는 유능하고 열정적인 인물을 마음속으로 그려보기 바란다. 그러면 당신이 연상하고 있던 이미지가 당신을 그렇게 되도록 인도해줄 것이다. 이 연상은 최고의 가치가 있다. 용기, 솔직함, 활기로 가득한 올바른 마음자세를 갖자. 올바른 생각은 무언가를 창조하는 일이다. 모든 것은 갈망을 통해 얻을 수 있으며 모든 진지한 기도는 이루어진다. 우리는 본인이 마음속으로 바라고 생각하는 인물이 될 수 있다. 턱을 당기고 고개를 치켜들자. 우리는 누에고치 안에 들어 있는 신이다.

나폴레옹, 웰링턴, 리, 그랜트, 포슈와 같은 위대한 군인들은 모두 승리에 대한 의지와 자신감이 성공에 있어 무엇보다 중요하다는 사실을 알고 있었다.

"패배한 9만의 병사는 승리한 9만의 병사들 앞에서 후퇴한다. 왜냐하면 그들은 전쟁에 지쳐 더 이상 승리를 믿지 않고 사기가 떨어졌기 때문이다. 정신적으로 지쳐버린 것이다."

다시 말해 퇴각한 9만의 병사는 육체적인 고통 때문이 아니라 정신적으로 지쳐 용기와 자신감을 잃었기 때문이다. 이런 군대에 희망은 없는 것처럼, 이런 사람에게도 희망이 없다.

미 해군의 군종 목사인 프래지어는 제1차 세계대전 중에 종군 목사로 지원한 사람들의 면접을 담당했다. 이 일을 성공으로 이끌기 위해 무엇이 가장 중요하냐는 물음에 그는 네 가지 G(grace=기품, gumption=적극성, grit=투지, guts=용기)라고 대답했다.

이 네 가지는 연설에서도 매우 중요한 필요조건이다. 이것들을 신조로 삼아라. 다음에 소개할 캐나다의 작가 로버트 서비스의 시를 당신의 투쟁가로 삼기 바란다.

황야에서 길을 잃으면 당신은 아이처럼 떨면서

죽음의 공포를 느낀다.

당신의 마음은 상처를 입고 고통스러워한다.

방아쇠가 당겨지고… 죽음을 맞이한다.

하지만 인간은 힘이 남아 있는 한 싸워야 한다.

자멸은 용납할 수 없다.

굶주림과 슬픔, 죽음은 너무 쉽다.

힘든 것은 매일의 아침식사처럼 일상의 지옥 같은 고통과의

싸움.

부끄럽게도 너는 이 게임에 지쳤다.

너는 젊고, 용감하고, 현명하다.

부당하다는 것을 알지만 비명을 질러서는 안 된다.

용기를 내 싸워라, 그리고 승리하라.

비겁해지지 마라.

용기를 내어 쉽게 포기하지 마라.

어려운 것은 용기를 내서 싸우는 것이다.

패배를 인정하고 울며 죽음을 맞이하는 것은 쉽다.

꼬리를 감추고 숨는 것은 쉽다.

하지만 희망이 없어도 계속해서 싸워라.

왜냐고? 그것이 최고의 게임이니까.

비록 피투성이가 되더라도

모든 것이 파괴되고, 패배하고, 상처를 입더라도

다시 한 번 힘을 내자. 죽는 것은 쉽다.

어려운 것은 지속하는 것이다.

1. 골프도, 프랑스어나 연설도 모두 서서히 향상되는 것이 아니다. 갑자기 향상되기도, 평균상태가 몇 주나 지속되기도, 이미 배운 기술을 잃기도 한다. 심리학자는 이런 정체 상황을 '학습곡선의 고원현상'이라 부른다. 아무리 오랫동안 열심히 노력해도 이런 고원현상에서 벗어나지 못한 채 다시 향상을 할 수 없는 경우도 있다. 이런 사실을 모르기 때문에 고원현상에 처했을 때 실망하고 좌절하는 사람이 있다. 정말로 안타까운 일이다. 왜냐하면 참고 연습을 지속한다면 언젠가 비행기가 날아오르듯이 급상승할 것이라는 사실을 알고 있기 때문이다.

2. 연설을 하기 직전에 약간의 불안 심리는 피할 수가 없다. 브라이트, 글래드스톤, 윌버포스 주교조차 숙련이 된 다음에도 연설을 시작할 때는 불안감을 느낀다. 그러나 인내하며 지속한다면 결국 처음에 느끼는 불안감 이외의 모든 불안은 사라지게 된다. 처음 몇 초만 이야기를 하게 되면 이제 불안감은 사라지게 된다.

3. 제임스 교수는 다음과 같이 말했다. "신념을 갖고 하루 한 시간씩 꾸준히 노력하면 성과를 거두게 될 것이다. 어느 날 아침에 눈을 떴을 때, 자신의 동료들보다 뛰어난 존재가 되었다는 사실을 깨닫게 될 것이다. 어떤 길을 가더라도 그런 날은 반드시 찾아온다." 이 유명한 하버드 대학의 현인이 말한 심리상의 진리는 연설을 배우는 사람들에게도 해당된다. 그것은 틀림없는 사실이다. 강습회에서 성공을 거둔 사람의 대부분은 특별한 능력을 타고나지는 않았다. 그러나 인내와 확고한 결의를 가지고 있었다. 그들은 끝없는 노력 덕분에 목표를 이루었다.

4. 연설에 성공한 자신의 모습을 떠올려보라. 그러면 성공하기 위해 필요한 것이 무엇인지를 알 수 있다.

5. 풀이 죽었을 때는 루즈벨트의 방법을 시험해보기 바란다. 링컨의 초상화를 보면서 만약 링컨이라면 어떻게 했을지 생각해보는 것이다.

6. 제1차 세계대전 중에 미국 해군에서 군종 목사들의 지도자의 입장이었던 사람이 성공을 위해 G로 시작되는 네 가지 신조를 들었다. 그것을 확인해보아라.

Part 07

제대로 전달하기 위한 비결

The Secret of Good Delivery

"사실을 알고 그 사실을 끌어안아라. 왜냐하면 중요한 것은 열정이고, 열정은 성실함에서 탄생하기 때문이다."
—에머슨

"주제에 관한 지식 이상의 무언가가 필요하다. 그것을 발표할 때는 열정이 있어야 한다. 모두가 들을 만한 가치가 있는 내용이라고 여기게 해야만 한다."
—브라이언

"자기 자신의 충고에 따르라. 그보다 자신에 충실한 것은 없다. 높은 탑에서 멀리까지 바라볼 수 있는 일곱 명의 파수꾼들도 당신의 마음속을 당신보다 더 잘 알 수는 없다."
—키플링

"한 번에 한 가지, 그것에 목숨이 달려 있다고 여기고 전념하라."
—유진 그레이스의 좌우명(베들레헴 철강회사 사장)

"훌륭한 설교나 연설은 사상, 목소리의 상태, 자연스러운 몸짓, 박력이 적절하며 그 주제에 자연스럽고 당연하다는 듯이 흥미가 일어날 때 제일 큰 효과를 발휘한다. 일상의 대화 속에서 정확함, 자연스러움, 열정을 가지고 이야기하도록 한다면, 강단, 설교, 법정, 어디에서든지 자발적이고 자연스럽게 자기표현이 가능하다. 그리고 청중은 '웅변'은 어떤 것이어야 하는지를 잊게 될 것이다."
—존 H. 빈센트

07

제대로 전달하기
위한 비결

❀

제1차 세계 대전이 끝난 직후, 나는 런던에서 로스 스미스 경과 키스 스미스 경 두 형제를 알게 되었다. 두 사람은 런던에서 오스트레일리아까지 비행에 성공하면서 오스트레일리아 정부로부터 5만 달러의 상금을 받았고, 대영제국에서도 많은 화젯거리가 되면서 국왕으로부터 기사 작위를 수여받았다.

유명한 풍경사진가 헐리 대령은 두 사람과 일부 비행을 동행하면서 영화를 찍었다. 나는 두 사람의 비행에 관한 연설 준비를 도와주며 훈련을 시켰다. 그들의 강연회는 넉 달 동안 계속되었는데, 런던의 필하모닉 홀에서 각각 오전과 오후로 나누어 하루에 두 번 진행되었다.

두 사람은 나란히 앉아 지구 반 바퀴를 돌며 똑같은 경험을 하였다. 때문에 강연 내용은 단어 하나까지 거의 똑같은 내용이었다. 그런데 실제로는 두 사람의 강연 내용이 전혀 다르게 들렸다.

중요한 연설에는 말 이외에도 중요한 뭔가가 있다. 그것은 연설자 개개인의 독특한 맛이 있다는 것이다. 때문에 이런 말이 있을 정도이다. "무엇을 말하는가보다 중요한 것은 어떻게 말하는가이다."

언젠가 나는 연주회에서 젊은 여성의 옆자리에 앉은 적이 있었다. 그녀는 파데레프스키가 쇼팽의 마주르카를 연주하는 것을 들으며 악보를 보면서 고개를 갸우뚱거렸다. 파데레프스키의 손가락은 그녀가 이 곡을 칠 때와 똑같은 건반을 두드리고 있었다. 그러나 그녀의 연주는 그저 평범했지만, 그의 연주는 듣는 이에게는 더없이 아름답고 감미롭게 들렸다. 그녀는 이것을 이해할 수 없었다. 그는 단순히 건반을 두드리는 것이 아니었다. 평범함과 비범함의 차이는 마치 그의 건반을 두드리는 방법, 실력, 개성에서 드러난다.

러시아의 위대한 화가 브룰로프가 학생의 그림에 약간의 손을 댄 적이 있었다. 수정이 된 그림을 본 학생은 "붓 한두 번에 완전히 다른 그림이 됐어요!"라며 탄성을 질렀다.

브룰로프는 이렇게 말해주었다.

"예술은 아주 작은 것에서 시작되는 거란다."

이것은 미술과 음악에서뿐만이 아니라 연설에도 해당되는 말이다. 같은 말이라도 살짝 조미료를 첨가하면 완전히 다르게 느껴진다. 영국 의회에서는 이에 대한 오래된 격언이 있다.

"모든 것은 이야기하는 내용이 아니라 이야기하는 방법에 달려 있다."

이 말은 영국이 로마의 변방 식민지 국가였던 시절 고대 로마의 웅변가 퀸틸리아누스가 한 말이다. 대부분의 격언들이 그렇듯이 이 말도 약간은 과장된 부분이 있지만, 말하는 방법이 뛰어나다면 내용이 없는 연설이라도 청중을 매료시키는 경우가 많다. 대학의 웅변대회에서도 연설 내용이 훌륭하다고 해서 반드시 우승하는 것은 아니다. 이야기하는 빙법이 뛰어난 덕분에 내용이 훌륭하게 느껴지는 사람이 우승을 하는 것이다.

몰리 경은 비꼬듯 농담 삼아 이렇게 말했다.

"연설에서 중요한 것이 세 가지 있다. 누가 말을 했는가, 어떻게 말했는가, 무엇을 말했는가. 이 세 가지 중 가장 중요성이 떨어지는 것은 무엇을 말했는가다."

이것이 지나친 과장일까? 물론 지나치기는 하지만 이 말을 골똘히 곱씹어 보면 틀림없는 진실이라는 것을 알 수 있을 것이다.

에드먼드 버크가 남긴 수많은 연설은 이론, 논법, 구성의 세 가지 점에서 매우 뛰어나며, 미국 대다수 대학에서 연설의 교본으로 이용되고 있을 정도이다. 그러나 그는 연설자로서 평판은 좋지 않았다. 그는 이 주옥같은 내용들을 의미심장하고, 박력 있게 제대로 전달할 능력이 없었다. 때문에 그는 하원의 '디너 벨이' 라는 별명으로 불렸다. 그가 발언을 하기 위해 자리에서 일어나면 다른 의원들은 기침을 하거나, 딴청을 부리고, 심지어 밖으로 나가기까지 했다.

강철로 감싸인 총알을 있는 힘껏 집어던진다고 하더라도 상대의 옷에 흠집조차 남길 수 없다. 그러나 양초에 화약을 넣고 쏜다면 두꺼운 송판도 뚫을 수가 있다. 화약을 넣은 양초와 같은 연설이 강철로 만들었지만 화약이 들어 있지 않은 것 같은 연설보다 깊은 인상을 남겨준다. 그러니 이야기 방법에는 충분히 주의를 기울여주기 바란다.

1. 연설은 청중에게 '전달' 하는 것이다

백화점은 당신이 산 물건을 배달할 때 어떻게 하는가? 운전수가 상자를 당신의 집 마당에 집어던지고 끝인가? 그것으로 물건이 제대로 배송되었다고 할 수 있겠는가? 전보 배달원은 수령인에게 직접 전달하도록 되어 있다. 그렇다면 연설자는 어떤가?

수천 명의 사람들을 관찰한 경험을 통해 전형적인 예를 들어보기로 하자. 내가 스위스의 알프스에 있는 피서지 뮈렌에 머무르고 있었을 때의 일이다. 나는 런던의 모회사가 경영하고 있는 호텔에 투숙하고 있었는데, 그 호텔에서는 매주 두 명의 강사를 영국에서 초빙해서 숙박객을 위한 강연회를 열었다. 그중에 한 사람은 영국의 유명 작가였는데, 그녀의 주제는 '소설의 미래'였다. 그녀는 이 주제를 자신이 선택한 것이 아니라고 내게 털어놓았다. 쉽게 말해서 그녀는 이 주제에 대해 딱히 할 말이 없었고, 단지 무언가를 말해야 하는 상황이었던 것이다. 그녀는 재빠르게 메모를 정리하고 청중들 앞에 섰다. 그리고 청중들을 무시한 채 쳐다보지도 않고 천장을 바라보거나, 메모를 보고, 바닥을 쳐다봤다. 초점 없는 눈빛으로 목소리에도 힘이 없었다.

이것은 강연이 아니다. 그저 혼자 중얼거리고 있을 뿐이었다. 청중들에게 뭔가를 전달하고자 하는 의식이 전혀 없었다. 그러나 연설에 있어서 정말로 중요한 것은 청중들에게 뭔가를 전달하고자하는 의식이다. 청중들은 연설자의

머리에서 자신들의 머리로 직접 메시지가 전달되고 있다
는 느낌을 원하고 있다. 지금 내가 말한 이야기 방법은 물
한 방울 없는 고비 사막의 모래밭에서 해야 할 것이다. 실
제로 그녀의 연설은 살아 있는 인간을 대상으로 했다기보
다는 마치 사막에서 연설을 하고 있는 듯한 느낌이었다.

연설을 한다는 것은 매우 단순하면서도 복잡한 것이다.
그리고 오해 받기도 쉽고 남용될 소지가 충분하다.

2. 청중은 '자연스러운' 당신을 원한다

이야기 방법에 대해서는 별 내용이 없는 책들이 많이 나
와 있다. 그것들은 규칙과 틀에 얽매여 수수께끼와 같다.
과거의 연설법은 신과 인간의 눈으로 볼 때는 거북하고 황
당한 것들이 많았다. 비즈니스맨은 도서관이나 서점으로
가서 웅변술에 관한 책을 많이 읽지만, 그것들의 대부분은
전혀 도움이 되지 않는다. 다른 모든 분야에서는 진보를
거듭하고 있으면서도 학생들에게 여전히 웹스터나 잉거솔
의 미사어구로 치장한 '명연설'을 암기시키는 대학이 있
다. 그것은 마치 잉거솔 부인과 웹스터 부인이 당시에 쓰
고 있던 모자와 같은 것으로, 오늘날 그 모자는 유행에 뒤
떨어지는 것이며 시대정신에도 부합되지 않는다.

남북전쟁이 끝나면서 전혀 새로운 연설 방법이 탄생하였

다. 시대와 어울리는 『새터데이 이브닝 포스트』처럼 현대적이며, 전보처럼 직접적이고, 자동차 광고처럼 유용하다. 과거에는 미사어구로 치장하는 것이 유행했지만, 이제 청중들에게는 더 이상 받아들여지지 않는다.

이제는 회의실의 15명이든, 집회장의 1000명이든 간에 연설자가 수다를 떨 듯이, 다시 말해 청중들 중의 한 명에게 말을 걸고 있는 것 같은 느낌으로 이야기해주기를 바라고 있다.

이야기하는 방법은 같더라도 목소리에는 차이가 있어야 한다. 아니면 전혀 들리지 않을 테니까 말이다. 자연스러운 느낌이 들게 하기 위해서는 한 명에게 말을 할 때보다 40명에게 말을 할 때가 훨씬 많은 힘이 필요한 것이다. 빌딩 옥상의 조각이 땅에서도 똑같은 크기로 보이기 위해서는 크기가 매우 커야 하는 것과 마찬가지 이치이다.

마크 트웨인이 네바다 주의 탄광촌에서 막 연설이 끝나가려고 할 때, 늙은 광부 한 명이 그에게로 다가가 "그것이 당신의 자연스러운 말투인가요?"라고 물었다. 청중이 바라는 것은 그것뿐이다. 청중은 '당신의 자연스러운 말투'를 조금만 더 크게 해주길 바랄 뿐이다.

상공회의소에서의 회의 때도 평소에 누군가와 대화를 나눌 때처럼 이야기하기 바란다. 상공회의소의 회의 또한 결국은 일반 대중을 모아 놓은 것에 불과하다. 일반인들을 상대로 멋지게 이야기를 할 수 있다면, 일반 대중을 상대할 때도 똑같은 방법으로 이야기를 잘 할 수 있을 것이다.

앞에서 한 여류 소설가의 이야기를 한 적이 있다. 그녀의 강연이 끝나고 며칠 뒤에 같은 장소에서 올리버 로지 경의 강연을 들을 기회가 있었다. 주제는 '원자와 세계'였다. 그는 반세기 이상 이 문제에 대해 생각하고, 연구하고, 조사하고, 실험을 거듭했다. 다시 말해서 그는 본질적으로 자신의 일부인 것, 이야기하고 싶어서 입이 근질거릴 정도의 것에 대해 이야기를 했다. 그는 자신이 강연을 하고 있다는 사실을 잊고 있었다. 그런 것은 전혀 신경조차 쓰지 않았다. 그는 원자에 대해 정확하고 알기 쉽게 이야기하는 것에만 신경을 쓰고 있었다. 그는 자신이 보고 느낀 것을 청중들도 보고 느껴주길 간절히 바라고 있었다.

그 결과 어떻게 되었을까? 정말로 박력이 넘치고 매력적인 훌륭한 연설이 되었다. 깊은 감명을 느끼게 해준 것이다. 연설자로서의 그는 탁월한 능력을 보여주었다. 그러나 그는 자신을 그렇게 생각하지 않았을 것이다. 또한 그의 이야기를 들은 사람의 대부분은 그를 프로 연설가라고 생각하지 않았을 것이다.

당신의 연설을 들은 사람이 당신이 연설에 대한 훈련을

쌓은 사람이라고 여긴다면, 그것은 당신의 지도자에게는 명예로운 일이 아니다. 지도자는 당신이 훈련을 받았다는 사실을 전혀 느끼지 못할 정도로 자연스럽게 이야기하기를 바라고 있다. 좋은 창문은 사람의 시선을 사로잡지 않고 빛만 통과시킬 뿐이다. 훌륭한 연설자도 마찬가지이다. 너무나 자연스러운 태도에 청중들은 그 사람의 말투에는 신경을 쓰지 않고 이야기의 내용에만 주의를 기울이게 되는 것이다.

3. 인간답고, 나답게

헨리 포드는 이렇게 말했다.

포드사의 자동차는 모두 똑같다. 하지만 똑같은 인간은 없다. 갓난아기는 완전히 새로운 인생을 걷기 시작한다. 지금까지 똑같은 인간은 단 한 명도 없었고, 앞으로도 똑같은 인간은 태어나지 않을 것이다. 젊은이들은 자신에 대해 그렇게 생각해야 한다. 자신이 남들과 다르기 때문에 자신의 개성을 발전시켜나가야 한다. 사회와 학교는 개성을 말살할 수도 있다. 모두 다 같은 틀에 얽매어 놓으려는 경향이 있다. 하지만 개성이라는 빛을 잃어서는 안 된다. 그것이야말로 당신의 가치를 주장할 수 있는 유일하고 진정한 것이기 때문이다.

이 말은 연설에서도 해당된다. 당신과 똑같은 사람은 이 세상에 한 사람도 없다. 수십억에 달하는 사람들이 두 개의 눈, 코와 입을 하나씩 가지고 있지만 당신과 똑같이 생긴 사람은 없다. 또한 당신과 같은 특징과 생각, 성격의 사람도 없다. 당신이 자연스럽게 이야기하고 있을 때와 똑같은 말투로 이야기하는 사람도 없다. 다시 말해서 당신에게는 개성이 있다는 것이다. 이것은 연설자로서 가장 중요한 재산이다. 이것을 소중히 여기고 계발하기 바란다. 이것은 당신의 연설에 박력과 성실함을 더해줄 것이다. 헨리 포드도 "그것이야말로 당신의 가치를 주장할 수 있는 유일하고 진정한 것이다"라고 말하고 있다.

올리버 로지 경은 다른 사람과는 전혀 다른 이야기 방법을 썼다. 그의 이야기 방법은 본질적으로는 수염이나 대머리와 마찬가지로 그의 개성이다. 그가 아무리 로이드 조지의 흉내를 내려고 해도 똑같을 수는 없다.

미국에서 가장 유명한 토론은 1858년 일리노이 주 대평원의 한 도시에서 스티븐 A. 더글러스 상원위원과 링컨의 토론이다. 링컨은 큰 키에 불안해 보였고, 더글러스는 작은 키에 우아해 보이기까지 했다. 두 사람은 체격뿐만이 아니라 성격이나 사고방식, 개성과 기질까지 모든 면에서 완전히 달랐다.

더글러스는 교양이 풍부한 사람이었다. 링컨은 양말만 신은 채 현관까지 손님을 맞으러 가는 촌스러운 사람이었다. 더글러스의 몸짓은 우아했지만, 링컨의 몸짓은 어딘가 불안해 보이기까지 했다. 더글러스는 유머가 전혀 없었지만, 링컨은 뛰어난 이야기꾼이었다. 더글러스는 비유를 거의 하지 않았지만, 링컨은 항상 비유와 예를 들어가며 이야기를 했다. 더글러스는 거만하고 위압적이었지만, 링컨은 겸허하고 관대했다. 더글러스는 머리 회전이 빨랐지만, 링컨은 주의 깊게 생각하는 타입이었다. 더글러스는 풍차처럼 빠른 말투로 몰아쳤지만, 링컨은 조용하고, 사려 깊고, 신중한 말투였다.

두 사람은 전혀 달랐지만, 두 사람 모두 뛰어난 달변가였다. 왜냐하면 두 사람 다 자신다울 수 있는 용기와 사리분별력을 갖추고 있었기 때문이다. 누군가 상대를 흉내 내려고 했다면 아마도 비극적인 실패를 맛보았을 것이다. 그러나 각자 자신만의 재능을 최대한 발휘한 덕분에 개성이 넘치고 박력 넘치는 연설가가 될 수 있었다. 이들을 본받길 바란다.

'본받아라' 라고 말하는 것은 쉬운 일이다. 그러나 실제로는 그리 간단한 일이 아니다. 거의 불가능에 가까운 일이다. 포슈 장군이 전술에 대하여 이야기했던 것처럼 "생각하는 것은 쉽지만, 실행하는 것은 쉬운 일이 아니다."

사람들 앞에서 자연스럽게 행동하기 위해서는 연습이 필요하다. 배우는 이 방법을 터득하고 있다. 당신이 4살이었을 때, 마음만 먹었다면 연단에 올라 청중들을 향해 자연스럽게 외운 것을 암송할 수는 있었을 것이다. 그러나 24살, 혹은 44살이 되어 연단에 서서 이야기를 한다면 어떨까? 4살 때의 무의식적인 자연스러움을 유지할 수 있을까? 유지하고 있을 수도 있지만, 아마도 경직되어 기계적으로 말하며 거북이처럼 등껍질 속으로 숨어버릴 것이다.

이야기 방법을 가르치거나 훈련시키는 것은 그 사람의 성격을 새롭게 만드는 것이 아니다. 그것은 주로 장애를 제거하고, 해방시키고, 누군가에게 맞았을 때 당연히 반발하는 것처럼 자연스럽게 이야기를 할 수 있게 만들어주는 것이다.

나는 연설자가 연설을 하고 있는 동안에 무대 뒤에서 "인간답게 말하세요"라는 충고를 수백 번도 더 했다. 또한 모두에게 자연스럽게 이야기를 할 수 있도록 하기 위해 정신적으로 피로에 지쳐 신경이 날카로운 채로 집에 돌아온 날도 수백 번이나 된다. 보기보다 그렇게 쉬운 일이 아닌 것이다.

그리고 자연스럽게 이야기를 하는 요령을 터득하기 위해

서는 무조건 연습밖에 없다. 연습하면서 스스로 불편함을 느끼면 중단을 하고 "이봐, 무슨 일이야. 정신 차려. 인간 답게 하자고"라고 스스로에게 최면을 거는 것이다. 그런 다음 청중들 중에, 특히 뒤쪽에서 따분해 하는 사람을 한 사람 골라 그 사람을 상대로 이야기하는 것이다. 다른 사 람들은 모두 잊어라. 그리고 그 사람과 이야기를 나누는 것이다. 그 사람이 당신에게 질문을 하고 그것에 대답을 한다고 생각하라.

만약 그 사람이 일어나서 당신에게 질문을 하고 당신에 그에 대해 답변을 한다고 생각한다면 훨씬 자연스럽고 솔 직하게 이야기를 할 수 있다. 그러므로 실제로 그런 일이 일어났다고 상상하기 바란다.

실제로 질문을 하고 그것에 대답을 해도 좋다. 예를 들어 연설 중에 "무슨 근거로 이런 소리를 하는지 궁금해 할 것 입니다. 증거는 충분합니다. 그 증거는 바로 …"라고 하는 것도 하나의 방법이다. 그런 질문을 받았다고 가정하고 대 답을 하면 된다. 이런 것은 아주 자연스럽게 가능하다. 이 야기의 내용도 단조롭지 않고, 솔직하고 즐겁게, 대화를 하듯이 가능해 진다.

성실함, 열정, 진지함이 당신을 도와줄 것이다. 감정적으 로 되었을 때는 진정한 자아가 출현한다. 장애물이 제거되기 때문이다. 감정의 열정이 모든 장애를 극복하게 한다. 이제 자연스럽게 행동하고 자연스럽게 이야기할 수 있다.

그럼, 이제 다시 이야기 방법에 대해서도 지금까지 강조해왔던 부분으로 되돌아가야 한다. 즉, 연설에 열정을 가져야 한다는 말이다.

에일 대학 신학부의 브라운 학장은 강의에서 이렇게 말했다.

나는 런던의 예배에 참석했던 친구가 해준 이야기를 잊을 수가 없습니다. 목사는 조지 맥도널드였는데, 그는 그날의 성경 구절로 히브리서 11장을 낭독했습니다. 설교 시간이 되자 그는 이렇게 말했습니다. "여러분, 이렇게 신앙심이 깊은 사람들에 대하여 들은 적이 있을 겁니다. 신앙이란 무엇인지는 말하지 않겠습니다. 왜냐하면 저보다 잘 설명해주실 교수님이 몇 분이나 계시기 때문입니다. 저는 여러분의 신앙에 도움을 주기 위해 이 자리에 있을 뿐입니다." 눈에 보이지 않는 영원한 것에 대한 목사 자신의 신앙을 간결하게 진심에서 우러난 장엄한 말투로 이야기를 했습니다. 그의 설교는 사람들의 마음을 울렸습니다. 그의 설교 방법은 효과적이었습니다. 왜냐하면 그의 내면적 생활의 순수한 아름다움을 반영하고 있기 때문입니다.

"그의 설교는 사람들의 마음을 울렸다." 이것이야말로 비결이다. 그러나 이런 충고가 일반적으로는 잘 받아들여지지 않는다는 것도 알고 있다. 애매모호하고 확실하지 않기 때문이다. 일반적으로 학생들은 완벽한 규칙을 원하기 마련이다. 좀 더 명확하고 실감할 수 있는 규칙, 포드 자동차의 사용설명서처럼 명확한 규칙을 원한다.

내 입장에서도 그렇게 하는 것이 간단하다. 그런 규칙이 있기는 하지만 한 가지 작은 문제가 있다. 그것은 그 규칙이 별로 도움이 되지 않는다는 점이다. 그것은 연설에서 자연스러움, 자발성, 활기, 생동감을 잃게 만드는 것이다. 나는 그것을 경험을 통해 알고 있다. 그것을 위해 막대한 에너지를 낭비해야만 한다. 그런 규칙은 이 책에서 소개하지 않기로 하겠다. 왜냐하면 조쉬 빌링스가 말했던 것처럼 도움이 되지 않는 것은 아무리 많이 알고 있어도 의미가 없기 때문이다.

4. 자연스럽게 이야기할 수 있도록 훈련하자

이제 간단명료하면서도 생동감 넘치게 연설을 하기 위해 자연스럽게 말하는 요령을 설명해보기로 하겠다. 나는 지금까지 이것을 다루어야 하는 것인지 망설였다. 왜냐하면 "이제 알겠어. 그런 식으로 억지로 유도해나가면 되는 거로군"이라고 하는 사람이 반드시 나오기 때문이다. 하지만 절대로 그렇지 않다. 그런 식으로 억지로 유도를 해나가면 뭔가 어색하고 기계적이 될 것이다. 당신은 이 원칙들을 대부분 거의 매일 쓰고 있다. 어제 먹은 음식을 소화시키듯이 무의식적으로 쓰고 있다. 그것이 바로 이 원칙을 활용하는 방법이다. 그렇게 하는 것 이외에 달리 방법이 없다. 그리고 그것은 연설에 관한 한 이미 말했던 것처럼 연습에 의해서만 자연스럽게 체득할 수 있는 것이다.

❶ 중요한 말은 강하게, 중요하지 않은 말은 약하게

우리는 대화를 나눌 때 한 단어의 한 음절만 강하게 발음하고 나머지 음절은 마치 부랑아 옆을 빠르게 지나가는 택시처럼 급하게 말하다. 예를 들어 매사추세츠, 어플릭션, 어트랙션, 인바이런먼트처럼 말이다. 문장에서도 이것과 거의 비슷하다. 뉴욕 5번가의 엠파이어스테이트 빌딩처럼 하나나 두 개의 중요한 단어만을 강조한다.

이것은 이상하지도 특이하지도 않다. 귀를 기울여서 유심히 들어보면 언제나 우리 주변에서 이런 대화 내용을 들을 수 있을 것이다. 당신 자신도 어제 수백 번은 더 이렇게 했을 것이다. 내일도 이와 똑같이 몇 백 번을 더 할 것이다.

예를 하나 들어보자. 다음 문장을 굵게 적혀 있는 부분을 강하게 읽고 나머지는 빠르게 읽어보기 바란다. 과연 어떤 효과가 있을까?

내가 손을 댄 일은 무엇이든 간에 성공을 시켰다. 왜냐하면 그것에만 혼신의 힘을 다하기 때문이다. 나는 절대로 주저하지 않았다. 때문에 나는 남들보다 앞설 수 있었다.

-나폴레옹

이 밖에도 읽는 방법이 또 있을 것이다. 다른 연설자는 다르게 읽을 것이다. 강조에 관한한 정해진 규칙이 없다. 그것은 상황에 따라 다른 것이다.

다음 문장을 읽고 의미가 설득력 있게 확실히 전달될 수 있도록 읽어보기 바란다. 스스로 중요하다고 여겨지는 부분을 강조하고, 중요하지 않다고 생각되는 부분은 빠르게 읽어나가게 되지 않는가?

진다고 생각하면 지게 된다.

과감하게 용기를 내려고 마음먹지 않으면 용기가 나지 않는다.

이기고 싶어도 이길 수 있다고 생각하지 않으면 절대로 이길 수 없다.

인생이라는 전투는

보다 강한 사람, 보다 빠른 사람이 항상 승리한다는 보장은 없
다.

그러나 빠르건 느리건 간에 이기는 사람은

스스로 이긴다고 생각한 사람이다.

-무명씨

사람의 성격 중에 확고한 신념만큼 중요한 것이 또 있을까?
위인이나 중요한 인물이 되고자 하는 청년은 몇 번의 장애를
뛰어넘는 것뿐만이 아니라, 수천 번 쓰러지고, 패배의 쓴 잔을
맛보더라도 여전히 이긴다는 신념을 가져야 한다.

-시어도어 루즈벨트

❷. 말투에 변화를 주어라

대화를 하고 있을 때의 말투는 높낮이를 반복하면서 항
상 파도처럼 요동치고 있다. 왜일까? 아무도 그 이유를 모
르고, 또한 알려고도 하지 않는다. 그러나 그 덕분에 마음
편하게 들을 수 있고, 자연스럽게 들리는 것이다. 이것을
따로 배우는 사람은 없다. 어릴 적부터 자연스럽게 저절로
터득하는 것이다. 그러나 정작 사람들 앞에만 서면 목소리
가 마치 네바다 주의 알칼리 사막처럼 완전히 단조로워지

고 만다.

자신이 단조롭게 이야기를 하고 있다고 느꼈을 때는 대부분 목소리가 높아지게 되는데, 그럴 때는 잠시 멈추고 스스로에게 "내가 마치 인디언 목각인형처럼 연설을 하고 있군. 사람들에게 말을 걸자. 인간답게, 자연스럽게"라고 말하기 바란다.

과연 그렇게 해서 도움이 될까? 조금은 도움이 될지도 모른다. 잠시 멈추는 것만으로도 도움이 된다. 어쨌거나 무조건 연습해서 극복하는 수밖에 없다.

본인이 선택한 단어에서 갑자기 목소리의 높낮이를 조절함으로써 정원에 심어놓은 나무처럼 강조를 할 수 있게 된다. 브루클린의 유명한 목사 캐드먼은 자주 이 방법을 썼다. 올리버 로지 경과 브라이언, 루즈벨트와 같은 저명한 연설가는 거의 대부분 그랬다.

다음 예문의 굵은 선으로 된 부분을 낮은 목소리로 읽어보기 바란다. 과연 어떤 느낌이 들까?

내 유일한 장점은 결코 실망하지 않는다는 점이다. -포슈 장군

교육의 가장 큰 목적은 지식이 아니라 행동이다. -하버드 스펜서

나는 86년을 살면서 수백 명의 사람이 성공하는 모습을 보았다. 그 결과 알게 된 것은 성공하기 위한 요소 중에 가장 중요한 것은

신념이었다. -기번스

❸. 이야기 속도를 조절하라

어린아이는 물론이고 어른들도 평소에 이야기를 할 때는 항상 말 속도를 조절하고 있다. 그것은 듣기 편하고 자연스러운 일로 무의식적으로 이루어지는 일이다. 때문에 생동감 있게 들리며 실제로도 본인의 생각을 강조하는 최고의 수단 중에 하나이다.

월터 B. 스티븐은 미주리 주 역사협회가 발행한 『기자가 본 링컨』이라는 책 속에서 링컨이 요점을 강조하기 위한 쓴 방법에 대하여 다음과 같이 적고 있다.

링컨은 매우 빠른 속도로 말을 했다. 그리고 강조하고 싶은 단어나 문장에서는 속도를 늦추고 강조한 다음 다시 번개처럼 빠른 속도로 내달렸다. 그는 강조하고 싶은 한두 마디를 중요하지 않은 이야기의 여섯 배나 시간을 들여 이야기했다.

이런 이야기 방법을 쓴다면 항상 주목을 받을 수가 있다. 예를 하나 들어보자. 나는 기번스 추기경의 이 말을 자주 인용한다. 어느 날 나는 '용기' 라는 단어를 강조하려고 했다. 그래서 굵은 글씨로 표시된 부분을 오랫동안 심혈을 기울여 나 스스로 감동을 받을 수 있도록 이야기했다. 다음 문장을 읽어보고 그 효과를 확인해보기 바란다.

　기본스는 임종을 앞두고 이렇게 말했다.

　"나는 86년을 살면서 수백 명의 사람이 성공하는 모습을 보았습니다. 그 결과 알게 된 것은 성공하기 위한 요소 중에 가장 중요한 것은 신앙이었습니다. 그리고 용기가 없다면 위대한 업적을 이룰 수는 없습니다."

　그리고 이 방법도 한 번 시험해보기 바란다. '3000만 달러'를 마치 푼돈이라도 되는 듯이 아무렇지 않은 말투로 말해보라. 그런 다음 '3만 달러'라고 천천히, 엄청난 금액이라고 느껴질 수 있게 감정을 실어서 말해보라. 3만 달러가 3천만 달러보다 훨씬 크게 느껴질 것이다.

❹. 중요한 요점 전후에 틈을 두어라

　링컨은 연설 중에 자주 틈을 두었다. 청중들에게 깊은 인상을 심어주고 싶은 중요한 요점에 와서는 몸을 앞으로 숙이고 청중들의 눈을 잠시 바라보며 침묵을 했다. 이렇게 갑작스러운 침묵은 갑자기 말을 하는 것과 마찬가지로 주의를 끄는 효과가 있다. 이렇게 함으로써 주목을 받고 주변을 환시시킬 수 있게 되어 다음 말에 민감하게 반응하게 만든다. 예를 들어 더글러스 상원위원 후보와의 유명한 토론회가 막바지에 이르러 링컨의 패배가 거의 확실해져갔다. 그는 낙담을 한 채 이따금씩 우수 어린 표정을 지었고 말에는 슬픔이 묻어났다.

그는 마지막 결론을 말하다 말고 갑자기 말을 멈추고 한동안 침묵한 채 서 있었다. 그리고 눈물어린 눈으로 절반은 무관심하고 절반은 친근한 눈으로 바라보며 앉아 있는 청중들을 둘러보았다. 마치 승산 없는 싸움으로 지친 듯 팔짱을 낀 채 링컨 특유의 말투로 말했다.

"여러분, 미합중국 상원의원 더글러스 판사와 저 중에 누가 당선이 되어도 달라질 것은 없습니다. 하지만 오늘, 우리가 여러분에게 던진 문제는 한 사람의 개인적 관심과 정치적 미래보다도 중요합니다."

링컨은 다시 멈추었고, 청중들은 한마디 한마디에 귀를 기울였다.

"이 문제는 더글러스 판사와 저의 초라하고 보잘 것 없이 축 처진 혀가 무덤 속에서 침묵을 지키고 있을 때도 여전히 살아 숨 쉬고 불타오를 것입니다."

링컨의 전기 작가 중에 한 사람은 이렇게 말했다.

"이렇게 단순한 말들과 연설 방법이 청중들의 심금을 울렸다."

링컨은 자신이 강조하고 싶은 문구 뒤에서 반드시 잠시 멈추었다. 말하고자 하는 의미가 스며들고 그 역할 다할 때까지 침묵으로 강조한 것이다.

올리버 로지 경도 연설 중에 중요한 부분 앞뒤에 잠시 틈을 두었다. 때로는 한 문장에서 세 번이나 틈을 두기도 했는데, 그런 행동을 자연스럽게 무의식적으로 하였다. 올리버 경이 이야기를 하는 방법을 분석하고 있는 사람이 아닌 이상 아무도 그것을 눈치 채지 못했을 것이다.

"침묵으로 말하라!"라고 키플링은 말했다. 이야기 중에 교묘하게 이용하는 침묵만큼 효과적인 것이 없다. 그것은 강력한 도구이자 무시할 수 없는 대단히 중요한 요소이지만, 초보자는 자주 이것을 무시하는 경향이 있다.

다음 문장은 홀먼이 지은 '짜릿한 토크'에서 발췌한 것으로, 언실자기 어디서 틈을 둬야 할지 표시한 것이다. 물론 이것이 다가 아니다. 어디서 틈을 두는 것이 가장 좋은지 정답을 제시하는 것도 아니다. 그저 하나의 방법으로 생각해주기 바란다. 어디서 틈을 두어야 할지에 관한 엄격한 규칙이 있는 것은 아니다. 그것은 내용과 감각과 기분에 따라 결정하면 된다. 오늘은 이것을, 내일은 또 다른 것을 강조하기 위해 시간의 틈을 둘 수도 있다.

먼저 다음 문장을 그냥 한 번 읽어보고 난 뒤에 표시된 부분에서 잠시 틈을 두었다가 읽기 바란다. 과연 어떤 효과가 있을까?

상품을 판매하는 것은 전쟁이다(잠시 틈을 두면서 전쟁이란 의미를 상기시킨다). 전사들만이 오직 승리를 할 수 있다(틈을 두고 생각하게 만든다). 싸워야 하는 상황이 맘에 내키기 않을 수도 있다. 그러나 우리가 그런 상황을 만든 것이 아니고, 또한 피할 수도 없다(시간을 둔다). 판매라는 게임을 시작했으면 용기를 내서 달려들어라(시간을 둔다). 아니면(틈을 두고 잠시 생각하게 한다), 아무리 타석에 들어선다고 하더라도 헛스윙만 하고 점수를 내지 못한다(시간을 둔다). 투수를 무서워하는 사람은 3루타를 칠 수 없다(시간을 두고 의미를 상기시킨다). 이 점을 명심하기 바란다(시간을 두고 깊이 생각하게 한다). 수비를 넘기고 홈런을 치는 사람은 항상 용감무쌍하게 타석에 들어서는 사람이다(시간을 두고 이 훌륭한 선수가 무슨 말을 할지 생각하게 한다). 마음속에 굳은 의지를 가진 사람이다.

다음 인용문을 힘껏 소리 내어 읽어보라. 자연스럽게 시간의 틈을 둘 것을 생각하기 바란다.

미국 최대의 사막이 있는 것은 아이다호도 뉴멕시코도 애리조나도 아니다. 그것은 평범한 사람의 모자 밑이다. 미국 최대의 사막은 자연의 사막이 아니라 머릿속에 있는 사막이다.

-J. S. 녹스

모든 병을 고칠 수 있는 만병통치약은 없다. 그것에 가장 근접한 것은 광고이다.

-폭스웰 교수

나는 기쁘게 해줘야 할 상대가 둘 있다. 그것은 신과 나 자신이다. 이 세상에는 나 자신과 함께, 그리고 저 세상에서는 신과 함께 살아야 하기 때문이다.

-제임스 A. 가필드

여기에 적혀 있는 교훈대로 따른 사람이라도 아직 많은 결점이 있다. 청중들을 대상으로 대화를 하듯이 이야기를 할 수 있더라도 잘 들리지 않는 목소리, 문법적으로 틀리거나 공격적인 말투, 불쾌한 말을 할 수도 있다. 평소의 말투에 개선점이 많으니 대화 속에서 자연스러운 말투를 완성하기 바란다. 그리고 그 방법을 연단에까지 가져가는 것이다.

7장의 정리

1. 중요한 이야기에는 말 이상의 뭔가가 있다. 그것은 이야기 방법과 함께 전달되는 맛과 같은 것이다. "중요한 것은 무엇을 말하는가보다, 어떻게 말하는가이다."

2. 대부분의 연설자는 청중을 무시하고 청중들 너머를 보거나, 바닥을 쳐다본다. 그들은 혼자서 중얼거리는 것과 마찬가지이다. 청중과 연설자 사이에는 서로 통하는 것이 없고 의견을 주고받지도 않는다. 이런 태도는 대화는 물로 연설도 엉망으로 만들어버린다.

3. 훌륭한 연설 방법은 대화하듯이 솔직함을 보여주는 것이다. 상공회의소의 사람을 상대로 이야기할 때도, 평범한 사람을 상대로 이야기할 때처럼 이야기하라. 상공회의소의 사람들도 결국은 평범한 사람들의 집합체에 불과하다.

4. 누구에게나 연설 능력이 있다. 이 말을 믿지 못하겠다면 당신이 알고 있는 사람 중에서 가장 무례한 사람을 때려보아라. 그 사람은 벌떡 일어나 무슨 말인가 할 것이다. 그리고 그의 말투는 전혀 흠잡을 곳이 없을 것이다.청중들 앞에서 이야기할 때도 마찬가지로 자연스럽게 이야기를 하라. 물론 향상을 위한 연습은 반드시 필요하다. 타인을 흉내 내서는 안 된다. 자연스럽게 이야기를 할 수 있다면 이 세상의 그 어떤 사람과도 다르게 연설을 할 수 있다. 이야기 방법에 개성, 자신만의 독자적인 방법을 끌어들이기 바란다.

5. 청중이 갑자기 벌떡 일어서서 당신에게 반문을 할 수 있을 정도로 이야기를 하라. 만약 그 사람이 일어서서 당신에게 질문을 한다면 당신의 연설 실력은 순식간에 향상될 것이다. 그러므로 누군가가 당신에게 질문을 하고 그것을 반복하고 있다고 상상하기 바란다. 목소리를 내서 "내가 어떻게 알고 있냐고? 대답해주겠소"라고 말해보기 바란다. 이렇게 말하는 것은 형식적이지 않고 아주 자연스럽다. 그러면 연설은 훨씬 인간미를 더하며 따뜻하게 느껴진다.

6. 연설에 전념하라. 진심에서 우러난 성의를 가지고 전념한다면 성경의 가르침 이상으로 도움이 될 것이다.

7. 열정적으로 이야기할 때 무의식적으로 하는 네 가지가 있다. 그러나 당신은 그것을 청중들을 앞에 두고도 그렇게 하고 있는가? 아니, 거의 대부분의 사람은 그렇지 못하다.

a. 문장 속에서 중요한 단어를 강하게 말하고 중요하지 않은 내용은 약하게 말하고 있는가? 거의 모든 단어에 똑같은 비율의 시간을 두고 이야기를 하고 있는가? 혹은 '매사추세츠'에서 '추'를 강조해서 말하듯이 하나의 문장을 이야기할 때도 강조할 부분을 강조해서 이야기하고 있는가?

b. 어린아이가 말을 할 때처럼 목소리를 크게 올렸다 내렸다 하고 있는가?

c. 중요하지 않은 말은 빠르게 말하고, 강조하고 싶은 말에 많은 시간을 할애하도록 이야기 속도를 조절하고 있는가?

d. 중요한 말 전후에서 시간의 틈을 두고 있는가?

Instead of worrying about what people say of you, why not spend time trying to accomplish something they will admire.
남이 자신을 어떻게 생각할지 걱정할 여유가 있다면 남을 칭찬하는데 시간을 쓰는 것이 현명하다. —Dale Carnegie

Part 08

청중들 앞에 섰을 때 주의할 점

Platform Presence and Personality

"몸짓은 웅변이다. 무지한 자의 눈은 귀보다 많은 것을 배운다."
—셰익스피어

"정신적으로 눈을 뜨고 싶다면, 육체적으로 잠드는 것을 허락해야 한다."
—나산 세퍼드, 『청중들 앞에 서서』

"몸짓이 너무 적은 것은 지나친 것과 마찬가지로 부자연스럽다. 어린아이도 자연스럽고 적절하게 몸짓을 이용하고 있고, 길가에서 이웃과 이야기를 할 때도 몸짓을 쓴다는 것을 생각해본다면, 이 즐거운 수단을 많이 볼 수 없다는 것이 이상할 정도이다."
—메튜스, 『웅변과 웅변가』

"단어의 선택과 마찬가지로 연설자의 목소리, 눈, 분위기가 웅변을 대신하는 경우가 많다."
—라 로슈푸코

"연설을 할 때는 몸동작에는 신경을 쓰지 마라. 꼭 해야 할 말, 그리고 그렇게 말하는 이유에 집중해야 한다. 당신 자신의 열정과 정신을 연설 속에서 모두 표현해야 한다. 열정을 가지고 진지하게 이야기를 하는 것이다. 그러면 저절로 몸동작은 따라오게 되어 있다. 마음속으로 생각하고 있는 것이 충분한 자극이 된다면 모든 제한이 사라질 것이다. 당신의 몸은 표현하고 싶다는 욕구에 반응을 한다. 실제로 연설을 할 때는 말하고 싶은 것에 대해서만 생각하라. 미리 몸동작을 연구해서는 안 된다. 동작은 자연스럽게 나오도록 내버려

두어라.”
―조지 롤랜드 콜린스, 『연단에서의 연설법』

“말은 사상을 표현하는 없어서는 안 될 도구이지만 사상을 방해할 수 있다는 것도 고려해야 한다. 우리는 생각을 몸짓만으로 전달하는 상대적인 힘을 염두에 둬야 한다. '방을 나가래!'라고 하는 말은 손으로 문을 가리키는 것보다 표현력이 약하다. 집게손가락을 입에 대는 것은 '조용히 해'라고 속삭이는 것보다 강렬하다. 손짓을 하는 것은 '이리 와라'라고 말하는 것보다 효과적이다. 눈을 크게 뜨고 눈썹을 모으는 것 이상으로 놀라움을 생생하게 표현하는 말은 없다. 어깨를 으쓱하는 것을 말로 표현한다면 그 의미의 절반은 상실되고 말 것이다.”
―하버드 스펜서

08

청중들 앞에 섰을 때 주의할 점

얼마 전 카네기 공과대학에서 우수한 비즈니스맨 100명을 대상으로 지능검사를 하였다. 이 검사는 전쟁 중에 군대에서 진행했던 것과 비슷한 것이었다. 그 결과 이 대학에서는 "비즈니스에서 성공하기 위해서는 높은 지능보다는 개성이 너 중요하다"라는 사실을 발표하게 되었다.

이것은 비즈니스맨에게 있어서도, 교육자, 전문직 종사자, 연설자에게 있어서도 매우 중요한 것이다.

연설 준비와는 별개로 개성은 연설에 있어서 가장 중요한 요소라 할 수 있다. 앨버트 허버드는 "웅변대회에서 승리를 거두는 것은 말이 아니라 말하는 방법에 달렸다"라고 말했다. 어쩌면 연설이란 말하는 방법에 내용이 더해지는 것이라고 해야 할 것이다. 그러나 개성이라는 것은 막연하고 종잡을 수 없는 것이라 마치 제비꽃 향기처럼 분석을 할 수 없다. 이것은 육체적, 정신적, 지적인 모든 것을 말한다. 다시 말해서 육체, 정신, 지성, 성격, 경향, 기질, 특색, 활력, 경험, 훈련, 인상의 모든 것이 한데 얽힌 것으로 아인슈타인의 상대성 이론과 마찬가지로 복잡하고 이해하기 어려운 것이다.

개성은 유전에 의한 영향이 크기 때문에 태어나기 전에 거의 결정이 된다. 그리고 성장 과정에서의 환경이 어느 정도 관계가 있는 것도 부정할 수 없다. 따라서 개성을 바꾸거나 향상시키는 것은 매우 어렵다. 그러나 사상을 바꿈으로써 개성을 강화시키거나 매력적으로 만들 수는 있다. 어쨌거나 자연으로부터 받은 이 불가사의한 힘에서 최대한으로 가능성을 이끌어내는 노력은 가능하다. 이것은 모든 사람에게 있어 중요한 것이다. 개선 가능성은 한정되어 있지만 그것에 대해 이야기하고 조사할 만한 가치는 충분히 있다.

개성을 최대한으로 발휘하고 싶다면 휴식을 취하고 청중들 앞에 서야 한다. 피로에 지친 사람은 상대를 끌어들이는 매력이 없다. 마지막 순간까지 준비와 계획을 뒤로 미루었다가 잃어버린 시간을 메우기 위해 다급하게 달려드는 과오를 범해서는 안 된다. 그렇게 되면 몸속에 독소가 쌓이게 되어 머리가 피곤해지고, 그 결과 녹초가 되어 활력을 잃게 되고 두뇌도 신경도 모두 약해지게 된다.

만약 오후 4시에 위원회의 회의에서 중요한 이야기를 해야 한다면 점심 식사 후에 사무실로 곧바로 돌아가지 않는 것이 좋다. 가능하다면 집에서 가벼운 식사를 하고 낮잠으로 충분한 휴식을 취하는 것이 좋다. 육체도 정신도 신경도 휴식이 필요하다.

제랄딘 패러는 새로 사귄 친구에게도 "잘 자요"라고 인사를 하고 남편에게 접대를 부탁하고 잠자리에 들어 상대를 놀라게 했다. 그녀는 자신의 실력을 충분히 발휘하기 위해 무엇이 필요한지를 알고 있었다.

노르디카 부인은 "프리마돈나의 자리를 유지하기 위해서는 사교도, 친구도, 맛있는 요리도, 좋아하는 모든 것을 포기해야만 한다"고 말했다.

중요한 이야기를 해야 할 때는 식욕에도 주의를 하기 바란다. 수도사처럼 식사량을 줄여야 한다. 헨리 워드 비처는 일요일 오전 5시에 크래커와 우유 이외에는 전혀 입을 대지 않았다.

멜바 부인은 이렇게 말했다.

"밤에 공연이 잡혔을 때는 5시에 생선이나 닭고기나 송아지의 내장 구이 중에 하나와 사와, 그리고 물만으로 간단하게 식사를 합니다. 때문에 오페라나 공연이 끝나고 집에 돌아오면 항상 배가 고프지요.”

멜바와 비처는 정말로 현명한 사람들이다. 나는 프로 연설자가 되고 나서 배가 부르게 식사를 한 뒤 2시간의 강연을 해보고야 비로소 이 사실을 깨달았다. 나는 광어구이를 먹은 뒤에 스테이크와 감자튀김, 샐러드를 먹고 한 시간 뒤에 일어났을 때 나 자신에 대해, 연설의 주제에 대해, 자신의 몸 상태에 대해 충분한 매력을 발휘할 수 없다는 것을 깨달았다. 왜냐하면 머릿속에 있어야 할 혈액이 모두 위에서 스테이크와 감자튀김과 싸워야 했기 때문이다. 파데레프스키는 이렇게 말했다. “연주회를 앞두고 내가 좋아하는 음식을 먹으면 내 몸속의 동물적 본능이 눈을 뜨면서 내 손가락을 멋대로 조정하여 연주가 둔해져버린다.” 그의 말이 옳다.

1. 활력이 넘치는 강연에는 사람들이 모인다

기운을 떨어뜨리는 일을 해서는 안 된다. 기운은 사람을 매료시키는 힘이 있다. 기운은 활력이자, 생동감이고, 열정이다. 나는 연설자나 강사를 구할 때는 반드시 이것을 제일 먼저 요구한다. 사람들은 기운 넘치는 연설자, 다시 말해 열정적인 연설자 주변에 마치 가을 밀밭에 모여드는 새들처럼 모여든다.

나는 런던의 하이드파크에서의 야외 강연에서 실제로 이 사실을 목격했다. 마블아치 입구 주변에는 온갖 신조와 인종들의 연설자가 모여든다. 일요일 오후에는 로마 교황의 무오류설을 설명하는 가톨릭 신자나 칼 막스의 경제이론을 주장하는 사회주의자, 이슬람교도가 네 명의 아내를 갖는 것에 대한 정당성을 주장하는 인도인 등, 본인이 듣고 싶어 하는 사람의 이야기를 들을 수 있다. 어떤 연설자의 앞에는 수백 명의 사람이 모여 있는가 하면, 또 어떤 연설자 앞에는 아주 적은 인원만이 모여 있기도 하다. 왜일까? 이야기 내용 때문이라는 것으로 모든 것이 다 설명될까? 그렇지 않다. 이야기의 내용보다는 연설자 때문인 경우가 많다. 연설자가 주제에 대하여 흥미가 깊을수록 그 사람의 이야기도 재미있어진다. 그 사람도 그만큼 생동감 넘치게 이야기를 하고 활력을 발산할 수 있기 때문이다. 때문에 항상 주목을 받는 것이다.

2. 사람은 외모로 판단을 한다

심리학자이자 모 대학의 학장이 많은 사람들에게 설문지를 돌려 복장이 주는 인상에 대해 물은 적이 있다. 회원들은 입을 모아 "몸단장을 하고 깔끔하게 옷을 입고 있다는 것을 자각하게 되면 왠지 모르게 밝아지는 효과가 있다"라고 대답했다. 그만큼 자신감이 생기고 자신에 대한 신뢰가 커져 자존심이 높아진다. 성공한 사람처럼 치장하는 것은 성공한 사람처럼 생각하는 것도, 성공을 이루는 것도 훨씬 쉽게 해준다는 것을 알 수 있었다. 그것은 옷을 입고 있는 사람이 상대에게 끼치는 영향이다.

그렇다면 연설자의 복장은 청중에게 어떤 영향을 끼칠까? 연설자가 헐렁한 바지에 쭈글쭈글한 코트를 걸치고 더러운 구두를 신은 채 가슴 주머니에 만년필이나 연필을 꽂고, 옷 속에 신문이나 담뱃갑이 삐져나와 있다면, 청중들은 그런 외모만 보고 경의를 표하지 않을 것이다. 나는 이것을 수도 없이 봐왔다. 청중들은 그런 사람의 정신 상태를 헝클어진 머리나 더러운 구두와 똑같다고 판단한다.

리 장군이 애퍼매톡스 청사로 와서 항복했을 때, 그는 새 군복을 입고 허리춤에는 아주 비싼 칼을 찬 흠잡을 때가 없는 복장을 하고 있었다. 반면에 그랜트 장군은 외투와 칼을 차지 않고 병사들의 셔츠와 바지 차림으로 그를 맞이했다. 그는 자신의 『회상록』에서 이렇게 적고 있다.

"훌륭하게 차려 입은 키 180센티미터의 그와 나의 모습은 너무나 대조적이었다."

그랜트 장군은 이 역사적인 순간에 어울리는 복장을 하지 않았다는 것을 평생 후회하였다.

수도 워싱턴의 농무부 실험 농장에는 수백 개의 벌통이 있다. 각각의 벌통에는 커다란 확대경이 달려 있는데, 단추 하나만 누르면 그 내부로 빛이 들어갈 수 있게 되어 있다. 덕분에 하루 종일 벌에 대한 정밀 관찰을 할 수가 있다. 연설자도 마찬가지이다. 확대경 앞에서 조명을 받으며 수많은 사람의 이목 앞에 노출되어 있다. 조금이라도 부족한 부분이 있다면 대평원에 우뚝 솟은 산처럼 크게 부각될 것이다.

3. 말하기 전에 태도로 평가를 받는다

몇 년 전에 나는 뉴욕의 한 은행원의 전기를 『아메리카 매거진』에 기고하였다. 그의 성공담을 그의 친구에게서 들어보았나. 그기 성공할 수 있었던 가장 큰 이유는 웃는 얼굴이라고 했다. 언뜻 보기에 과장된 이야기처럼 들릴지도 모르지만, 나는 그 말을 진실이라고 믿고 있다. 그보다 경험이 많고 재정적인 판단이 뛰어난 사람은 얼마든지 있을 것이다. 그러나 그에게는 다른 사람에게는 없는 장점이 있었다. 싹싹한 성품에 특히 따뜻한 미소가 인상적이었다. 덕분에 그는 사람들의 신뢰와 호감을 살 수 있었다. 모든 사람들이 그런 사람의 성공을 보고 싶어 하며 지지하고 싶어 한다.

중국 격언에 이런 말이 있다. "미소를 짓지 못하는 사람은 가게를 열어서는 안 된다." 그러나 미소는 가게 계산대뿐만이 아니라 청중들에게도 환영을 받는다. 문득 브룩클린 상공회의소가 주최한 대중 연설 강습회에 참석했던 한 학생이 떠오른다. 그는 언제나 청중들 앞에 나타날 때마다 사람들을 만나고 연설을 하는 것이 너무 즐겁다는 듯한 표정을 지었다. 그는 미소를 잃지 않은 채 청중들을 만나는 것이 정말로 즐거워 보였다. 때문에 청중들도 당연히 그를 따뜻하게 지켜보고 환영해주었다.

그러나 이 강습회의 수강생 중에는 하기 싫은 일을 억지로 하는 것처럼 차갑고 무뚝뚝한 표정으로 청중들 앞에 나가 연설이 끝나자마자 어떻게 되든 상관없다는 태도를 보인 사람도 있었다. 그런 사람을 보고 있는 청중들도 똑같은 감정을 느끼게 되어 있다. 이런 태도는 전염성이 강하기 때문이다.

오버스트리트 교수는 자신의 저서 『인간의 행동에 영향을 끼치다』에서 이렇게 말하고 있다.

유유상종이다. 연설자가 청중에게 관심을 갖고 있다면, 청중들도 연설자에게 흥미를 가질 것이다. 연설자가 노려보면 청중들 또한 연설자를 노려볼 것이다. 연설자가 불안해하며 우물거리면 청중들은 연설자를 신뢰하지 않을 것이다. 연설자가 거만한 태도로 이야기하면 청중들은 자신을 지키려 할 것이다. 연설자는 연설을 하기 전부터 평가를 받는 경우가 많다. 그러므로 따뜻한 반응을 끌어낼 수 있는 태도로 청중들을 접해야만 한다.

4. 청중들의 밀도로 반응이 완전히 달라진다

나는 낮에는 넓은 홀 여기저기에 흩어져 있는 적은 사람들 앞에서 강연을 하고, 밤에는 많은 사람들 앞에 두고 같은 장소에서 강연을 하는 일이 자주 있다. 낮 강연에서 킥킥거리는 정도로 웃지만, 밤 강연에서는 큰 소리로 웃어준다. 또 낮 강연에서는 아무런 반응도 없던 부분에서 밤 강연에서는 박수갈채가 쏟아진다. 왜일까?

그 이유 중 하나는 낮에 오는 중년 이상의 여성과 어린아이들은 밤에 오는 청중들보다 활력과 이해력이 떨어지기 때문이다. 그러나 이것은 그 원인의 일부에 지나지 않는다. 실제로 청중들이 여기저기 흩어져 앉아 있을 때는 작은 것에는 마음이 잘 움직이지 않는다. 청중들 사이가 벌어져 드문드문 빈자리가 놓여 있는 만큼 감흥을 떨어뜨리는 것이 없다.

헨리 워드 비처는 예일 대학에서 강연한 설교에 대하여
다음과 같이 말했다.

나는 사람들에게 자주 이런 질문을 받습니다. "청중이 적은
것보다는 많은 것이 훨씬 기운이 나지 않나요?" 나는 그렇지 않
다고 대답합니다. 나는 1000명이든 12명이든 간에 똑같이 기
분 좋게 강연을 할 수 있습니다. 단, 그 12명이 서로 닿을 정도
로 한 곳에 모여 있다면 말입니다. 하지만 1000명이라도 두 사
람의 간격이 1미터 이상 떨어져 있다면 아무도 없는 방에 있는
것과 마찬가지입니다. 연설을 할 때는 청중들을 한 곳으로 모
으는 게 좋습니다. 그러면 절반의 노력만으로도 청중들을 사로
잡을 수가 있습니다.

사람은 많은 청중들 속에 있을 때는 개성을 잃기 쉽다.
군중 속의 한 사람이 되어 혼자 있을 때보다도 쉽게 마음
이 움직인다. 그럴 때는 작은 것에도 마음이 쉽게 움직여
웃어주거나, 박수를 쳐준다.
사람을 한 명씩 움직이는 것보다는 단체로 움직이는 것
이 훨씬 쉬운 일이다. 가령 전투에 나가는 병사는 세계에
서 가장 위험하고 무모한 짓을 하려 한다. 그들은 서로 한
데 모이고 싶어 한다. 제1차 세계대전 중에 독일군들은 서

로 팔짱을 끼고 전투에 참가했다고 한다.

군중심리란 참으로 재미있는 현상이다. 위대한 운동이나 개혁은 모두 다 군중심리의 도움으로 실행으로 옮겨진다. 이 주제에 대한 흥미로운 책이 에버렛 딘 마틴의 『군중의 행동』이다.

적은 인원을 상대로 이야기할 때는 작은 방을 골라야 한다. 작은 장소에서 복도까지 꽉 차는 것이 큰 장소에서 사람들이 듬성듬성 앉아 있는 것보다 훨씬 바람직하다. 청중이 듬성듬성 앉아 있으면 앞으로 당겨 앉도록 유도해야 한다. 이야기를 시작하기 전에 반드시 그렇게 해야 한다.

인원이 너무 많거나 어쩔 수 없는 상황이 아닌 이상 연단에는 절대로 서서는 안 된다. 청중들과 같은 높이로 내려와 서라. 청중들의 가까이에 서라. 형식에 구애받지 않고 친근하게 접하면서 대화를 하듯이 말을 걸어라.

5. 연설장의 환경에도 충분히 주의하라

공기를 신선하게 유지할 것. 연설을 하는 데 있어 산소는 목의 발성기관과 마찬가지로 중요하다. 키케로의 웅변이나 아름다운 라인 댄스 팀을 총동원하더라도 공기가 탁하면 청중들의 주의력을 유지하기는 어렵다. 때문에 나는 내 차례가 되어 이야기를 시작하기 전에 2분간 창문을 열고 청중들을 일어서게 하여 잠시 휴식을 하게 한다.

제임스 B. 폰드 장군은 헨리 워드 비처의 매니저로 14년 동안 미국과 캐나다를 오가며 여행을 했다. 그 유명한 브루클린의 목사가 강연가로 최고의 명성을 떨치고 있을 때의 일이었다. 청중들이 모여들기 전에 폰드는 항상 비처가 강연을 할 홀이나 교회, 극장을 찾아가 조명, 의자, 온도, 환기 상태를 면밀하게 조사했다. 폰드는 한때 군에서 큰 소리로 부하들을 지휘했기 때문에 권위적인 것을 좋아했다. 때문에 회장이 덥거나, 환기 상태 좋지 않고 창문이 열려 있지 않으면 책을 집어던져 창문을 깨버렸다. 그는 스퍼전과 마찬가지로 "목사에게 있어 하느님의 은혜 다음으로 중요한 것이 산소이다"라는 말을 굳게 믿고 있었다.

심령술에 대한 강연을 하는 코난 도일 씨가 아닌 이상 방 안에 햇빛이 들도록 해야 한다. 보온병 속처럼 어두운 방에서 청중들의 주의를 끄는 것은 메추라기를 훈련시키는 것처럼 어려운 일이다.

무대 연출에 관한 데이비드 벨라스코의 기사를 읽으면 적절한 빛이 얼마나 중요한지를 전혀 깨닫지 못하고 있었다는 사실을 알게 될 것이다.

확실하게 조명을 받을 수 있도록 하라. 청중들은 당신의 얼굴을 보고 싶어 한다. 당신의 얼굴에서 일어나는 미묘한 변화는 당신의 자기표현의 일부이자 매우 진실된 부분인 것이다. 그것은 그 이상의 것을 표현해주는 경우가 많다. 불빛 바로 아래에 서면 얼굴은 그림자가 검게 드리워질지도 모른다. 조명 바로 앞에 서면 틀림없어 어둡게 그림자가 질 것이다. 따라서 연단에 서기 전에 설 자리를 선택하는 것도 중요한 일 중 하나이다.

테이블 뒤에 숨어서는 안 된다. 청중들은 연설자의 모습을 보고 싶어 한다. 때문에 통로로 몸을 내미는 사람까지 있을 정도이다.

가끔은 테이블 위에 물병과 물 잔을 준비해주는 친절한 곳도 있다. 그러나 목이 마르면 소금을 약간 먹거나, 레몬을 입에 대면 물을 마시는 것보다 침이 빨리 나온다. 물이나 물병은 필요 없다. 강연에 방해가 되는 것들은 모두 필요 없다.

자동차 회사들의 브로드웨이 쇼룸은 아름답게 잘 꾸며져 있어 보기만 해도 기분이 좋아진다. 파리의 커다란 향수나 보석가게들은 예술적이고 화사하게 장식을 해두었다. 왜일까? 그렇게 해야 잘 팔리기 때문이다. 아름답게 꾸며놓은 가게는 그만큼 사람들로부터 존경, 신뢰, 감탄을 받기 쉬워진다.

이와 같은 논리로 연설자의 주변도 보기 좋게 꾸밀 필요가 있다. 나는 쓸데없는 비품은 올려놓지 않는 것이 제일이라고 생각한다. 연설자 뒤에도 옆에도 주의를 산만하게 하는 물건은 놓지 말아야 한다. 진한 청색 벨벳 커튼만 쳐놓으면 그만이다.

그러나 일반적으로 연설자 뒤에는 무엇이 있는가? 지도, 게시판, 테이블, 혹은 먼지투성이의 의자가 쌓여 있을지도 모른다. 그 결과는 어떤가? 어지럽고 산만한 싸구려 느낌이 들고 만다. 때문에 연설 시 불필요한 것은 모두 치우는 것이 좋다.

헨리 워드 비처는 이렇게 말했다. "연설에서 가장 중요한 것은 연설을 하는 장본인이다."

그러므로 스위스의 푸른 하늘을 배경으로 우뚝 솟아 있는 융프라우의 눈 덮인 봉우리처럼 연설자를 두드러지게 보여야 한다.

6. 청중들은 움직이는 것에 주의를 빼앗긴다

이전에 캐나다의 온타리오 주의 런던에서 캐나다 수상의 강연을 들은 적이 있다. 강연 중에 직원이 긴 장대를 들고 창문들을 열며 환기시키기 시작했다. 무슨 일이 일어나고 있는 걸까? 청중들은 마치 마법에 걸린 듯이 그 직원에게 정신이 팔려 연설자를 무시하고 말았다.

청중은 움직이는 것을 보고 싶어 하는 유혹을 참지 못한다. 아니, 참으려 하지 않는다. 연설자가 이점을 염두에 둔다면 불필요한 문제는 일어나지 않을 것이다.

첫째, 연설자는 엄지를 까닥거리거나, 옷매무새를 매만지거나, 신경질적인 움직임에 주의를 산만하게 하는 움직임을 해서는 안 된다. 유명한 연설가가 뉴욕에서 연설을 하고 있는 동안에 30분이나 손가락으로 테이블보를 만지작거리는 모습을 청중들이 지켜본 적이 있었다.

둘째, 연설자는 가능한 늦게 들어온 사람 때문에 산만해지지 않도록 미리 자리 배치를 해두어야 한다.

셋째, 내빈을 단상 위로 청해서는 안 된다. 이전에 레이먼드 로빈이 브루클린에서 연속 강연회를 진행하고 있을 때의 일이다. 나는 몇 사람과 함께 단상 위로 와달라는 부탁을 받았다. 나는 연설자에게 실례라는 이유로 거절했다. 나는 첫날밤에 단상 위의 내빈들 중의 한 사람이라도 발을 움직이면 청중들의 시선이 연설자가 아닌 내빈을 향한다는 사실을 깨달았다. 다음 날 나는 로빈에게 전화로 이 사실을 알려 주었다. 그러자 그는 그날 이후로는 한 사람도 단상 위로 초대하지 않았다.

데이비드 벨라스코는 빨간 꽃은 시선을 끈다는 이유로 단상 위에 올리지 못하게 했다. 그렇다면 연설자가 자신이 이야기하는 동안에 단상 위에서 안절부절 못하고 있는 사람에게 청중들의 시선이 쏠리는 것을 용납해야 하는 걸까? 당연히 용납해서는 안 된다. 현명한 연설자라면 절대로 용납하지 않을 것이다.

연설자가 연설을 시작하기 전에 청중들 앞에 앉는 것도 좋지 않다. 연설을 시작할 때가 되어 나타나는 것이 훨씬 신선하게 느껴진다.

그러나 어쩔 수 없는 상황이라면 자세를 조심해야 한다. 잠자리를 찾아 우왕좌왕하는 폭스하운드처럼 의자를 찾아 두리번거리는 사람을 본 적이 있을 것이다. 그리고 의자를 발견하면 다가가 모래주머니처럼 깊숙이 파묻혀 앉는다.

제대로 앉을 줄 아는 사람이라면 다리로 의자의 위치를 확인하고 머리부터 허리까지 꼿꼿하게 펴고 조용히 자리에 앉는다.

7. 차분한 자세는 당신을 커 보이게 한다

앞에서 옷매무새를 만지작거리면 청중들의 시선이 그리로 쏠리기 때문에 해서는 안 된다고 말했다. 그 이유가 하나 더 있다. 나약하고 자제심이 없어 보이기 때문이다. 당신의 존재감을 높여주는 동작이 아니라면 당신의 장점을 깎아내린다. 동작은 좋거나 나쁘거나 둘 중에 하나이다.

그러므로 똑바로 서서 자신의 몸을 조정한다면 정신적으로도 제어가 되어 차분하다는 인상을 느끼게 해줄 수 있을 것이다.

청중을 향해 일어선 다음 서둘러 말을 꺼내서는 안 된다. 그러면 당신이 초보자라는 것을 보여주는 셈이다. 심호흡을 하고 잠시 청중들을 둘러본 뒤에 혹시라도 잡음이나 웅성거림이 있다면 잠잠해질 때까지 기다려야 한다.

가슴을 쫙 펴라. 그러나 그 상태로 청중들 앞에까지 나설 필요는 없다. 매일 혼자 있을 때라도 그렇게 하라. 그러면 청중을 앞에 두고도 무의식적으로 가슴을 펴게 된다.

루터 H. 걸릭은 자신의 저서 『능률적인 생활』에서 다음과 같이 말하고 있다.

"자신을 가장 잘 보이게 할 줄 아는 사람은 열 명 중에 한 사람도 없다. 뒷목을 와이셔츠 깃에 딱 붙여야 한다."

그는 매일 다음과 같은 연습을 하도록 권하고 있다.

"천천히 가능한 최대한 강하게 숨을 들이마셔라. 동시에 목을 셔츠 깃에 딱 붙여라. 그리고 그 자세를 유지하라. 과장되게 하더라도 괜찮다. 이것의 목적은 양 어깨의 중심 부분을 곧게 세우는 데 있다. 그럼으로써 가슴을 쫙 펼 수가 있다."

손은 어떻게 하는 것이 좋을까? 생각을 하지 마라. 양 어깨가 자연스럽게 아래로 늘어지는 것이 이상적이다. 자신의 손이 바나나송이처럼 느껴지더라도 누가 보는 것이 아닌지, 관심을 끄는 것이 아닐까 걱정할 필요가 없다.

두 팔은 어깨에서 자연스럽게 늘어뜨려져 있는 것이 제일 보기 좋다. 그러면 누군가의 주의를 끄는 일은 없을 것이다. 아무리 비판하기를 좋아하는 사람일지라도 할 말이 없을 것이다. 게다가 몸짓이 필요할 때면 아무 불편함 없이 편안하게 동작을 할 수 있다.

그러나 긴장이 풀리지 않아 등 손을 등 뒤로 가져가거나, 주머니에 넣어야 마음이 안정될 경우에는 어떻게 하는 것이 좋은가? 상식적으로 생각해보기 바란다. 나는 유명한 연설가들의 연설을 많이 들었다. 모두 다는 아니지만 그들의 상당수는 이야기를 하는 동안에 가끔씩 주머니에 손을 넣는다. 브라이언, 촌시 M. 데퓨 상원의원도, 루즈벨트도 그랬다. 디즈레일리 영국 수상처럼 까다로운 사람도 이 유혹을 이겨내지는 못했다. 그랬다고 해서 하늘이 무너지는 것도 아니고, 내가 아는 한 다음 날 아침에도 여전히 태양은 떠올랐다. 만약 이야기할 만한 가치가 있고 확고한 신념을 가지고 있다면 손발을 어떻게 하든 영향을 받지 않는다. 머릿속이 어지럽고 마음이 산만할수록 이런 이차적이고 사소한 것들이 매우 중요하게 여겨진다.

　결국 이야기를 하는 데 있어서 가장 중요한 것은 심리적인 측면이지 팔과 다리의 위치가 아니다.

8. 어설픈 흉내만큼 우스꽝스러운 것이 없다

　여기서는 남용하기 쉬운 몸짓에 대하여 이야기하기로 하자. 내가 처음 연설을 배운 것은 중서부의 모 대학 학장에게서였다. 돌이켜 생각해보면 그의 강의는 주로 몸짓에 대한 것들이었는데, 그것은 전혀 도움이 되지 않는 것은 물론이고 오해를 초래할 수 있는 유해한 것이었다.

　나는 팔에 힘을 빼고 늘어뜨린 채 손바닥을 뒤로 향하게 하도록 가볍게 주먹을 쥐고, 엄지를 허벅지에 닿도록 하라고 배웠다. 그리고 팔을 우아한 곡선을 그리면서 들어올리고, 손목을 고상하게 흔들며 집게손가락부터 가운데손가락, 마지막에 새끼손가락 순으로 천천히 펴는 연습을 하였다. 이 우아하고 가식적인 움직임이 끝나면 다시 팔을 우아하고 부자연스러운 곡선을 그리며 허벅지 옆으로 가서 가는 것이다. 이 동작은 처음부터 끝까지 부자연스럽고 고상한 척하는 것이었다. 그 동작에는 현명함도 정직함도 없었다. 보통 사람이 절대로 하지 않을 동작을 하도록 훈련을 받은 것이다.

　나는 자신의 개성을 동작 속에 반영하거나 자연스러운

몸짓을 하라고 배우지 않았다. 또한 몸동작을 생동감 넘치게 하는 법도 배우지도 않았다. 그리고 자신을 해방시키는 것과 자발적인 행동, 가식의 껍질을 깨는 것도 배우지 않았다. 모든 동작이 타자기처럼 기계적이고 지난해의 새집처럼 생기가 없었고, 〈펀치와 쥬디 쇼〉만큼이나 우스꽝스러운 것이었다.

그것은 1902년 무렵의 일이었다. 이런 황당한 가르침이 20세기에 들어서도 여전했다는 것이 믿기지 않을 정도였다. 그러나 그런 교육은 지금도 여전히 계속되고 있다. 이전에 동부의 모 대학의 교수가 쓴 몸동작에 관한 책이 출판된 적이 있다. 이 책은 인간을 전체적으로 로봇으로 만들려고 하는지 "이 상황에서는 이 몸짓을, 또 이런 상황에서는 이렇게, 이것은 한 손으로, 저것은 양손으로, 이것은 높게, 저것은 중간정도, 또 이것은 낮게, 손가락은 이렇게 굽히고, 또 다른 손가락은 이렇게 굽혀라"라는 식으로 정해주었다. 나는 수업이 시작되기 전에 20명의 학생이 모두 같은 책을 읽고 있는 모습을 발견하였다. 같은 책을 보며 같은 동작을 하는 모습이 너무나 우스꽝스러웠다. 이런 동작은 가식적이고 기계적이라 오히려 해가 된다. 때문에 많은 사람들의 불만을 사기도 했다. 매사추세츠 주의 모 대학 학장은 최근 이런 말을 했다. "우리 대학에는 연설 수업이 없다. 왜냐하면 실용적인 수업을 본 적이 없기 때문이다." 나도 이 학장의 말에 동의한다.

몸짓에 관한 책의 90퍼센트는 종이와 잉크를 낭비할 뿐이다. 아니, 더 심하다. 책에서 배운 몸짓은 그 정도 수준으로밖에 안 보일 것이다. 몸짓은 자기 자신, 자신의 마음과 머리, 주제에 대한 관심, 자신의 관점을 타인에게 이해시키겠다는 바람, 자기 자신의 충동으로부터 우러나는 것이다. 가치가 있는 몸짓은 그 자리에서 자연스럽게 우러나는 것이다. 순간적이고 자발적인 것이지만 책 속의 수많은 규칙만큼이나 가치가 있다. 몸짓은 턱시도처럼 마음먹은 대로 몸에 걸칠 수 있는 것이 아니라 키스, 복통, 웃음, 멀미처럼 마음의 상태가 겉으로 드러나는 것에 불과하다.

또한 몸짓은 칫솔처럼 그 사람만의 것이어야만 한다. 세상에는 똑같은 사람은 있을 수가 없기 때문에 몸짓도 자연스럽게 취한다면 그 사람만의 것이 된다. 두 사람이 완전히 똑같은 몸짓을 하도록 훈련을 해서는 안 된다. 앞 장에서 연설자의 관점에서 링컨과 더글러스 의원의 차이를 알아보았다. 키가 크고 부자연스럽지만 사려 깊은 링컨이, 빠른 말투에 성급하고 세련된 더글러스의원과 똑같은 몸짓을 하고 있는 모습은 상상만 해도 우스꽝스럽다.

링컨의 전기를 쓴 변호사 시절의 동료 헌든은 이렇게 말했다.

링컨은 손보다는 머리를 이용했다. 그는 머리를 자주 썼는데, 이리저리로 힘차게 흔들었다. 그 움직임은 그가 자신의 주장을 강조하기 위해 매우 중요했다. 인화성 물질에 전기 불꽃을 튀게 했을 때처럼 갑자기 움찔하는 경우도 있었다. 다른 웅변가들처럼 손을 크게 휘두르는 일은 거의 없었다. 그는 무대효과를 노리지 않았다. 연설을 하면서 몸을 움직이고 있을 때는 자유롭고 차분하게 동작에 변화를 주었다. 그런 그의 모습은 우아해 보였다. 대단히 자연스럽고 강한 개성을 엿볼 수 있었다. 그런 그의 모습에서는 위엄을 느낄 수 있었다. 그는 화려한 것, 속임수, 형식에 얽매이는 것을 경멸했다.

청중들의 머릿속에 자신의 사상을 심어주려고 할 때는 그의 길고 앙상한 오른손 손가락에는 의지와 강조가 담겨 있었다. 또한 기쁨과 쾌감을 표현하기 위해 좋아하는 사람을 껴안듯이 손바닥을 위로 하여 양손을 약 50도 각도로 들어올리기도 했다. 그가 혐오하는 것, 예를 들어 노예제도의 폐지를 호소할 때는 양손을 들어 주먹을 강하게 쥐고 팔을 휘두르면서 혐오감을 최대로 강조했다. 이것은 그의 가장 효과적인 몸짓 중 하나로 '혐오의 대상을 끌어내려 때려 부수겠다'는 굳은 의지를 생생하게 보여주었다. 그는 언제나 발끝을 모으고 당당하게 섰다.

결코 한쪽 발이 앞으로 삐져나오는 경우가 없었다. 무언가를 만지거나 기대는 일도 없었다. 서 있는 위치와 자세의 변화도 거의 없었다. 소리를 지르거나 단상 위를 돌아다니는 일도 없었다. 팔을 편하게 하기 위해 엄지를 위로 하여 왼손으로 양복 깃을 살짝 잡고 오른손은 자유롭게 몸짓을 할 수 있도록 하고 있는 경우가 많았다.

세인트 고든스는 이런 링컨을 모델로 동상을 만들었고, 그 동상은 시카고의 링컨 공원에 세워졌다.

이것이 바로 링컨만의 방식이다. 루즈벨트는 훨씬 강력하고, 격렬하고, 활발하게 얼굴 전체에 감정을 드러냈고, 주먹을 쥔 채 온몸으로 표현하였다. 브라이언은 자주 손바닥을 펼치고 손을 활짝 펼쳐보였다. 글래드스톤은 자주 테이블을 두드리거나 손바닥을 서로 마주치고, 발로 바닥을 굴러 쿵쿵 소리를 냈다. 루즈베리 경은 오른손을 들었다가 힘껏 아래로 휘둘렀다. 그러나 연설자의 사상과 확신에는 무엇보다도 힘이 실려 있었다. 그것이야말로 몸짓을 강력하고 자발적인 것으로 만들어 주는 것이다.

자발성…, 활력…, 이것은 몸짓의 최선책이다. 버크의 몸짓은 딱딱하고 어색했다. 피트는 초보 마술사처럼 양팔로 허공을 톱질하는 듯한 동작을 했다. 헨리 어빙 경은 한쪽 다리가 불편한 탓에 기이한 몸짓을 했다. 매컬리의 연단에서의 몸짓은 왠지 불안해 보일 정도였다. 더글러스도 파넬도 마찬가지였다. 커즌 경은 케임브리지 대학에서 '의회의 웅변'에 관한 연설 중에 이렇게 말했다.

"훌륭한 연설자는 독자적인 몸짓을 하고 있다. 그리고 뛰어난 웅변가는 훌륭한 외모와 우아한 몸짓의 도움을 받고 있는데, 비록 보기 흉하고 어색해 보일지라도 그것은 큰 문제가 되지 않는다."

얼마 전 나는 유명한 집시 스미스의 설교를 들었다. 나는 수천 명이나 되는 사람들을 기독교로 인도한 그의 웅변에 마음을 빼앗겼다. 그는 많은 몸짓을 이용하였는데, 마치 숨을 쉬는 것처럼 자연스러웠다. 이것이 이상적인 몸짓의 이용 방법이다.

그리고 지금까지 말한 법칙에 맞춰 훈련만 한다면 당신도 이렇게 자연스러운 몸짓을 하고 있는 자신을 발견할 수 있을 것이다. 몸짓에 관한 규칙은 가르칠 수가 없다. 왜냐하면 모든 연설자의 성격, 준비, 열정, 개성, 주제, 청중의 상황에 따라 완전히 다르기 때문이다.

9. 책을 덮고 당신의 목소리를 들어라

여기서 잠시 도움이 될 만한 제안 몇 가지를 해보겠다.

같은 몸짓을 단조롭게 느낄 정도로 반복해서는 안 된다. 또한 팔꿈치 앞에서 짧게 움직여서는 안 된다. 단상에서는 어깨부터 움직이는 것이 훨씬 보기가 좋다. 몸짓을 너무 빨리 마무리 지어서는 안 된다. 자신의 생각을 설명하기 위해 집게손가락을 쓴다면 하나의 문장이 끝날 때까지 두려워하지 말고 그 동작을 지속해야 한다. 중간에 동작을 멈추는 사람이 많은데, 이것은 심각한 잘못이다. 때문에 강조하고자 하는 부분이 왜곡되어 작은 것을 사소한 것으로, 그리고 정말로 중요한 것이 사소하게 느껴지는 수가 있다.

실제로 청중을 앞에 두고 연설을 할 때는 자연스럽게 나오는 몸짓만으로도 충분하다. 그러나 연설 연습을 할 때는 필요에 따라 의도적으로 몸짓을 해보기 바란다. 제5장에서도 지적했듯이 그렇게 하면 자극을 받아 자각을 할 수 있게 되고, 결국에는 자연스럽게 몸짓이 나오게 된다. 책을 덮어라. 인쇄물 속의 활자를 통해서는 몸짓을 배울 수 없다. 당신이 이야기를 하고 있을 때의 당신의 행동은 그 어떤 위대한 지도자가 당신을 가르칠 때보다 신뢰할 수 있고 가치가 있다.

몸짓과 이야기 방법에 대하여 지금까지 설명한 것을 잊는다 하더라도 이것만은 꼭 기억해주기 바란다. 꼭 해야 할 말에 완전히 몰입하거나, 메시지를 전달하고자하는 열의로 자아를 망각하고 자연스럽게 이야기하거나 몸짓을 하게 되어 몸짓과 말투를 연구할 수 없더라도 아무도 비난을 할 수 없다. 만약 이 말을 믿을 수 없다면 누구든 옆에 있는 사람을 때려눕혀 보아라. 그 사람은 벌떡 일어나면서 마치 웅변을 하듯 열변을 토할 것이다.

다음은 이야기 방법에 대하여 내가 읽은 것 중에 최고의 격언이다.

통을 가득 채워라.

뚜껑을 열어라.

그리고 모든 것을 자연에 맡겨라.

8장의 정리

1. 카네기 공과대학에서 실시한 실험 결과, 고도의 지식보다도 성격이 비즈니스의 성공과 관계가 높다는 것이 판명되었다. 이것은 비즈니스뿐만이 아니라 연설도 해당되는 말이다. 그러나 개성이란 밝힐 수 없는 수수께끼이기 때문에 어떻게 성격을 고쳐야 하는지 가르칠 수 없는 것이다. 그러나 이 장에서 제안한 대로 따른다면 최고의 상태로 단상에 설 수 있다.

2. 피곤한 상태로 연설을 해서는 안 된다. 휴식을 취하여 기운을 회복하고, 에너지를 충전하라.

3. 연설을 하기 전에는 식사를 자제하는 것이 좋다.

4. 에너지를 소모하는 일을 해서는 안 된다. 에너지에는 자력이 있다. 들새가 밀밭에 모여들 듯이 사람들은 에너지 넘치는 연설자 주변으로 모여든다.

5. 복장은 깔끔하고 매력적으로 입자. 단정한 복장을 하고 있다고 생각하면 자존심이 높아지고 자신감이 생긴다. 만약 연설자가 헐렁한 바지에 더러운 구두, 헝클어진 머리를 하고 코트 주머니에 만년필이 꽂혀 있다면 그 사람이 자신에게 경의를 표하지 않는 것과 마찬가지로 청중들도 그 사람에게 경의를 표하지 않는다.

6. 미소를 지어라. 연설이 할 수 있어 기쁘다는 표정으로 청중들 앞에 서라. 오버스트리트 교수는 이렇게 말했다. "유유상종이다. 연설자가 청중에게 관심을 갖고 있다면, 청중들도 연설자에게 흥미를 가질 것이다. 연설자가 노려보면 청중들 또한 연설자를 노려볼 것이다. 연설자가 불안해하며 우물 거리면 청중들은 연설자를 신뢰하지 않을 것이다. 연설자가 거만한 태도로 이야기하면 청중들은 자신을 지키려 할 것이다. 연설자는 연설을 하기 전부터 평가를 받는 경우가 많다. 그러므로 따뜻한 반응을 끌어낼 수 있는 태도로 청중들을 접해야만 한다."

7. 청중들을 한 곳으로 모아라. 어떤 청중이든 간에 흩어져 있으면 영향을 줄 수 없다. 큰 방에 여기저기 흩어져 앉아 있을 때는 의문을 품거나 반대를 하지만, 한 곳에 모여 앉아 있다면 박수를 치거나 인정하기도 한다.

8. 소수의 사람을 상대로 이야기를 할 때는 작은 방에 모아라. 단상에는 올라가지 말고 청중들과 같은 위치에서 이야기를 하라. 형식에 구애받지 말고 친근하게 대화를 하듯이 이야기하라.

9. 방 안 공기를 신선하게 유지하라.

10. 단상을 빛으로 밝게 하라. 당신의 모습이 보일 수 있도록, 빛이 당신의 얼굴에 비추도록 조명 앞에 서라.

11. 비품 뒤에 서지 마라. 테이블과 의자는 옆으로 치워두기 바란다. 단상에 쌓아올려진 게시물과 의자들은 미리 치워라.

12. 단상 위로 내빈을 올라오게 하면 그들은 반드시 무슨 동작인가를 한다. 청중들은 그들의 작은 움직임에도 시선을 빼앗긴다. 청중들은 움직이는 사물이나 동물, 사람에게 시선이 끌리기 마련이다. 따라서 그런 문젯거리를 만들지 마라.

13. 의자에 깊숙이 앉아서는 안 된다. 다리로 의자의 위치를 확인하고 몸을 꼿꼿이 세운 채로 조용히 앉아라.

14. 차분하게 서 있어라. 신경질적인 동작을 해서는 안 된다. 그런 동작은 약하다는 인상을 심어준다. 당신의 존재감을 높여줄 수 있는 움직임이 아닌 것은 모두 주의를 산만하게 한다.

15. 양팔을 가볍게 옆구리를 따라 내려라. 그곳이 가장 이상적인 장소이다. 그러나 양 팔을 뒷짐을 지거나 주머니에 넣는 것이 편안하다면 그렇게 해도 상관이 없다. 자신이 말하고 있는 내용으로 머리와 마음이 가득 차 있다면 그런 사소한 것은 아무 문제도 되지 않는다.

16. 책에서 몸짓을 배워서는 안 된다. 충동에 의한 몸짓을 하라. 자발성과 활기, 자연스러움은 몸짓에서 없어서는 안 될 요소들이다. 연구를 통해 밝혀진 우아함과 따라야 할 규칙은 불필요하다.

17. 몸짓을 할 때는 하나의 몸짓을 단조롭게 반복해서는 안 된다. 팔꿈치 앞쪽만으로 짧은 동작을 해서는 안 된다. 자신의 생각과 동작의 최고조에 달할 때까지 계속 동작을 유지하라.

Part 09

연설은 어떻게 시작할 것인가

How to Open a Talk

"당신이 경험이 많은 연설가 모임에 들어간다면, 그중에 누군가가 제대로 된 연설의 구성 방법에 대해 이렇게 이야기할 것이다. '처음과 끝만 잘 하면 된다. 그리고 중간 내용은 적당히 채우기만 하면 된다.'"

―빅터 머독

"연설을 하는 데 있어서 가장 중요한 것은 시작이다. 연설에 있어 청중들의 마음을 사로잡는 것만큼 어려운 것이 없다. 거의 대부분은 첫인상과 연설의 도입 부분에 달려 있다. 처음 몇 마디 말로 청중을 사로잡을 수 있는 성패가 달려 있다."

―럭우드 솝, 『대중 연설 투데이』

"황금률은 명확하다. 가능한 빨리 주제의 핵심을 말하라. 반드시 이 규칙을 따르기 바란다. 미사여구의 유혹을 이겨내기 바란다. 무슨 일이 있어도 절대로 사과해서는 안 된다. 간단명료하게 핵심을 찔러라. 연설문을 작성할 때는 기사를 쓸 때와 마찬가지로 서두를 삭제해버리는 경우가 많다. 자신이 생각했던 서두의 끝부분부터 이야기를 시작하라."

―시드니 F. 웍스, 『비즈니스맨의 대중 연설』

"인간은 자신의 본 모습의 절반밖에 자각하지 못한다. 다시 말해서 육체적, 정신적 자원의 극히 일부밖에 쓰지 않고 있다. 대부분의 인간은 자신의 한계에 훨씬 못 미치는 삶을 살고 있다. 인간에게는 쓰지 않고 잠들어 있는 능력이 있다."

―윌리엄 제임스 교수

09

연설을 어떻게
시작할 것인가

나는 이전에 노스웨스턴 대학의 총장이었던 린 해럴드 호우 박사에게 오랜 강연의 경험을 통해 제일 중요한 것이 무엇이냐고 물은 적이 있었다. 그는 잠시 생각에 잠겼다가 이렇게 대답해주었다. "청중들의 시선을 바로 끌 수 있는 인상적인 처음 몇 마디이지." 그는 연설을 하기 전에 항상 처음과 맺음말을 신중하게 준비했다. 존 브라이트, 글래드스톤, 웹스터, 링컨도 모두 마찬가지였다. 상식과 경험이 있는 연설자라면 누구나 그렇게 하고 있다.

그러나 초보자는 이 점을 간과하기 십상이다. 준비에 많은 시간을 들이며 공을 들여야 하기 때문에 의지가 강해야 한다. 생각을 한다는 것은 힘든 작업이다. 토마스 에디슨은 조슈어 레이놀즈 경의 이 말을 적어 자신의 공장 벽에 걸어 두었다.

"인간은 생각한다는 힘든 노동을 피하기 위해 온갖 수단을 동원한다."

초보자는 대부분 자신의 영감에 의존을 한다. 그리고 결론적으로 다음과 같은 사실을 깨닫게 된다. '함정과 술에 빠져 잘못된 길로 빠져들었다.'

박봉의 주급으로 살았던 노스클리프 경은 대영제국에서 가장 부유하고 가장 유력한 신문사의 사장이 되었다. 그는 파스칼의 이 짧은 말이 자신의 인생에서 가장 큰 도움이 되었다고 한다.

"예견할 수 있다면 사람을 통제할 수 있다."

이것은 연설 준비를 하는 사람이라면 좌우명을 삼을 만한 뛰어난 문구이다. 머리가 맑고 자신이 할 말에 대하여 완벽하게 파악할 수 있을 때 어떻게 연설을 시작할지 생각해두어야 한다. 그리고 마지막에는 어떤 인상을 심어줄 것인지도 생각해두어야 한다.

아리스토텔레스 시대 이후 연설에 관한 책은 연설을 서론, 본론, 결론의 세 부분으로 나누고 있다. 최근까지만 해도 서론만 들어서는 빙빙 말을 돌리기만 해서 요점을 알 수가 없었다. 당시의 연설자들은 뉴스의 전달자이자 다재다능한 연예인이었다. 100년 전의 연설자는 지금의 신문, 라디오, 전화, 영화관의 역할을 하였던 것이다.

그러나 상황은 놀랄 만큼 변해 있다. 세상은 완전히 바뀌어버렸다. 온갖 발명품에 의해 과거 100년 동안 사람들의 생활양식은 눈부시게 빠른 속도로 변하였는데, 그것은 고대 바빌로니아의 벨사르나 네브카드네자르 시대 이후의 모든 시대를 합친 것보다도 빠르게 변하였다. 자동차, 비행기, 라디오 등이 발명되면서 그 속도는 더욱 빨라졌다. 그리고 연설자도 빠른 시대의 흐름을 따라야만 한다. 서론을 이야기할 때는 광고 문구처럼 간단명료해야 한다. 현대의 청중들은 대부분 이런 생각을 하고 있다.

'뭐, 할 말이 있는 건가? 알았으니 짧게 합시다. 짧게 사실만 말하고 빨리 앉아주시오.'

우드로 윌슨이 의회에서 '잠수함에 의한 전투의 최후통첩'에 관한 대단히 중대한 연설을 했을 때, 다음과 같이 매우 간결하게 요점을 말해서 청중들의 주목을 끌었다.

"우리나라의 외교관계에 문제 상황이 발생했습니다. 나

는 그것에 대하여 솔직하게 알려야 할 의무가 있다고 생각합니다."

찰스 M. 슈왑은 뉴욕 펜실베이니아협회에서 연설에서 다음과 같이 간결한 말로 바로 요점으로 들어갔다.

"지금 미국 시민의 최대 관심사는 '이 불황이 무엇을 의미하는지, 앞으로 어떻게 될지' 입니다. 나 자신은 낙관하고 있습니다."

내셔널 캐시 레지스터사의 영업부장은 이렇게 연설을 시작했다. 서론은 짧고 알기 쉬웠으며, 힘이 실려 있었다.

"주문을 받는 여러분은 공장의 굴뚝에서 계속해서 연기가 나도록 해주기 바랍니다. 올 여름 들어 두 달 동안 굴뚝에서 나온 연기는 하늘을 오염시킬 수준이 못됩니다. 이제 정체기는 끝났고 경기가 회복되고 있습니다. 이 점에 대해 여러분들에게 짧게 부탁하고 싶습니다. 부디 굴뚝에서 나오는 연기의 양을 늘려주기 바랍니다."

그러나 경험이 적은 연설자들이 과연 이렇게 간단명료하게 이야기를 시작할 수 있을까? 솔직히 말해 기대하기 어렵다. 경험이 짧은 연설자의 대부분은 다음 두 가지 중에 한 가지 방법으로 이야기를 시작한다. 그러나 이 두 가지 다 방법적으로 문제가 있다. 과연 어떤 문제점이 있는지 알아보기로 하자.

1. 초보자가 실패하기 쉬운 연설의 서두

초보 연설자들은 대부분 안타깝게도 재미있는 이야기를 해야만 한다고 착각을 하고 있다. 선천적으로 백과사전처럼 진지하여 가벼운 느낌이 전혀 들지 않는 사람이 일어서서 연설을 시작하려고 하면 마치 마크 트웨인이 빙의를 한 것처럼 이야기를 해야 한다고 여기는 것이다. 때문에 특히 만찬 석상 등에서의 연설에는 더더욱 재미있는 이야기로 시작을 하려고 한다. 그 결과는 어떨까? 틀림없이 이 초보 철물 판매업자의 말투는 사전을 읽는 것처럼 딱딱하게 느껴질 것이다. 그의 이야기가 절대로 호감을 살 수 없을 것이다. 불후의 명작 『햄릿』의 명대사를 빌려 말하자면. "따분하고, 진부하고, 단순하여 아무런 도움도 되지 않는 헛소리다."

만약 쇼에서 돈을 지불한 사람들을 대상으로 이런 실패를 반복한다면 돈을 돌려달라는 야유를 받을 것이다. 그러나 연설자의 말에 귀를 기울이는 청중들은 대단히 동정심이 많아 두세 번 정도는 웃어줄지도 모르지만, 마음속으로는 재미있게 이야기를 하고 있다고 생각하는 연설자의 실수를 불쌍하게 여기고 있다. 청중들의 입장에서는 마음이 불편하다. 아마 독자 여러분도 이런 실패를 몇 번이고 목격해왔을 것이다. 실제로 나 또한 자주 접해본 바 있다.

연설을 하는 데 있어 필요한 모든 능력 중에서 청중들을 웃게 하는 능력만큼 어려운 것이 없고, 또한 실제로 그런 능력을 가진 사람은 많지 않다. 유머는 타이밍이 생명이며, 그것은 개성이나 성격에 따른 문제이다. 선천적으로 유머를 타고 났는가는 갈색 눈으로 태어났는가와 마찬가지 문제이다. 후천적으로는 어떻게 할 방법이 없다.

이야기 자체가 웃음을 유발하는 것이 아니다. 남을 웃게 할 수 있는가는 어떻게 이야기하는가에 달려 있다. 마크 트웨인을 유명하게 만들어준 연설문을 그대로 읽는다고 해도 십중팔구는 실패를 할 것이다. 일리노이 주의 제8 사법구의 술집에서 링컨이 하는 이야기를 듣기 위해 몇 킬로미터 떨어진 곳에서 일부러 찾아와 밤새 듣곤 했다고 한다. 이 모습을 목격한 사람의 이야기에 의하면 현지인들은 그의 이야기를 듣고 "박수갈채를 보내며 벌떡 일어나 의자에서 넘어졌다"고 할 정도였다. 그 이야기를 가족들에게 들려주고 웃음을 자아낼 수 있는지 직접 확인해보기 바란다. 링컨이 사람들의 배꼽을 쏙 뺐다는 이야기이다. 한 번 시험해보자. 단, 청중들 앞에서가 아니라 친구나 가족들 앞에서 시험해보기 바란다.

일리노이 주 벌판의 진흙투성이 길을 따라 밤늦게 집으로 돌아가고 있는 여행자가 폭풍우를 만났다. 캄캄한 밤, 하늘에서는 댐이 무너진 듯이 폭우가 쏟아지고 있다. 성난 천둥은 다이너마이트를 터뜨린 것처럼 구름을 찢어놓았다. 번개가 번쩍이면서 나무들이 쓰러지는 모습이 보였다. 벼락소리는 귀를 멀게 할 정도였다. 벼락소리는 이 불쌍한 사내가 지금까지 들어본 적이 없을 정도로 무시무시하였고, 결국 그는 무릎을 꿇고 말았다. 기도라고는 한 전이 없던 그였지만 이렇게 기도했다. "오오, 하느님"이라 울부짖으며 "당신께 큰 차이가 없다면, 좀 더 밝게 비춰주십시오. 그리고 조금만 소리를 줄여주십시오."

당신이 행복하게도 유머 능력을 타고난 운이 좋은 사람일지도 모른다. 만약 그렇다면 어떻게 해서든 유머 감각을 계발하기 바란다. 그러면 어디서 이야기를 하던 큰 환영을 받을 것이다. 그러나 다른 방향에 재능이 있다면 촌시 M. 데퓨의 흉내를 내는 것은 어리석은 짓이고, 데퓨에게도 피해를 주는 일일 것이다.

데퓨와 링컨, 잡 헤지스의 연설을 연구해보면 그들이 특히 서두에서 별 말을 하지 않는다는 사실에 놀라게 될 것이다. 에드윈 제임스 커텔은 내게 절대로 단순하게 사람들을 웃기기 위해서 우스꽝스러운 이야기를 하지 않는다고 말했다. 우스꽝스러운 이야기는 주제와 관련된 요점을 설명할 필요가 있을 때만 한다고 말했다. 예를 들자면, 유머는 케이크 위에 뿌려진 설탕이나 빵 사이에 바른 초콜릿이어야지 케이크 자체는 아니다. 미국에서 유머러스한 연설가로 유명한 스트릭랜드 질리랜은 처음 3분 동안은 우스꽝스러운 이야기를 하지 않는다고 한다. 그것이 현명한 것이라면 우리도 그것을 본받아야 할 것이다.

그렇다면 반대로 서두를 무겁고, 거창하고, 장엄하게 해야 하는 것일까? 결코 그렇지 않다. 가능하다면 그 지역과 관련된 이야기, 그 자리에 어울리는 이야기, 다른 연설자의 소문 등으로 살짝 웃음을 자극하는 것이다. 모순된 점을 찾아내 그것을 과장되게 말하는 것이다. 자신만의 독특한 유머 코드는 잘 알려진 진부한 농담보다도 훨씬 성공할 가능성이 높다.

웃음을 유도하는 가장 간단한 방법은 자신을 농담거리로 삼는 것이다. 당혹스러워하는 자신의 모습을 우스꽝스럽게 이야기하는 것이다. 이것이야말로 유머의 본질이다. 에스키모는 다리가 부러진 사람을 보고도 웃는다. 중국인은 2층에서 떨어져 죽은 개를 보고도 웃는다. 우리 미국인들은 그들보다 동정심이 많지만 바람에 날리는 모자를 잡으러 쫓아가는 사람이나, 바나나 껍질을 밟고 넘어진 사람을 보면 입꼬리가 살짝 올라간다.

서로 어울리지 않는 이야기들을 조합해서 청중들을 웃기는 것은 누구나 할 수 있다. 예를 들어 한 신문기자는 이렇게 해서 웃음을 이끌었다. "나는 아이들과 쓸데없는 소리와 민주당원을 싫어한다."

노벨문학상을 탄 루디야드 키플링이 영국에서 정치 강연을 했을 때, 다음과 같은 이야기로 청중들의 웃음을 자아냈다는 것에 주목하기 바란다. 그는 만들어낸 이야기가 아니라 자기 자신의 경험을 농담 삼아 재미있게 이야기해주었다.

여러분, 나는 젊은 시절 인도의 신문사에 근무하면서 범죄에 관한 기사를 썼습니다. 그 일은 정말 재미있었습니다. 왜냐하면 위조범, 횡령범, 살인범 등, 그 방면에서 제일 유명한 사람들과 사귈 수 있었기 때문입니다.(웃음) 나는 그들의 재판기사를 쓴 뒤에 복역 중인 친구들을 만나기 위해 교도소로 출퇴근을 했습니다.(웃음) 나는 살인죄로 무기징역을 언도받은 사람을 기억하고 있습니다. 그는 똑똑하고 언변이 뛰어난 친구인데, 자신의 인생에 대하여 이렇게 말해주었습니다. "한 번 잘못 든 길은 계속해서 여러 가지 문제가 발생했고, 결국 제대로 된 길을 다시 가기 위해서는 한 사람이 없어져야 했던 겁니다."(웃음) 이건 마치 내각의 현재 상태와 마찬가지네요.(웃음과 박수

갈채)

월리엄 하워드 테프트로 메트로폴리탄 생명보험회사 중
역들의 연례 만찬 모임에서 이런 유머가 오갔다. 유머인
동시에 청중들에게 듣기 좋은 아부를 하고 있다는 점이 특
히 뛰어나다.

메트로폴리탄 보험회사의 사장님과 임직원 여러분. 9개월 전
에 저는 고향에서 어떤 사람의 만찬 연설을 들었습니다. 그는
연설에 불안함을 느껴 친구에게 상담을 하였다고 합니다. 그
친구는 만찬 연설의 경험이 많은 사람으로 이렇게 조언을 해주
었다고 합니다. 만찬 연설에서 최고의 청중은 총명하고 교양이
있지만 반쯤 취해 있는 사람이라고요.(웃음과 박수) 내가 보기
에 여러분이야말로 최고의 청중들입니다. 하지만 '반쯤 취해
있어야 한다' 는 세 번째 요소는 부족하군요.(박수) 그리고 메트
로폴리탄 생명보험사의 정신이야말로 그것을 대신해줄 수 있
는 것이라고 생각합니다.(계속되는 박수갈채)

사과하는 말로 시작하지 말라

초보자가 연설의 서두에서 저지르는 두 번째 큰 실수는
사과를 하는 것이다.

"저는 훌륭한 연설자는 되지 못합니다만…."

"말할 준비를 하지 못했는데…."

"하고 싶은 말이 없는데…."

이런 말을 절대로 해서는 안 된다. 이것은 키플링의 시 첫 구절처럼 "더 이상 가는 것은 의미가 없다"는 의미가 된다. 이렇게 시작을 한다면 청중들도 그렇게 생각하고 말 것이다.

어쨌거나 준비가 되어 있지 않다는 것을 굳이 말하지 않아도 아는 사람은 다 알 수 있다. 그러나 알아차리지 못하는 사람도 많다. 그런데 굳이 그런 사람들에게까지 준비를 하지 않았다는 것을 알려야만 하는가? 어째서 청중들에게 준비할 가치가 없었는가 하는 생각을 들게 하여 스스로 무덤을 파는 것일까? 왜 이전에 생각했던 것으로 대충 때우려고 하고 있다는 생각을 들게 하는가? 그런 일을 절대 해서는 안 된다. 청중들은 변명 따위를 듣고 싶어 하지 않는다. 청중들은 무언가 배우고 싶어 하고, 흥미를 충족시키기 위해 모인 것이다. 이 점을 절대로 잊어서는 안 된다.

청중들 앞에 나서면 당연히 주목을 받게 된다. 그 상태를 5초 이상 유지하는 것은 어려운 일이 아니다. 그러나 그 상태를 다시 5분 동안 유지하는 것은 매우 어려운 일이다. 시선을 끌지 못하게 되었다가 다시 원상태로 되돌리는 것은 두 배는 더 어렵다. 따라서 연설 서두부터 흥미로운 이야기를 해주어야 한다. 두 번째도 세 번째도 아니라 시작하자마자 말이다.

그럼 어떻게 하면 좋을까? 분명 쉽지 않은 일이다. 게다가 아무리 가르쳐주고 싶어도 알기 쉽게 설명을 할 수는 없을 것이다. 왜냐하면 당신 자신, 청중, 주제, 현장의 상황에 따라 다르기 때문이다. 그러나 이 장에서 앞으로 다룰 실례와 제안을 통해 자신에게 가치가 있는 것을 찾아내기 바란다.

2. 먼저 청중들의 호기심을 자극하라

다음은 호웰 힐리가 필라델피아의 펜 에쓸레틱 클럽에서 했던 연설이다. 당신의 흥미를 끄는가를 한번 보자.

82년 전, 대략 이맘때쯤에 런던에서 작은 책이 출판되었습니다. 그것은 불후의 명작으로 남을 소설이었지요. 많은 사람들이 '세상에서 제일 훌륭한 작은 책'이라 불러주었습니다. 그 책이 처음 서점에 진열되었을 때, 사람들은 거리에서 친구들을 만날 때마다 "너 그 책 읽었니?"라고 서로 묻고, "물론, 읽었지. 저자에게 축복이 있기를"이라고 대답했습니다.

출판된 당일에 1000부가 판매되었고, 2주 만에 1만 5000부가 팔렸습니다. 그 뒤로 셀 수 없을 정도로 많이 인쇄가 되었고, 세상 모든 나라의 언어로 번역이 되었습니다. 2, 3년 전에 J. P. 모건은 그 초판본을 엄청난 돈을 내고 사기도 했습니다. 그 책은 그가 자신의 서재라고 부르는 뉴욕의 훌륭한 미술관에 다른 보물들과 함께 전시되어 있습니다.

이 세계적으로 유명한 책은 과연 무엇일까요? 바로 디킨스의 『크리스마스 캐롤』입니다.

훌륭한 시작이었다. 청중들의 주의를 끌면서 이야기가 진행될수록 흥미를 끌었다. 왜일까? 그것은 청중들의 호기심을 자극하고 유지할 수 있었기 때문이다.

호기심의 영향을 받지 않는 사람은 없다. 나는 숲속에서 몇 마리의 새들이 호기심 때문에 내 주변을 몇 시간 동안이도 날아다니는 것을 본적이 있다. 그리고 내 지인 중에 한 사냥꾼은 알프스 고원에서 시트를 감싸고 산양의 호기심을 자극하여 유인하기도 했다. 개에게도 고양이에게도 호기심이 있다. 또한 인간을 포함한 모든 동물들에게는 호기심이 있다.

따라서 처음 한 문장으로 청중들의 호기심을 자극하기 바란다. 그러면 청중들의 주의를 끌 수 있을 것이다. 나는 로렌스 대령의 아라비아 모험에 대한 이야기를 할 때 이렇게 시작을 한다.

로이드 조지는 로렌스 대령은 현대의 가장 낭만적이고 그림이 되는 인물 중에 한 사람이라고 합니다.

이 모험에는 두 가지 장점이 있다. 먼저 저명인사의 이야기에는 항상 주목을 한다는 것이다. 두 번째는 그 이야기가 호기심을 자극한다는 것이다. 이 이야기를 들은 사람은 "어째서 낭만적이라는 걸까?", "왜 그림이 된다는 걸까?"라고 생각하게 된다. 혹은 "그런 이름은 들은 적이 없는데, 대체 어떤 사람일까?"라고 생각할 수도 있다.

로웰 토마스가 토마스 로렌스 대령에 대하여 말할 때는 이렇게 시작했다.

나는 어느 날, 예루살렘의 기독교 거리를 걷다가 한 남자와 만났는데, 그는 동양의 군주들이 입는 것 같은 장엄한 옷을 입고 있었고 허리에는 예언자 모하메드의 자손들에게만 허락된 황금 칼이 걸려 있었다. 그러나 그 사람은 아무리 봐도 아랍인으로는 보이지 않았다. 아랍인이었다면 갈색이나 검은 눈이었겠지만 그의 눈은 푸른색이었다.

호기심을 자극할 만한 서두이다. 그 뒷이야기를 듣고 싶어질 것이다. 아마도 이런 생각을 하게 될 것이다. 그는 누구일까? 어째서 아랍인과 같은 모습을 하고 있었던 걸까? 그는 무엇을 했고, 그 뒤로 어떻게 되었을까?

한 수강생은 이렇게 질문을 던지며 연설을 시작했다.

지금도 17개 나라에서 노예제도를 시행하고 있다는 것을 알고 있나요?

이 서두는 호기심을 자극하는 것은 물론이고 청중들에게 충격을 안겨준다. 노예제도? 지금도? 17개 나라? 믿을 수가 없어. 어떤 나라들일까? 어디 있는 나라지?

처음에 효과적인 말로 호기심을 자극하여 그 이유를 궁금하게 만들 수도 있다. 예를 들어 한 수강생은 이런 인상적인 이야기로 시작을 하였다.

얼마 전 한 의회에서 의원 한 사람이 일어서 학교 건물에서 3킬로미터 이내에서는 올챙이가 개구리가 되는 것을 금지하는 법안을 통과시키려고 했습니다.

황당하여 웃음이 터지고 말 것이다. 농담이겠지? 무슨 그런 터무니없는 소릴. 정말일까?

"사실입니다."라고 연설자는 이야기를 계속했다.

『새터데이 이브닝 포스트』에 '조폭들과 함께' 라는 제목이 붙은 기사가 실렸다.

조폭들은 정말로 조직을 이루고 있는가? 일반적으로는 조직을 이루고 있다. 그렇다면 과연 어떤 식으로 조직을 이루고 있는가….

불과 이 몇 마디로 기자는 주제를 밝혔고, 조폭이 어떤 식으로 조직을 이루고 있는지에 대하여 독자들의 호기심을 자극하고 있다. 정말로 기가 막힐 정도이다. 사람들 앞에서 훌륭하게 이야기를 하고 싶은 사람이라면 이 잡지 기자처럼 독자의 흥미를 끌 수 있는 기술을 익혀야 할 것이다. 연설의 서두를 어떻게 하는가에 따라 연설집을 읽는 것보다 훨씬 많은 것을 배울 수 있다.

3. 체험담, 잡담부터 시작하라

해럴드 벨 라이트는 인터뷰를 할 때마다 소설에서 해마다 10만 달러를 벌고 있다고 말했다. 부스 타킹턴과 로버트 W. 챔버스도 비슷한 만큼 벌고 있다. 더블데이 페이지 앤드 컴퍼니는 진 스트랜턴 포터의 소설을 17년 동안 물을 퍼붓듯이 출판하였다. 그녀의 책은 1700만부 이상 팔렸으며 300만 달러 이상의 인세를 받았다. 사람은 소설을 읽고 싶어 한다. 이 숫자가 그것을 여실히 증명해주고 있다.

우리는 특히 연설자 자신의 경험을 토대로 한 이야기를 듣고 싶어 한다. 러셀 H. 콘웰은 '다이아몬드의 땅'이란 강연을 6000번 하여 수백만 달러를 벌어들였다.

이 위대한 연설은 어떻게 시작하였을까?

우리는 1870년에 티그리스 강을 내려가고 있었습니다. 바그다드에서 가이드를 고용하여 페르세폴리스, 니네베, 바빌론으로 갔습니다.

이처럼 마치 소설처럼 시작을 하여 청중들을 사로잡았다. 이런 서두는 실패할 확률이 거의 없다. 감동적이기 때문에 청중들은 이야기에 빠져들고 만다. 다음에 무슨 일이 벌어지는지 궁금해지는 것이다.

이렇게 소설처럼 이야기를 시작하는 방법은 이 책의 제3장에서도 활용하고 있다. 다음은 『새터데이 이브닝 포스트』에 실린 두 이야기의 도입 부분이다.

1. 권총의 날카로운 총성이 침묵을 깼다.

2. 한 사건, 그것 자체는 사소한 것이지만 그로 인해 벌어지

는 결과는 사소한 것이 아니었다. 이 사건은 7월 첫째 주에 덴버의 몬트뷰 호텔에서 일어났다. 관리인 괴벨은 이상하게 여기며 이 호텔을 포함해 여섯 개의 호텔을 경영하고 있는 스티브 패러데이에게 상담을 하였다. 당시 스티브는 이 호텔에 정기 시찰을 나와 있었다.

이 두 개의 기사의 서두에는 어떤 기능이 있다는 사실을 주목해주기 바란다. 둘 다 무언가를 향해 출발하려고 하고 있다. 호기심을 자극하고 있다. 다음 내용을 읽고 싶어진다. 좀 더 알고 싶어진다. 대체 무슨 이야기인지 알고 싶어진다.

미숙한 초보자조차 소설 기술을 활용하여 호기심을 자극할 수 있다면 이야기의 서두를 성공시킬 수 있다.

❶ 구체적인 예로 시작하라

보통은 청중들이 추상적인 이야기를 오래 참고 견디기가 힘들다. 반면에 구체적인 예를 들어 주면 훨씬 이해하기 쉽다. 구체적인 예를 들며 시작을 하자. 그러나 수강들에게 이것을 이해시키는 것은 어려운 일이다. 나는 경험을 통해 이 사실을 알고 있다. 그들은 일단 일반적인 이야기를 해야만 한다고 여기고 있다. 그러나 그것은 잘못된 생각이다. 먼저 구체적인 이야기를 하여 청중들의 흥미를 자극해 놓고 일반적인 이야기를 시작하는 것이다. 이 기술의 실례를 알고 싶다면 제5장의 서두 부분이나, 7장을 참조하기 바란다.

지금 여러분이 읽고 있는 이 장의 서두에서는 이 기술을 활용하고 있을까?

❷ 물건을 보여준다

청중들의 주의를 끄는 가장 간단한 방법은 무언가를 청중들에게 보여주는 것이다. 그러면 야만인이든, 정신병환자든, 어린아이, 원숭이, 개라도 눈길을 돌릴 것이다. 품위가 있는 청중들이라면 더욱 효과적일 것이다. 예를 들어 필라델피아의 S. S. 엘리스는 엄지와 검지로 동전을 높이 들어 올리고 이야기를 시작했다. 사람들은 당연히 그 동전을 쳐다보았다. 그런 다음 그는 이렇게 질문을 하였다.

"거리에서 이런 동전을 주운 분이 없나요? 이 동선을 발견한 행운아에게는 ○○부동산 개발의 한 구역을 무료로 받을 수 있다는 광고가 있습니다. 광고주에게 가서 이 동전을 보여주기만 하면 되는 겁니다."

그런 다음 엘리스는 이렇게 사람의 마음을 현혹시키는 비윤리적인 상술을 맹비난하기 시작하였다.

엘리스의 이야기 서두에는 또 하나 훌륭한 점이 있다. 그것은 처음에 질문을 던졌다는 것이다. 청중들에게 연설자와 함께 생각을 하게 함으로써 청중에게 협조를 하게 만든 것이다.

『새터데이 이브닝 포스트』의 "조폭은 정말로 조직되었을까? 조직되었다면 어떤 식으로"의 처음 세 문장 속에 두 개의 질문이 들어 있다는 것을 주목하기 바란다. 이처럼 '질문과 대답'을 함께 사용하는 것은 청중들의 마음을 열기 위한 가장 확실한 방법이다. 다른 방법이 잘 통하지 않을 때는 항상 이 방법을 활용하라.

❹ 저명인사가 했던 질문으로 시작하라

저명인사의 말은 항상 주목을 받고 있다. 따라서 서두에서 잘만 인용한다면 그 이상의 것이 없다. 다음은 경영의 성공에 관한 연설의 서두이다.

"세상에는 돈과 명예를 동시에 가져다주는 것이 딱 하나 있다"라고 앨버트 허버드가 말했습니다. 그리고 이런 이야기도 했습니다. "그것은 솔선수범이다. 그런데 솔선수범이란 게 대체 무얼까? 그것은 누가 시키지 않아도 스스로 옳다고 여기는 것을 하는 것이다."

이 글은 처음 문장에서 호기심을 자극하고 있다. 청중을 앞으로 밀어붙이면서 이야기를 더 듣고 싶게 만든다. 연설자가 "앨버트 허버드가 말했다"라는 말 뒤에 적당한 시간의 틈만 둔다면 청중들은 신경이 쓰일 것이다.

그게 대체 뭐라는 거야? 빨리 알고 싶으니 어서 말해줘! 찬성하지 않을 수도 있지만 무슨 말인지 한번 들어보기나 하자고.

두 번째 문장은 청중들을 문제의 핵심으로 끌어들이고 있다. 세 번째 문장은 질문으로 청중들을 토론에 참가시키고, 생각하게 하여 무언가를 하게끔 만들고 있다. 청중들은 스스로 무언가를 하고 싶어진다. 네 번째 문장은 '솔선수범'을 정의하고 있다. 그런 다음 연설자는 '솔선수범'의 구체적인 예를 재미있는 이야기로 들어주고 있다. 연설의 구성을 이렇게 한다면 무디(신용평가기관)도 AAA라고 평가할 것이다.

❺ 주제를 청중들의 최대 관심사와 연관 지어 이야기를 진행하라

청중들이 관심을 가지고 있는 이야기와 연관이 있는 내

용부터 이야기를 진행하라. 이야기를 시작하는 가장 좋은 방법 중에 하나이다. 그러면 확실하게 주의를 끌 수 있다. 사람이라면 누구나 자신과 관계가 있는 이야기에 흥미를 갖게 마련이다.

이것은 상식이다. 그러나 이 상식을 실제로 활용하는 사람은 많지 않다. 예를 들어 최근에 나는 어떤 사람이 정기 건강검진의 필요성에 대하여 이야기하는 것을 들은 적이 있다. 그는 어떤 식으로 이야기를 했을까? 처음에 '장수연구소'의 역사에 대해 말해주고, 그 기관과 그곳에서 제공하고 있는 서비스를 소개하였다. 빵점에 가까운 방법이었다. 청중들은 어디에 있는지도 모르는 회사에는 전혀 관심이 없다. 흥미가 있는 것은 오로지 자기 자신뿐이다.

이 기본적인 사실을 왜 인정하지 않는 걸까? '장수연구소'가 청중들과 중요한 연관성이 있다는 것을 왜 밝히지 않은 것일까? 이렇게 이야기를 했다면 어땠을까?

생명보험 통계표에 따르면 당신의 수명이 얼마나 되는지 아십니까? 보험 통계학자의 말에 의하면 당신의 추정 수명은 현재 연령과 80세 사이의 3분의 2입니다. 예를 들어 당신이 35살이라면 현재의 나이와 80살의 차는 45살입니다. 다시 말해서 3분의 2인 30년이 당신의 남은 인생이 되는 겁니다. 그만큼만 살면 충분한가요? 아니겠죠, 더 오래 살고 싶을 겁니다. 하지만 이런 통계표는 수백만의 기록을 바탕으로 한 것입니다. 그렇다면 예상 수명보다 더 살 가망성이 없을까요? 있습니다. 적절한 예방을 한다면 가능합니다. 그리고 그 첫 걸음이 바로 철저한 건강진단에 있는 것입니다.

이렇게 이야기한 다음에 정기건강검진이 필요한 이유를 자세히 설명해준다면 청중들은 그런 서비스를 제공하고 있는 회사에 흥미를 가질 수도 있을 것이다. 그러나 남의 이야기처럼 이 회사에 대하여 이야기를 한다면 그 시점에서 바로 흥미를 잃고 마는 것이다.

또 한 가지 예를 들어보자. 작년에 나는 한 수강생이 숲을 보전해야 할 위급성에 대한 이야기를 들은 적이 있다. 그는 이렇게 이야기를 시작했다.

"우리 미국인들은 천연자원에 자부심을 가져야 합니다."

이 문장에서는 우리가 변명의 여지없이 산림을 헛되이 낭비하고 있다는 것을 지적하고 있다. 그러나 서두가 너무 평범하고 힘이 없어 제대로 전달이 되지 않는다. 그는 주제가 우리에게 얼마나 중요한지를 인식시키지 못했다. 청중들 중에는 인쇄업자가 한 명 있었다. 그 사람에게 있어서 숲의 파괴는 너무나도 현실적인 일이었다. 은행원도 한 명 있었다. 전체적인 번영에 영향을 끼치기 때문에 그에게도 영향을 미칠 것이다. 그렇다면 이렇게 이야기를 시작했으면 어땠을까?

내가 이야기하고자 하는 주제는 애플비 씨에게도, 그리고 소울 씨를 포함한 여러분들의 일에도 직접적인 영향이 있습니다. 그리고 어느 정도는 우리의 먹는 것과 집값에도 영향을 끼칩니다. 우리 모두의 복지와 번영에 관계가 있는 것입니다.

이렇게 이야기를 했다면 삼림보호의 중요성을 과장하는 것이 될까? 그렇게 생각하지는 않는다. 그것은 "그림을 크게 그려 조심을 하게 해라"라고 한 앨버트 허버드의 지시를 따른 것에 불과하다.

4. 충격적인 사실을 처음부터 던져라

자신의 이름을 딴 정기 간행물의 창시자 S. S. 매클러는 "훌륭한 잡지기사는 충격의 연속이다"라고 말했다.

그것은 우리를 꿈에서 깨어나게 해준다. 왜냐하면 우리의 시선을 끌기 때문이다. 실례를 들어보자. 볼티모어 시의 N. D. 발렌타인은 '라디오의 위대함'이라는 제목으로 이렇게 연설을 시작하였다.

뉴욕에서 파리가 유리창을 걸어가는 소리를 라디오에서 방송하고, 그 소리를 중앙아프리카에서 마치 나이아가라 폭포의 굉음을 듣는 것처럼 들을 수 있다는 사실을 알고 있나요?

해리 G. 존스사의 사장인 해리 G. 존스는 '범죄의 상황'이라는 제목으로 이렇게 연설을 시작했다.

미국의 대법원장인 윌리엄 하워드 태프트는 이렇게 말했습니다. "우리나라가 형법의 집행 방식은 문명에 대한 수치이다."

여기에는 두 가지 장점이 있다. 충격적인 것은 물론이고 사회적으로 권위가 있는 사람의 말을 인용했다는 점이다. '낙천주의 클럽' 의 필라델피아 지부장 폴 기본스는 범죄에 관한 연설을 이렇게 주의를 끌며 연설을 시작했다.

미국인들은 세계 최악의 범죄자입니다. 내가 이런 말을 해서 놀랄지 모르겠지만, 이것은 사실입니다. 오하이오 주 클리블랜드 시는 런던 전체의 6배나 살인사건이 많습니다. 인구비율을 따진다면 강도가 런던의 170배나 많습니다. 해마다 클리블랜드 시에서 강도를 당하는 숫자는 잉글랜드, 스코틀랜드, 웨일스를 합친 것보다 많습니다. 해마다 잉글랜드와 웨일스의 통계보다 많은 사람들이 센트럴 시티에서 살해당하고 있습니다. 뉴욕 시의 살인 사건이 프랑스, 독일, 이탈리아, 영국 전체를 합친 것보다 많습니다. 그러나 안타깝게도 범죄자들은 제대로 처벌을 받고 있지 않습니다. 살인을 저지르고도 처형되는 확률보다는 암으로 죽을 확률이 10배나 높습니다.

이 연설의 서두는 제대로 되어 있다. 왜냐하면 기본스의 말에는 충분한 힘과 열정이 담겨 있기 때문이다. 단어 하나하나가 생생하게 살아 숨을 쉬고 있다. 그러나 나는 다른 수강생이 똑같은 실례를 이용해서 범죄 상황에 대하여 이야기한 것을 들은 적이 있다. 그러나 그들의 연설 서두는 너무나 평범했다.

왜일까? 그들의 연설 구성에는 문제가 없었다. 그러나 감정이 전혀 실리지 않았다. 그들의 시들한 말투가 모든 것을 망쳐버린 것이다.

5. 가볍게 다가가는 것이 청중들의 마음을 사로잡는다

다음에 소개하는 내용은 어떻게 생각하는가? 그리고 그 이유는 무엇인가?

메리 E. 리치몬드는 '뉴욕 여성 유권자 연맹' 의 연례 모임에서 연설을 하였다. 그녀의 주제는 '뉴욕의 아이들과 결혼'에 관한 것이었다.

어제, 이곳에서 멀지 않은 한 도시를 열차로 지나갔을 때의 일입니다. 나는 몇 년 전에 그곳에서 있었던 결혼식을 떠올렸습니다. 이 주에서는 성급하면서도 파괴적인 결혼식이 거행되고 있다고 느꼈기 때문에 그 사실에 대해 자세하게 알아보는 것으로 이야기를 시작할까 합니다.

12월 12일의 일이었습니다. 그 도시의 15살 여고생이 막 20살이 된 대학 2학년 남성과 사귀게 되었습니다. 그리고 사흘 뒤인 12월 15일에 두 사람은 결혼증명서를 발급받았습니다. 그녀는 자신이 18살이기 때문에 부모의 허락 없이 결혼을 한다고 거짓말을 하였습니다. 두 사람은 결혼증명서를 가지고 시청에서 나와 신부님을 찾아갔습니다. 그러나 신부님은 정중하게 결혼식을 거절했습니다. 이 신부님을 통해서인지 그녀의 어머니가 이 사실을 알게 되었습니다. 그러나 그녀의 어머니가 그녀를 찾아내기 전에 치안판사가 두 사람을 결혼시켜버렸습니다. 신랑은 그녀를 호텔로 데려가 이틀을 보냈습니다. 그러나 그러고는 그녀를 버리고 두 번 다시 함께 살지 않았습니다.

나는 개인적으로 이 글의 서두가 맘에 든다. 처음 문장이 훌륭하면 재미있는 이야기가 시작될 것이라는 것을 예감하게 해준다. 좀 더 자세한 내용을 듣고 싶어질 것이다. 청중들은 인간미가 넘치는 이야기를 듣고 싶어 한다. 게다가 아주 자연스럽다. 형식에 얽매이지 않고 애써서 만들어낸 느낌도 들지 않았다. "어제, 이곳에서 멀지 않은 한 도시를 열차로 지나갔을 때의 일입니다." 이 말은 매우 자연스럽게 들리며 인간미를 느끼게 해준다. 마치 어떤 한 사람이 다른 한 사람에게 이야기를 하고 있는 것처럼 자연스럽다. 청중들은 이런 이야기를 좋아한다. 너무 기교적인 이야기나, 준비가 철저한 이야기는 거부감을 준다. 억지스럽지 않고 자연스러운 이야기에 더 호감을 느낀다.

9장의 정리

1. 연설은 처음 시작이 어려우면서도 매우 중요하다. 왜냐하면 처음에는 청중들의 머리가 맑아 비교적 인상에 남기 쉽기 때문이다. 그냥 운에 맡기는 것은 너무나 위험하다. 사전에 충분히 생각해두어야 한다.

2. 서두는 짧게 한두 문장으로 충분하다. 없어도 될 부분이 너무 많다. 가능한 짧게 주제의 핵심으로 들어가길 바란다. 이 점에 이의를 제기할 사람은 없을 것이다.

3. 초보자는 재미있는 이야기나 사과부터 시작하는 경향이 있다. 둘 다 좋은 시작이 아니다. 재미있는 소설로 성공한 사람은 극히 드물다. 보통은 청중들을 즐겁게 해주기는커녕 오히려 당혹스럽게 만든다. 소설을 쓰는 데도 전혀 관계가 없는 이야기는 해서는 안 된다. 예를 들어 유머는 케이크 위의 설탕이며 케이크 그 자체는 아니다. 결코 사과의 말을 해서는 안 된다. 청중에게 모욕감과 굴욕감을 느끼게 해줄 뿐이다. 바로 본론으로 들어가서 재빨리 말하고 자리로 돌아가라.

4. 연설자는 청중들의 주의를 끌기 위해 이렇게 하라.

   a. 호기심을 자극하라.(예: 디킨스의 『크리스마스 캐럴』 이야기)
   b. 인간미 넘치는 이야기를 하라.(예: '다이아몬드의 땅' 이야기)
   c. 구체적인 예로 시작하라.(예: 제5장의 서두나 7장을 참조)
   d. 물건을 보여주어라.(예: 무료로 땅을 받을 수 있는 동전)
   e. 질문을 하라.(예: '거리에서 이런 동전을 주은 분은 없나요?')
   f. 인상적인 문구를 인용하라.(예: '솔선수범'의 가치에 대한 앨버트 허버드의 이야기)
   g. 이야기가 청중들에게 매우 중요하다는 것을 인식시켜라.(예: "당신의 추정 수명은 현재 연령과 80세 사이의 3분의 2입니다. 정기검진을 통해 수명을 연장할 수 있습니다." 등)
   h. 충격적인 사실로 이야기를 시작하라.(예: "미국인들은 세계 최악의 범죄자입니다.")

5. 이야기의 서두를 너무 형식에 얽매여서는 안 된다. 너무 딱딱한 이야기를 해서는 안 된다. 자유롭고 가벼운 인상을 심어주어라. 일어난 지 얼마 안 되는 사건이나 들은 이야기를 하면 좋다.(예: "어제, 이곳에서 멀지 않은 한 도시를 열차로 지나갔을 때의 일입니다.")

The ideas I stand for are not mine. I borrowed them from Socrates. I swiped them from Chesterfield. I stole them from Jesus. And I put them in a book. If you don't like their rules whose would you use?

내가 낸 아이디어는 내 것이 아니다. 나는 소크라테스를 인용하고, 체스터필드의 흉내를 내고, 예술로부터 훔쳤다. 그것을 책으로 썼을 뿐이다. 그들의 철칙이 맘에 들지 않는다면 대체 누구의 아이디어를 인용해야 한단 말인가?

−Dale Carnegie

Part 10

청중들을 사로잡기 위해서

Capturing Your Audience at Once

"연설자는 청중들을 즐겁게 해주어야만 한다. 청중들의 두려움을 풀어주고, 의혹을 밝혀주고, 무기를 내려놓고 '함께 생각하자'고 말해야 한다. 이것은 공통적인 관심사와 이익을 찾아냄으로써 가능해진다. 우리를 갈라놓는 힘보다 강하게 이어주는 것이 있다. 그것은 무엇인가? 연설의 성공은 그것을 발견할 수 있느냐에 달려 있다. 청중을 즐겁게 할 수 없다면 위대한 용기를 보여주어 청중들의 찬사와 존경을 획득하기 바란다. 그 첫 예로서 만약 내가 벨파스트의 오렌지당원들을 대상으로 연설을 한다면 그들의 충성심과 양심에 존경을 표할 것이다. 그리고 위대한 선조들에 대하여 우리 모두가 품고 있는 존경과 사랑에 대해 이야기할 것이다. 그것은 바로 우리가 공통적으로 가지고 있는 것이다. 만약 종업원에게 이야기를 한다면, 거친 비판으로 시작하는 것이 아니라 과거의 즐거웠던 일이나, 충실한 협력, 업계 전체의 근심과 문제점을 떠올리게 할 것이다. 또한 우리가 진지하게 즐거울 수 있는 방법을 찾고 있다는 것을 그들에게 표현할 것이다. 어떤 경우일지라도 청중의 본능에 호소하지 않으면 안된다. 이런 접근에 대한 청중들의 반응은 놀라울 정도이다."
―시드니 F. 윅스, 『비즈니스맨을 위한 대중 연설』

"우리는 권리를 주장할 때면 대부분 자신의 투쟁심을 불사른다. 그러나 나는 감히 그것이 지름길이 아닌 우회로라고 말하고 싶다. 당신이 나를 찾아와 주먹을 휘두른다면 나도 맞서 주먹을 휘두를 것이다. 그러나 당신이 나를 찾아와 '함께 앉아서 상담합시다. 그리고 서로의 의견이 다르다면 어떻게 다른지, 쟁점이 무엇인지 생각해 봅시다'라고 말한다면, 우리의 의견이 그다지 차이가 없다는 것을, 의견이 차이는 적지만 같은 의견은 많다는 것을 깨닫게 될 것이다. 그리고 인내와 솔직함으로 함께하겠다는 바람만 있다면 실제로 함께할 수 있을 것이다."

-우드로 윌슨

청중들을 사로잡기
위해서

몇 년 전에 콜로라도 연료 철강회사는 근로문제로 갈등은 총격전으로 인한 유혈사태로 이어졌다. 직장은 증오심으로 살벌한 분위기에 휩싸였다. 록펠러라는 이름은 저주의 대상이 되어 있었다. 그러나 존 D. 록펠러 주니어는 종업원들과 대화를 하고 싶어 했다. 그는 모두에게 자신의 생각을 설득시키고, 자신의 신념을 모두가 받아들여주기를 바랐다. 그는 연설 서두에서 악감정과 적대심을 완전히 배제해야 한다는 것을 인식하고 있었다. 그리고 그는 완벽하게 대처했다. 그가 연설을 시작한 서두는 거의 모든 연설자에게 많은 도움이 될 것이다.

오늘은 제게 있어 기념할 만한 날입니다. 저는 오늘 처음으로 이 위대한 회사의 직원 대표, 중역, 관리인과 만날 기회를 가지고 이곳에서 이야기할 수 있게 된 것을 영광으로 생각합니다. 그리고 오늘의 우리의 만남을 평생 잊을 수 없을 것입니다. 만약 우리가 2주 전에만 만났더라면, 연단에 서 있어도 저를 알아보는 사람이 거의 없었을 것입니다. 저는 지난 주 모든 남부의 탄광 지역을 방문했습니다. 그리고 출장 중인 사람을 제외하고 모든 집을 찾아가 부인들과 아이들을 만났으며, 대표자들 모두와 개별면담을 하였습니다. 때문에 첫 만남이 아니라 서로 안면이 있는 상대로서 만날 수 있게 되었습니다. 서로 신뢰를 바탕으로 저는 공통 관심사에 대해 이야기할 수 있게 되어 대단히 기쁘게 생각합니다.

이 모임은 우리 회사의 중역 여러분과 종업원 대표의 모임이기 때문에 이야기할 수 있는 기회를 갖게 되어 더더욱 반갑고 고맙게 생각합니다. 왜냐하면 저는 그 어디에도 해당되지 않기 때문입니다. 그러나 주주와 중역을 대표하고 있다는 점에서 저는 여러분에게 무척 친근함을 느끼고 있습니다.

이 서두는 재치가 넘친다. 또한 서로의 악감정에도 불구하고 성공을 거두었다. 임금 인상을 교섭하던 종업원 대표들은 록펠러가 현재 상황에 대해 모두 설명해주자 더 이상 아무 주장도 하지 않았다.

"한 방울의 꿀이 1갤런의 쓸개즙보다 더 많은 파리를 잡을 수 있다"는 속담이 있다. 이것은 사람에게도 해당된다. 자신의 주장을 관철시키고 싶다면 먼저 당신이 상대의 편이라는 사실을 설득시켜야 한다. 거기에 상대의 마음을 사로잡을 수 있는 한 방울의 꿀이 담겨 있다. 그것은 상대의 이성에 크게 작용을 하는 것으로 일단 그렇게 되면 당신의 주장이 옳다는 것을 상대방이 어렵지 않게 인정하게 될 것이다. 만약 당신의 주장이 옳다면 말이다.

링컨은 이 방법을 이용했다. 1858년, 그는 미국의 상원의원 선거운동 중에 당시 '이집트'라 불리고 있던 남부 일리노이의 미개척 지역에서 연설을 했다. 청중들은 거칠기이를 데 없어 허리춤에는 칼과 총을 차고 다녔다. 노예제도 폐지에 관한 그들의 증오는 싸움과 옥수수 위스키에 대한 애정만큼이나 컸다. 켄터키와 미주리 출신을 포함한 남부 사람들은 화를 참지 못해 일부러 미시시피와 오하이오를 지나 찾아왔다. 그들이 어떤 행동을 할지는 대략적으로 예상을 하고 있었다. 왜냐하면 이 거친 남부인들은 만약 링컨이 이야기를 꺼내기만 하면 "저주받을 노예제도 폐지론자를 거리에서 추방시키겠다.", "갈기갈기 찢어죽이겠다."며 벼르고 있었기 때문이었다.

링컨도 이런 협박에 대해 이미 들어 알고 있었고, 그들의 흥분상태가 대단히 위험하다는 사실도 알고 있었다. "하지만 그들이 내 이야기를 한두 마디만 들어준다면 나는 그들의 마음을 사로잡을 수 있다"고 링컨은 단언했다. 링컨은 연설을 하기 전에 폭동의 주동자들과 만나 자신을 소개하고 악수를 하였다. 그의 연설 서두는 내가 알고 있는 한 최고의 것이었다.

남부 일리노이 주의 여러분, 켄터키의 여러분, 미주리의 여러분. 저를 곤경에 빠뜨리려고 하는 분이 계시다는 이야기를 들었습니다. 하지만 저는 이해할 수 없습니다. 저는 아주 평범한 사람으로 여러분과 전혀 다를 게 없습니다. 그렇다면 왜 제가 여러분과 똑같이 제 의견을 이야기할 권리가 없는 겁니까? 왜 입니까? 저는 여러분과 똑같습니다. 저는 여러분에게 간섭을 하려고 하는 것이 아닙니다. 저는 여러분과 마찬가지로 켄터키에서 나고, 일리노이에서 자랐고, 열심히 일했습니다. 저는 켄터키 사람에 대해서도, 남부 일리노이 사람에 대해서도 잘 알고 있습니다. 또한 미주리 사람에 대해서도 잘 알고 있다고 자부합니다. 저도 남부의 한 사람이기 때문에 잘 알고 있습니다. 또한 그들도 저에 대해 잘 알고 있을 것이라고 생각합니다. 그리고 그들이 저에 대해 더 많은 것을 알고 있다면, 제가 그들을 곤경에 빠뜨리려 하지 않는다는 것을 잘 알 것입니다. 그런데 어째서 그들은 저를 곤경에 빠뜨리려고 하는 것일까요? 여러분, 그런 어리석은 짓은 하지 말아주십시오. 우리 서로 사이좋게 친구처럼 지냅시다. 저는 세상에게 가장 겸허하고 온화한 사람입니다. 악행을 저지르거나 타인의 권리에 간섭할 생각은 추호도 없습니다. 그리고 제가 여러분께 부탁하고 싶은 것은, 그리고 제가 말하지 않으면 안 되는 것은, 제 이야기를 잘 들어달라는 것입니다. 그리고 용감하고 당당한 여러분, 일리노이 분들, 켄터키 분들, 미주리 분들이 그렇게 해줄 것을 굳게 믿고 있습니다. 그러니 함께 생각해주시기 바랍니다, 여러분!

이야기를 하고 있을 때의 링컨의 모습은 선함 그 자체였고, 목소리에는 배려로 가득했다. 이 재치 넘치는 연설의 서두 덕분에 폭동은 잠잠해지고, 적은 물러났다. 실제로 그들 중에 상당수는 링컨의 지지자로 바뀌었다. 그들은 링컨의 연설에 감동을 하여 훗날 이 거친 '이집트 인' 들도 링컨의 대통령 선거 때 열렬한 지지자가 되었다.

혹시 당신은 이렇게 말할지도 모르겠다.

"재미있군, 그런데 그게 나와 무슨 관계가 있다는 거야. 나는 록펠러가 아니야. 나는 나를 죽이려 드는 굶주린 파업자들에게 이야기를 하고 있는 것이 아니라고. 게다가 링컨도 아니야. 나는 옥수수 위스키와 증오로 가득 찬 무뢰한 들을 상대로 이야기를 하고 있는 게 아니라고.”

물론 그렇다. 그러나 그런 당신도 거의 매일처럼 의견이 다른 누군가에게 말을 걸고 있지는 않은가? 집과 회사, 시장, 자신의 생각을 관철시키려 하고 있지는 않은가? 당신의 방법에 개선의 여지가 있는가? 어떤 식으로 이야기를 시작하고 있는가? 링컨처럼 재치 있게? 아니면 록펠러처럼? 혹시 그렇다면 당신은 보기 드문 개성과 이례적인 사리분별력이 있는 사람일 것이다. 대부분의 사람들은 상대의 생각과 바람은 전혀 고려하지 않고, 또한 공통점을 찾으려고도 하지 않은 채 자신의 의견만을 고집하며 이야기를 시작한다.

예를 들어 나는 ‘금지’ 라는 주제의 연설을 수백 번도 더 들었다. 대부분의 경우에 연설자는 싸움을 걸기라도 하듯이 난폭한 이야기로 시작을 한다. 단호하게 자신이 원하는 것을 말하고 자신의 의견을 절대로 굽히지 않겠다는 의지를 보여준다. 그리고 청중들이 소중하게 여겨왔던 신념을 버리고 자신의 의견을 따르기를 바라고 있다. 그렇게 해서 과연 효과가 있을까? 절대로 설득을 당하는 사람이 없을 것이다. 퉁명스럽고 공격적으로 시작을 했기 때문에 순식간에 본인과 의견이 다른 청중들의 마음이 멀어지고 말 것이다. 청중은 연설자의 이야기를 모두 평가절하하게 된다. 순식간에 청중들은 연설자에게 도전적인 태도를 취한다. 연설자의 의견을 경멸하게 되어 더욱 깊은 골이 생기고 마는 것이다.

그런 연설자는 연설 서두에서 청중들을 자극하고 끌어내려 이를 악물고 거부하게 만드는 실패를 저지르고 있다.

자신의 의견을 관철시키고 싶은 때 이렇게 해버리면 사태는 심각해진다. 이 사실을 잘 보여준 오버스트리트 교수의 뉴욕 사회연구를 위한 새로운 학교에서의 연설을 소개하기로 하겠다.

'No' 라고 하는 반응은 극복하기 힘든 최고의 장애물이다. 한 사람이 'No' 라고 말하면 자존심 때문에 자신의 뜻을 굽히지 않는다. 그는 나중에 자신이 'No' 라고 한 것이 틀렸다고 생각힐지도 모른다. 그럼에도 불구하고 그에게는 오로지 자신의 자존심만이 중요하다. 일단 무슨 말인가를 하면 그것에 끝까시 고집을 피우는 것이다. 때문에 긍정적인 방향에서 이야기를 진행하는 것이 대단히 중요하다. 숙련된 연설자는 시작 단계에서 'Yes' 반응을 많이 이끌어낸다. 그렇게 해서 청중들이 긍정적인 방향으로 작용하는 심리과정을 만드는 것이다. 그것은 당구공과 같은 작용을 한다. 한 방향으로 움직이기 시작한 공을 다른 방향으로 돌리기 위해서는 힘이 필요하다. 또한 역방향으로 되돌리기 위해서는 그 이상의 강한 힘이 필요하다.

여기서의 심리적 패턴은 매우 확실하다. 어떤 사람이 지심으로 'No'라고 말했을 경우에는 말 이상의 무언가를 하고 있는 것이 된다. 그 사람의 전신, 다시 말해서 조직, 신경, 근육의 전부가 거부상태가 되어 몸이 뒤로 물러서는 것이다. 대부분의 경우에는 아주 조금이지만 때로는 눈에 보일 정도로 빼는 경우도 있다. 전체적인 신경, 근육계가 받아들이기를 거부하는 것이다. 반대로 어떤 사람이 'Yes'라고 말했을 경우에는 절대로 몸을 빼는 경우가 없다. 전진적이고, 수용적이고, 개방적인 태도가 되는 것이다. 따라서 처음에 'Yes'를 많이 이끌어낼수록 결국은 제안을 받아들이게 하는데 성공하기 쉬워진다.

이 'Yes'의 반응을 얻어내는 것은 아주 간단하다. 그러나 이것을 무시하고 있는 사람이 많다. 처음에 반감을 사고서도 자신의 존재감을 인정받으려는 사람이 많은 것이다. 예를 들어 개혁파가 보수파와 토론을 하고 있다고 하자. 그러면 개혁파는 보수파를 자극하는 경우가 많다. 그렇게 되면 무슨 이득이 있겠는가? 만약 단순히 쾌감을 얻기 위해서라면 그래도 좋을 것이다. 그러나 그러고도 뭔가를 달성하기를 바란다면 인간의 심리를 전혀 모른다는 것을 증명할 뿐이다.

학생들은 물론이고, 고객, 아이, 남편, 아내에게도 처음에

‘No’라고 말하게 만들면 그 부정을 긍정으로 바꾸기 위해서는 엄청난 인내와 수고가 필요하다.

이처럼 바람직한 ‘Yes’를 처음부터 얻기 위해서는 어떻게 하면 좋을까? 그건 아주 간단하다. 링컨은 “나는 토론을 할 때면 일단 합의점을 먼저 찾는다”고 말했다. 링컨은 노예제도와 같은 매우 격한 주제를 이야기할 때도 마찬가지였다. 중립적인 입장의 『미러』지에 따르면 “처음 3분은 적이라도 링컨의 말에 동의하였다. 그런 다음 링컨은 조금씩 이야기를 몰아가다가 결국은 청중들을 모두 우리에 가두는 것처럼 보였다”라고 적고 있다.

1. 공격은 최대의 적이다

1차 세계 대전이 끝난 직후 롯지 의원과 하버드 대학의 로웰 학장은 보스턴 대중들 앞에서 국제연맹에 관한 토론회를 진행할 예정이었다. 롯지 의원은 그들 대부분이 자신의 의견에 반대한다는 것을 느낄 수 있었지만, 자신의 의견을 납득시켜야만 했다. 과연 어떻게 해야 좋을까? 대중들을 정면으로 공격해야 했을까? 절대로 그래서는 안 된다. 그는 빈틈없는 심리학자인 덕분에 자신이 원하는 것을 노골적으로 드러내지 않았다. 그는 뛰어난 전술로 이야기를 시작했다.

그의 연설은 다음 단락에서 인용하기로 하겠다. 그의 최대 반대자조차 연설의 서두에서 보여준 감정의 표현에는 반발을 하지 않았다는 것을 유념하기 바란다. "친애하는 미국 국민 여러분!"이라는 인사로 모두의 애국심을 자극하고 있는 점을 주목하기 바란다. 그리고 얼마나 교묘하게 서로의 견해 차이를 좁히면서 서로가 중요하게 여기고 있는 것을 강조했는지 주목하기 바란다.

그가 어떤 식으로 반대자들을 칭찬하고 있는지, 서로의 생각의 차이가 작지만 미국의 번영과 세계 평화를 중요하게 여기는 점에서 일치하고 있다는 사실을 어떤 식으로 주장하고 있는지를 주목하기 바란다. 그는 더 나아가 이상적인 국제연맹이 필요하다고 인정하였다. 결국 그는 이 점에서만 서로의 견해에 차이가 있을 뿐이고, 보다 이상적이고 효과적인 연맹이 필요하다는 것을 인식하고 있었다.

신사 숙녀 여러분, 친애하는 미국 국민 여러분.

이렇게 여러분 앞에서 이야기할 기회를 주신 로웰 총장님께 감사드립니다. 우리는 같은 공화당원이며 오랜 친분을 쌓아왔습니다. 그는 미국에서 가장 영향력이 큰 이 대학의 총장입니다. 그는 정치와 정부의 연구가이자 역사가로서도 유명합니다.

그와 저는 이 중요한 사안에 대한 서로 다른 의견을 발표하였습니다. 하지만 세계 평화를 유지하고, 미국의 복지를 위한다는 목적에서는 서로 같습니다.

제가 몇 번이고 이야기하고 싶었던 것을 오늘 이 자리에서 말씀드리겠습니다. 저는 제 생각을 아주 쉽게 표현했다고 생각합니다. 하지만 그것을 오해하여 논쟁을 위한 도구로만 여기는 사람들이 있습니다. 또한 현명한 사람들조차 제 말을 이해하지 못했거나, 오해하고 있는 분들이 있습니다. 제가 국제연맹을 반대하고 있다고 착각하고 있는 것 같습니다. 결코 그렇지는 않습니다. 저는 세계의 평화를 보장하기 위한 각국의 군비 축소를 위해 모든 자유국가가 힘을 합쳐 우리가 말하는 연맹, 혹은 프랑스인들이 부르는 공동체와 같은 것이 탄생하기를 간절히 바라고 있습니다.

비록 처음에는 연설자와 의견의 차이가 있을지라도 이렇게 말을 꺼내면 한결 굳었던 마음이 부드러워지며 좀 더 들어보고 싶은 생각이 들 것이다. 그렇게 되면 청중들을 납득시키기 쉬울 것이다.

롯지 의원이 국제연맹을 지지하고 있는 사람들에게 느닷없이 그것은 아무 도움도 되지 않는 환상에 불과하다고 말했다면 어떻게 되었을까? 아무런 소득도 얻지 못했을 것이다. 다음은 제임스 하비 로빈슨의 유명한 자기계발서 『마음의 형성(The Mind in the Making)』에서 인용한 글로, 어째서 그런 공격이 무의미한 것인지에 대하여 그 이유를 적고 있다.

우리는 생각하고 있는 것들을 아무런 저항 없이 가벼운 마음으로 바꿀 수 있다. 그러나 만약 자신이 틀렸다고는 소리를 듣게 되면 분노를 느끼며 마음을 닫아버리고 만다. 우리는 자신의 신념을 놀라울 만큼 대충 형성하고 있지만 누군가가 그 권리를 박탈하려 한다면 분노가 끓어오르게 된다. 그러나 위협을 받고 있는 것은 본인의 생각이 아니라 자존심에 불과하다. '나의' 라는 별거 아닌 것처럼 보이는 단어가 인간관계에서 가장 중요하며, 그것을 유효적절하게 생각하는 것이야말로 지혜의 시작이다. 그것이 '나의' 식사, '나의' 개, '나의' 집, '나의' 신념, '나의' 조국, '나의' 신이든 간에 마찬가지이다. 우리는 '자신의' 시계가 틀렸거나, '자신의' 차가 볼품없다는 것에 대해서 화를 낼 뿐만이 아니라, 화성의 운하나 에픽테투스의 발음, 진통제 살라신의 의학적 가치와 사라곤 1세 시대 등에 관해 자신이 알고 있는 지식을 정정해야 한다는 사실에조차 분노를 느낀다. 누구나 지금까지 진실이라고 믿어왔던 것을 앞으로도 계속 진실이라고 믿고 싶어 하며, 자신의 사실에 의혹을 제기한다면 끓어오르는 분노 때문에 그 사실에 관한 모든 변명거리를 찾게 된다. 그 결과 거의 모든 이론은 이미 믿고 있던 것을 계속해서 믿기 위한 이유를 찾기 위한 것에 불과하다.

2. 어떤 논쟁이라도 공통점이 있다

청중들과 논쟁을 벌이는 연설자는 청중들을 보다 완고하고 방어적으로 만들어 마음의 문을 열지 못한다는 것은 명백한 사실이다. "나는 ○○을 증명해보겠습니다"라고 말문을 여는 것은 현명한 방법이 아니다. 청중들은 이것을 도전으로 받아들여 '그럼, 얼마나 잘할지 어디 한번 두고 보자' 라는 생각을 품게 된다.

먼저 연설자와 청중이 공통적으로 믿고 있는 것을 강조한 다음에 모두가 대답하고 싶어 하는 질문을 던지는 것이 훨씬 현명하다. 그런 다음 청중에게 자신과 함께 그 대답을 추구해나가는 것이다. 그것을 찾고 있는 동안에 사실을 있는 그대로 제시해주고 당신의 생각을 무의식적으로 받아들이게 하는 것이다. 청중들은 자신이 발견했다고 여기는 진실을 훨씬 더 믿는 경향이 있다.

"최고의 논쟁은 단순한 설명한 설명처럼 느껴지는 것이다"라는 말이 있다.

서로의 의견이 극명하게 대립되어 보이는 논쟁이라도 반

드시 공통점이 있기 마련이고, 그것은 연설자가 청중들을 자신이 원하는 방향으로 유도할 수 있는 근거이기도 하다. 예를 들어 세계 산업노동자 연맹의 총수가 미국 은행가 협회의 모임에서 연설을 할 때도, 그는 서로의 신념과 함께 할 수 있는 공통 바람을 찾을 수가 있다. 그것에 대해 함께 생각해보기로 하자.

빈곤은 어느 세대를 막론하고 인간사회의 가장 비참한 문제 중에 하나입니다. 우리는 미국인으로서 가난한 사람들의 고통을 최대한 가볍게 해줄 의무가 있다고 여기고 있습니다. 미국은 관대한 나라입니다. 역사적으로 불행한 사람들을 돕기 위해서 흔쾌히 이기심을 버리고 함께 나눈 국민은 없습니다. 우리가 과거에 그랬듯이 관대함과 박애정신에 입각하여 우리의 산업 현장의 현실에 대하여 함께 검토해보기로 합시다. 그리고 빈곤이라는 악을 줄이는 것이 아니라 막을 수 있는 수단을 찾을 수 있을지 생각해봅시다. 모두에게 있어 공정하고 공평할 수 있는 방법이 있는지 생각해봅시다.

이 의견에 반대할 사람이 있겠는가? 엠마 골드만과 빅 빌 헤이우드가 반대를 하겠는가? 게리 판사와 J. P. 모건이 반대를 하겠는가? 아마 하지 반대하지 못할 것이다.

5장에서 열렬하게 칭찬했던 박력과 에너지와 열정의 복음이 모순처럼 보이는가? 절대 그렇지 않다. 모든 것은 적당한 때가 있다. 그러나 연설 서두부터 박력을 발휘해야 할 때는 아니다. 화술에 있어서도 첫마디부터 박력은 필요 없다.

3. 역사적인 연설의 알려지지 않은 서두

미국 학생이라면 누구나 1775년 버지니아 민중 대회에서 패트릭 헨리가 열정적으로 외쳤던 유명한 맺음말을 기억할 것이다. "자유가 아니면 죽음을 달라!" 그러나 헨리가 이렇게 태풍처럼 열정적이고 역사적인 연설을 비교적 차분하고 기교적으로 시작했다는 사실을 눈치 챈 사람은 거의 없다. 미국의 식민지는 독립을 하여 영국과 전쟁을 해야 했을까? 이 질문은 뜨거운 논쟁을 불러일으켰다. 감정이 불같이 끓어올랐지만 패트릭 헨리는 자신에게 반대하는 사람들의 능력을 칭찬하고, 애국심을 칭찬하면서 연설을 시작했다. 두 번째 단락에서 청중들에게 질문을 하고 스스로 결론을 내림으로써 자신의 의견에 동조하게 만든 것을 주목하기 바란다.

대통령 각하, 저보다 애국심을 소중하게 여기는 사람은 없습

니다. 또한 저보다 의원들을 상대로 연설한 사람들의 능력과
가치를 높게 평가하고 있는 사람도 없습니다. 그러나 같은 문
제를 다른 관점에서 보는 사람이 있습니다. 때문에 제가 그들
과 반대 성향의 의견을 가지고 감정을 자유롭고 솔직하게 털어
놓는 것이 그들에게 실례가 되지는 않기를 바랍니다. 이것은
단지 의식을 위한 시간이 아닙니다. 의회 앞에서의 질문은 우
리나라에 있어 대단히 중요합니다. 저 자신에게는 자유와 노예
제도라는 질문과 같은 질문이라고 생각합니다. 그리고 그 주제
의 중요성과 비례해서 토론의 자유가 보장되어야 합니다. 우리
는 이렇게 해야만 진실에 도달하고, 하느님과 우리나라에 대한
커다란 책임의 이행을 바랄 수 있습니다. 이런 중대한 시기에
제가 실례가 된다고 하여 아무 말도 하지 않는다면, 그것은 우
리나라에 대한, 그리고 하느님에 대한 불충한 배신행위라 여겨
집니다. 저는 그것을 무엇보다도 소중한 것이라고 여기고 있습
니다.

대통령 각하, 인간이 희망이라는 환상에 사로잡히는 것은 자
연스러운 일입니다. 인간은 처참한 현실에는 외면을 하고 싶어
하기 마련이고, 세이렌의 노랫소리를 야수로 변할 때까지 듣고
싶어 하기 마련입니다. 이것이 자유를 위해 뜨겁게 싸우는 현
명한 사람들이 할 태도입니까? 우리는 눈이 멀고, 귀가 먹은 사
람이 되기를 바라고 있는 겁니까? 일시적인 구제에만 관심이

있는 겁니까? 저는 그 어떤 정신적 고뇌를 감내하더라도 모든 진실을 알고 싶습니다. 최악의 상황을 파악하고 그것에 대비하고 싶습니다.

4. 셰익스피어 희곡의 최대 연설

셰익스피어가 자신의 작품 속 등장인물을 통해 연설한 가장 유명한 것은 줄리어스 시저의 죽음 앞에서 마크 안토니가 했던 추도사였고, 이것은 연설의 최고 예다.

상황을 설명해보자. 시저는 독재자가 되었다. 당연히 수많은 정적들이 질투를 하며 그를 끌어내리고 파멸시켜 권력을 빼앗으려고 했다. 브루투스와 캐시어스의 주동 하에 23명이 힘을 합쳐 시저의 몸에 칼을 찔렀다. 마크 안토니는 그 당시 국무장관이었다. 그는 미남에 달필에 웅변가이기도 했다. 그는 모든 공공 행사에서 정부를 대표하였다. 시저가 그를 자신의 오른팔로 삼은 것도 충분히 이해가 간다. 시저는 죽은 지금, 반역자들은 안토니를 어떻게 처리했을까? 해임시켰을까? 아니면 죽였을까? 이미 반역은 이루어졌다. 그리고 그 정당한 이유도 충분했다. 당연히 안토니를 자신들의 편으로 끌어들이려 했다. 당연히 그의 강력한 영향력과 감동적인 웅변을 자신들을 지키고 자신들의 목적을 이루기 위한 방패로 삼으려 했다. 그것은 정당성과 안정성을 보장해줄 것처럼 여겨졌다. 그들은 안토니를 회유하려 했다. 그들은 안토니에게 세계를 정복한 사내의 죽음 앞에서 한두 마디의 연설을 허락하였다.

안토니는 로마 광장의 연단에 섰다. 그의 눈앞에는 살해당한 시저가 누워 있었다. 대중들은 소리치며 위협적으로 그의 주변으로 몰려들었다. 대중들은 브루투스와 캐시어스 반역자 일당에게 호의적이었다.

안토니의 목적은 대중의 열정을 강렬한 증오심으로 바꾸어 시저를 살해한 반역자들을 처단하는 것이었다. 그는 손을 번쩍 들고 소동이 잠잠해지자 이야기를 시작했다. 그가 얼마나 교묘하게 연설을 시작했는지 주목해 주기 바란다. 그는 일단 브루투스와 반역자들을 치켜세웠다.

브루투스, 명예로운 사내여.
그와 함께한 명예로운 자들이여.

그는 논쟁을 벌이지 않았다. 때문에 전혀 방해를 받지 않고 시저에 대한 사실을 조금씩 이야기하기 시작했다. 그는 시저가 포로를 해방시켜주었을 때 몸값으로 국고를 충당한 사실을, 가난한 사람들이 울부짖고 있을 때 함께 울어주었던 사실을, 왕관을 거부한 사실을, 자신의 땅을 대중들에게 나누어준 사실을 이야기했다. 안토니는 사실을 전하고 대중들에게 질문을 하여 스스로 결론을 내리게 유도하였다. 증거는 전혀 새롭지 않은, 잊고 있던 것들이었다.

나는 여러분이 이미 잘 알고 있는 사실을 이야기하겠습니다.

그리고 마법과도 같은 혀로 군중의 감정을 자극하고 연민을 불러일으켜 분노를 폭발시켰다. 안토니의 뛰어난 화술과 웅변 전문을 소개하겠다. 문학적으로나 연설적으로나 아무리 찾아봐도 이에 필적할 만한 연설은 찾기 어려울 것이다. 이것은 인간성에 영향성을 끼치는 기술을 향상시키고자 하는 모든 사람에게 있어 중요한 연구가 될 것이다. 그러나 이런 이유와 전혀 상관없는 다른 이유가 더 있다. 비즈니스맨이라면 셰익스피어를 읽고, 또 읽어야만 할 것이다. 그는 다른 어떤 작가보다도 어휘력이 뛰어나며 언어를 더욱 매력적이고 아름답게 활용하고 있다. 『맥베스』, 『햄릿』, 『줄리어스 시저』를 연구하면 자신도 모르는 사이에 어휘력이 풍부하고 세련되어질 것이다.

안토니: 벗들이여, 로마 시민들이여, 동포 여러분, 귀를 기울여주십시오.

저는 시저를 묻어주기 위해 왔을 뿐, 찬양하기 위해 온 것이
아닙니다.

인간의 악행은 죽은 뒤에도 여전히 남습니다.

그러나 선행은 그의 뼈와 함께 묻혀버립니다.

아마 시저도 그렇게 될 것입니다.

고귀한 브루투스는 시저가 야심가라고 합니다.

만약 그렇다면 시저의 잘못입니다.

그리고 시저는 비참한 대가를 치룬 것이 됩니다.

저는 브루투스와 나머지 분들의 허락을 받았습니다.

브루투스는 고귀하신 분입니다.

다른 모든 분들도 고귀하신 분들입니다.

저는 시저의 추도사를 하기 위해 나왔습니다.

시저는 제 친구였습니다. 제게 충실하고 공정했습니다.

그러나 브루투스는 시저가 야심가라고 합니다.

그리고 브루투스는 고귀하신 분입니다.

과거 시저는 많은 포로들을 로마로 데려왔습니다.

시저의 행위가 야심적이었을까요?

가난한 사람이 울부짖고 있을 때, 시저도 울었습니다.

야심은 보다 냉정한 마음에서 싹트는 것입니다.

그러나 브루투스는 시저가 야심가라고 합니다.

그리고 브루투스는 고귀하신 분입니다. 여러분은 루퍼컬 축
제 때 보셨을 겁니다.

제가 세 번이나 시저에게 왕관을 바쳤지만,

그는 세 번 모두 거절하였습니다.

이것이 야심인가요?

그러나 브루투스는 시저가 야심가라고 합니다.

그런데 브루투스는 고귀하신 분입니다.

저는 브루투스가 틀렸다고 말하는 것이 아닙니다.

저는 그저 제가 알고 있는 사실을 말하기 위해 이 자리에 섰습니다.

여러분도 한때는 시저를 사랑했습니다. 그것은 당연한 일입니다.

그런데 어째서 그를 추모하길 주저합니까?

아, 내 이성이 야수로 변해버렸구나.

인간은 모두 이성을 잃어버렸는가? 용서하십시오.

내 마음은 지금 시저와 함께 관속에 누워 있습니다.

다시 돌아올 때까지 기다려주십시오.

시민1: 저 사람 말에 일리가 있는 것 같소.

시민2: 이 사태를 냉정하게 생각해보면 시저야말로 피해자야.

시민3: 맞아, 여러분. 이제 더 못된 놈이 나올지도 몰라.

시민4: 안토니가 하는 말을 들었어? 시저는 왕관을 받지 않았대. 그렇다면 시저에게 야심은 없었다는 말이잖아.

시민1: 만약 그렇다면 누군가 비싼 값을 치러야 할 거야.

시민2: 불쌍한 사람! 저 사람의 눈이 눈물로 붉어졌어.

시민3: 로마에서 안토니만큼 고귀한 사람은 없어.

시민4: 자, 더 들어보자고. 다시 이야기를 시작했어.

안토니: 어제만 해도 시저의 말은 전 세계를 호령했습니다.

지금 그는 여기에 잠들어 있습니다.

허나 가난한 사람조차 그에게 경의를 표하지 않습니다.

아아, 여러분. 만약 제가 여러분의 마음을 움직여

폭동과 반란을 일으키게 된다면

브루투스와 캐시어스에게 불공한 것이 됩니다.

두 사람 모두 명예롭고 고귀한 분이라는 것을 여러분도 잘 알고 있습니다.

저 또한 두 사람에게 불공평한 짓은 결코 하고 싶지는 않습니다.

설령 그것이 시저와 저와 여러분에게 불공평한 것일지라도 말입니다.

저 명예롭고 고귀한 분들에게 불공평한 짓을 하고 싶지 않습니다.

하지만 여기 시저의 인장이 찍힌 글이 있습니다.

저는 이것을 시저의 서류함에서 발견했습니다. 이것은 그의 유서입니다.

만약 여러분이 이 유서의 내용을 알게 된다면

여러분은 죽은 시저에게 다가가 상처에 입맞추게 될 것입니다.

그리고 여러분의 손수건을 그의 성스러운 피로 물들이게 될 것입니다.

그리고 시저의 머리카락 한 올이라도 달라고 애원할 것입니다.

그리고 죽을 때 이 사실을 유서로 남기고

그것을 집안의 최고 가보로

자손 대대로 남길 것입니다.

아니, 용서해주십시오. 저는 이 유서를 읽을 생각은 없습니다.

시민4: 유서를 읽어주시오, 안토니, 읽어주시오!

시민일동: 유서, 유서! 시저의 유서를 읽어주시오!

안토니: 여러분, 참아주십시오. 저는 그것을 읽어서는 안 됩니다.

여러분은 시저가 여러분을 얼마나 사랑했는지를 알아서는 안 됩니다.

여러분들은 목석이 아닌 인간입니다.

그리고 인간이라면 시저의 유서를 듣고

흥분해서 폭동을 일으키고 말 것입니다.

여러분이 상속인이라는 사실을 모르는 것이 낫습니다.

왜냐하면, 만약 여러분들이 그 사실을 알게 된다면 무슨 사태가 벌어질까요?

시민4: 유서를 읽으시오! 안토니, 우리는 알고 싶소.

유서를 읽으시오! 시저의 유서를 읽으시오!

안토니: 흥분을 가라앉히십시오. 조금만 기다려주십시오.

지금까지 제가 너무 경솔한 이야기를 한 것 같습니다.

저는 시저를 칼로 찌른 고귀하신 분들에게

불공평한 짓을 하는 것이 아닐까 염려스럽습니다.

시민4: 고귀하다니, 그들은 반역자다!

시민 일동: 어서 유서를 읽으시오.

시민2: 그들은 악당이고 살인자다! 어서 유서를 읽어주시오.

안토니: 기어코 유서의 내용을 알고 싶다는 말이군요.

그렇다면 시저의 주검 주위로 빙 둘러 모여 주십시오.

그리고 유서를 쓴 시저를 봐주십시오.

제가 단상에서 내려가는 것을 허락해주시겠습니까?

시민 일동: 내려오시오!

시민2: 내려오시오.(안토니 단상에서 내려오다.)

시민3: 당신이 내려오는 것을 막을 사람은 아무도 없소.

시민4: 자, 빙 둘러섭시다!

시민1: 관에서 물러나시오. 시신에 너무 가까이 가지 마시오.

시민2: 고귀한 안토니를 위해 길을 터주시오.

안토니: 밀지 말고 떨어져주십시오.

시민 일동: 뒤로 물러서시오! 길을 안토니에게 열고 뒤로 물

러서시오!

안토니: 만약 여러분에게 눈물이 있다면 흘릴 준비를 해주십시오.

여러분은 이 외투를 알고 있을 겁니다. 저는 기억하고 있습니다.

시저가 처음 이 외투를 입었을 때를

그것은 네르비 족을 정복한 어느 여름날 밤

텐트 안에서였습니다.

보십시오, 이것은 캐시어스가 찌른 칼자국입니다.

질투심 많은 카스카의 칼이 뚫은 이 처참한 상처를 보십시오.

그리고 이것은 시저의 사랑을 받았던 브루투스의 칼자국입니다.

그리고 그가 저주받은 칼을 뽑았을 때

시저의 피가 솟구치면서

문을 박차고 나가듯이 힘껏 칼날의 뒤를 쫓았습니다.

마치 이것이 정말로 브루투스의 짓인지 확인하기라도 하듯이 말이죠.

왜냐하면 브루투스는 여러분이 잘 알다시피 시저의 총애를 받았으니까요.

오오, 신이시여! 시저가 그를 얼마나 사랑하였는가!

이것은 가장 잔혹한 일격이었습니다.

왜냐하면 고귀한 시저는 브루투스가 자신을 찌르는 모습을

봤을 때

배신자의 팔보다는 비겁하고 배은망덕한 행위에

시저는 맥이 풀려버렸습니다. 그리고 시저의 위대한 심장도

함께 찢어져

외투 속으로 얼굴을 파묻은 채로

그대로 폼페이의 조각상 아래 쓰러졌습니다.

그 조각상을 온통 피로 물들일 정도로

아아, 동포 여러분! 이게 무슨 일이란 말입니까.

그 순간 나도 여러분도 모든 것이 무너져버린 것입니다.

그동안 피비린내 나는 반역자들은 우리 위에 군림했습니다.

오오, 여러분도 울고 있군요. 저는 느낄 수 있습니다. 그리
고 여러분도 느끼고 있습니다.

여러분의 슬픔을, 그것은 우아한 눈물입니다.

선한 사람들이 울고 있습니다.

여러분은 시저의 찢어진 옷을 보기만 했는데도 울고 있습니
다.

여기 시저가 있습니다. 여기 반역에 의해 난자당한 시저가
있습니다.

시민1: 아아, 비참한 광경이여!

시민2: 고귀한 시저여!

시민3: 비통하다!

시민4: 반역자들! 악당들!

시민1: 정말 참혹한 광경이야!

시민2: 여러분, 복수를 합시다!

시민 일동: 복수다! 모두 잡아다 불태워 죽여라! 찢어 죽여라! 반역자들을 살려둬서는 안 된다.

안토니: 여러분, 기다리십시오!

시민1: 조용! 고귀한 안토니의 말을 들읍시다!

시민2: 안토니의 말을 듣고 따릅시다. 죽을 때까지 함께합시다.

안토니: 선량한 벗들이여! 너그러운 벗들이여! 제 말에 동요되어서는 안 됩니다.

그렇게 갑작스러운 폭동은 자제해주십시오.

시저를 죽인 사람들은 진정으로 고귀한 사람들입니다.

그들이 어떤 원한 때문에 시저를 죽였는지 그 이유를 모르겠습니다.

그들은 현명하고 고귀한 사람들입니다.

때문에 그들은 여러분의 질문에 현명한 대답을 할 것입니다.

여러분, 저는 여러분의 마음을 흔들려고 온 것이 결코 아닙니다.

저는 브루투스처럼 웅변가가 아닙니다.

여러분이 잘 알다시피 저는 무능력한 사람입니다.

저는 단지 친구를 사랑할 뿐입니다. 그리고 그들도 그것을

잘 알고 있기 때문에

고인에 대해 이야기하도록 허락해주었습니다.

제게는 사람들의 피를 들끓게 할 만한 재능도 말솜씨도 없습니다.

또한 능력도, 행동력도, 달변도, 설득력도 없습니다.

저는 단지 여기서 이야기를 할 뿐입니다.

여러분들이 이미 알고 있는 사실을 전할 뿐입니다.

이제 저는 사랑하는 시저의 상처, 아무 말도 하지 못하는 상처를 보여주고

제 말을 대신하게 할 뿐입니다.

만약 제가 브루투스이고

브루투스가 안토니라면

안토니가 여러분의 마음을 흔들어놓아

시저의 상처 하나하나에 혀를 달아

로마의 모든 돌들조차 분기하게 만들 것입니다.

시민 일동: 그래, 폭동이다!

시민1: 브루투스의 집을 불태우자!

시민3: 자, 출발! 반역자를 찾아내자.

안토니: 동포 여러분, 잠시만 들어주십시오. 조금만 더 제 말을 들어주십시오.

시민 일동: 조용! 안토니의 이야기를 들읍시다. 가장 고귀한 안토니의 이야기를!

안토니: 여러분, 여러분은 아무 이유도 모른 채 행동하려 하고 있습니다.

여러분에게 시저가 사랑받을 가치가 있습니까?

여러분은 잘 모르십니다. 제가 가르쳐드리겠습니다.

여러분은 제가 말한 유서를 잊지 마십시오.

시민 일동: 맞아, 유서야. 유서의 내용을 들읍시다.

안토니: 여기 유서가 있습니다. 시저의 인장도 찍혀 있습니다.

모든 로마 시민에게

각각 75드라크마씩 남긴다고 적혀 있습니다.

시민2: 오오, 최고로 고귀한 시저여! 우리는 그의 죽음에 복수를 하겠소.

시민3: 아아, 너그러운 시저!

안토니: 진정하고 제 말을 들어주십시오.

시민 일동: 조용, 조용히 해주십시오!

안토니: 그리고 시저는 여러분에게 자신의 모든 정원을 남겼습니다.

생전에 휴식을 취하던 나무 그늘도, 새로 만든 과수원도

타이버 강 이쪽 편의 전부를 말입니다.

여러분뿐만이 아니라 여러분의 자손들에게까지 유산을 남긴 것입니다.

이제 모두의 휴식 공간이니

누구나 맘껏 즐기고 쉴 수 있는 장소입니다.

시저는 이런 사람입니다.

이런 사람이 앞으로 다시 나올 것이라고 생각하나요?

시민 일동: 그런 사람은 두 번 다시 나타나지 않을 것이오. 어서 갑시다.

시저의 시신을 화장하고

그 불로 반역자들의 집을 불태웁시다.

자, 시신을 올립시다.

시민2: 불을 가져오시오.

시민3: 의자를 부숴라.

시민4: 의자도, 창문도, 모두 다 부숴라.

안토니: 이제, 내 할 일은 다 했다. 드디어 복수의 화신이 일어섰다. 가고 싶은 데로 맘대로 가거라.

<h1 align="center">10장의 정리</h1>

1. 공통점에서부터 시작하라. 연설의 시작에서 청중들을 자신에게 동의하게 하라.

2. 청중들이 처음부터 'No'라고 하게 만들어서는 안 된다. 한 번 'No'라고 말해버리면 결코 포기하지 않는다. 처음에 'Yes'를 이끌어낼수록 마지막 제안에 귀를 기울여줄 가능성이 높아진다.

3. 이러저러한 것들을 증명해 보이겠다고 이야기를 시작해서는 안 된다. 그러면 반발을 일으키기기 쉽다. 청중들은 '어디 할 수 있으면 한 번 해봐'라고 생각한다. 적절한 문제를 제시해주고 함께 해답을 찾을 수 있도록 하라. "최고의 논쟁은 단순한 설명처럼 느껴지는 것이다"라는 말이 있다.

4. 셰익스피어가 쓴 연설 중에서 가장 유명한 것은 마크 안토니의 시저에 대한 추모사다. 이것은 가장 뛰어난 연설의 고전이다. 로마 시민은 반역자에게 호의적이었지만, 안토니가 얼마나 교묘하게 호의를 분노로 바꾸어 놓았는지를 주목하기 바란다. 그가 자신의 말을 전혀 논쟁거리로 삼지 않았다는 것에 주목하기 바란다. 그는 사실을 제시하고 청중들 스스로 의견을 내도록 유도하였다.

Flaming enthusiasm, backed up by horse sense and persistence, is the quality that most frequently makes for success.

양식과 인내를 바탕으로 한 열정은 성공을 위한 최고의 자질이다.

-Dale Carnegie

| Part 11 |

연설은 어떻게
마무리할까?

How to Close a Talk

"결론 또한 반드시 내려야 할 작업이다. 그것은 연설을 완성시켜주는 것이며, 연설 전체에 관한 청중의 최대 관심을 짧은 순간에 모을 수 있는 것이다. 또한 이야기의 내용을 정리하여 연설 전체를 마무리하는 단계이다. 결론은 반드시 단어를 선별하여 준비를 해야 한다. 어정쩡하게 마무리를 해서는 안 된다. 서둘러서 '제가 하고 싶은 말은 이런 것들입니다'라고 말하고 끝을 내서는 안 된다. 이야기를 끝내면서 연설이 끝이 난 것을 청중들에게 알려야 한다."
—조지 로우랜드 콜린스, 『단상에서의 연설』

"시계는 설교의 길이와 상관이 없다. 아무런 관계가 없다. 긴 설교는 길게 느껴지고, 짧은 설교는 모두가 좀 더 듣고 싶다고 여기는 사이 끝나버리는 설교이다. 그 시간은 20분일수도, 한 시간일수도 있다. 청중이 더 듣고 싶다고 생각한다면 얼마나 시간이 흘렀는지는 전혀 신경 쓰지 않을 것이고 길게 느끼지도 못할 것이다. 따라서 설교가 길었는지는 시계를 보고서는 알 수 없다. 그 사실을 알기 위해서는 청중들을 관찰하라. 그들이 손을 어떻게 하고 있는지를 보라. 만약 그들의 손이 주머니 안에 있는 시계를 꺼내서 시간을 확인한다면, 그것은 나쁜 징조이다. 모두의 눈을 확인하기 바란다. 모두의 머리 위치를 확인하기 바란다. 그러면 그 설교가 어느 정도 길었는지를 알 수 있다. 이제 슬슬 마무리를 지을 때가 되었을지도 모른다."
—잘스 R. 브라운(예일 대학교 신학부장), 『설교의 기술』

11

연설은 어떻게
마무리할까?

연설의 어느 단계에서 연설자가 초보자인지 숙련자인지, 혹은 연설에 적성이 맞는지를 알 수 있을까? 그것은 연설의 처음과 끝부분이다. 연극에서는 배우의 자질에 대해 "등장할 때와 퇴장할 때를 보면 알 수 있다"라고 오래전부터 말하고 있다.

처음과 끝. 이것은 거의 대부분의 경우에 제대로 처리하기 힘든 부분이다. 예를 들어 사교적인 모임에서 가장 힘든 것은 우아하게 입장하고 퇴장하는 것이다. 업무상의 상담에서도 잘 접근하는 것과 잘 마무리하는 것이 가장 힘들다.

연설에서의 끝맺음은 실력을 가장 잘 보여주는 부분이

다. 마지막 한마디, 이야기를 끝내면서 청중들의 귀에 여운을 남겨주는 한마디. 그 한마디가 가장 인상에 오래 남는다. 그러나 이 절호의 기회의 중요성을 알고 있는 초보자는 많지 않다. 그들의 끝은 결코 바람직하지 않은 경우가 많다.

초보자들이 가장 범하기 쉬운 잘못은 무엇일까? 이것에 대해 잠시 알아보고 그 대책을 생각해보기로 하자.

먼저 이렇게 이야기를 끝내는 사람이 있다.

"이 점에 대해서 제가 해야 할 말은 다 한 것 같으니 이제 그만 말을 줄이겠습니다."

이것은 끝맺음이 아니다. 이렇게 끝을 맺어서는 안 된다. 이것은 자신이 초보자라는 것을 드러내는 것이다. 용서할 수 없을 정도이다. 말하고 싶은 것을 다 말했으면 그만 하겠다는 말을 하지 말고 그냥 자리에 돌아가서 앉으면 그만이다. 그러면 청중들도 하고 싶은 말을 다 했다고 생각할 것이다.

또한 자신이 말하고 싶은 것을 다 말했지만 어떻게 마무리를 지어야 할지 모르는 사람도 있다. 조쉬 빌링스는 "소를 잡을 때는 뿔이 아니라 꼬리를 잡아라. 그러면 손을 놓기 쉬우니까"라고 말했다. 어떻게 끝은 맺어야 좋을지 모르는 사람은 소에게서 손을 떼고 싶지만 소 앞다리를 잡고 있기 때문에 아무리 노력해도 안전한 곳으로 피할 수 없는 사람과 마찬가지다. 따라서 같은 말을 되풀이해서 나쁜 인상을 심어주고 만다.

그렇다면 어떤 대책이 있을까? 어떻게 끝을 맺을지를 미리 생각해두어야 한다. 청중들을 앞에 두고 생각을 하는 것이 좋을까? 그러면 긴장을 해서 무슨 말을 할 것인지로 머릿속이 꽉 차고 말 것이다. 그렇다면 연설 전에 미리 차분하게 생각해두어야 할까?

말을 자유자재로 구사하는 탁월한 능력을 가진 웹스터, 브라이트, 글래드스톤과 같은 뛰어난 연설자들도 맺음말은 메모를 하여 일일이 암기해야 한다고 여겼다.

그들의 본을 받고자 하는 초보자라면 그대로 따라서 손해 보는 일은 없을 것이다. 어떤 식으로 이야기를 마무리지을 것인지를 확실하게 생각해두어야 한다. 맺음말을 몇 번이고 연습해두어야 한다. 완전히 똑같은 말을 반복할 필요는 없지만, 자신의 생각을 말로 정리해두어야 한다.

즉석연설에서는 이야기를 하는 동안에 내용이 완전히 바뀌거나 예상하지 않았던 방향으로의 전개, 청중들의 반응에 맞춰 내용을 조정해야 하는 경우도 있다. 때문에 자신만의 맺음말을 미리 두세 가지정도 생각해두는 것이 현명하다. 상황에 따라 그중 하나를 활용하면 좋을 것이다.

개중에는 연설을 끝까지 하지 못하는 사람도 있다. 그들은 이야기를 하는 동안에 기름이 떨어진 엔진처럼 횡설수설한다. 그리고 결국 필사적으로 두세 마디 한 다음에 입을 꾹 다물고 만다. 그런 사람은 당연히 좀 더 연습과 준비를 철저히 해야 할 것이다. 다시 말해 연료통에 기름을 더 채워야 하는 것이다.

초보자들은 갑자기 연설을 끝내버리는 경우가 많다. 그들은 마무리는 매끄럽지 못해 연설이 끝났다는 느낌이 들지 않는다. 솔직히 말하자면 맺음말 같은 것은 없다. 급정지를 한 것처럼 갑자기 멈춰버리는 것이다. 때문에 불쾌한 느낌이 들게 하면서 초보자라는 인상을 심어주고 만다. 마치 즐겁게 이야기를 하다가 갑자기 말을 멈추고 인사도 하지 않은 채 방을 나가는 것과 같다.

링컨조차도 처음 대통령 취임 연설을 위한 원고를 썼을 때 이런 실패를 범하고 말았다. 그 연설은 긴장된 시기에 이루어졌다. 의견충돌과 증오의 먹구름이 머리 위를 뒤덮고 있었다. 그리고 몇 주 뒤에 피바람이 나라 전체를 휩쓸었다. 링컨은 남부 사람들을 대상으로 한 연설의 마무리를 이렇게 하려고 했었다.

남북전쟁의 중대한 문제는 제가 아니라 불만을 품고 있는 여러분 손에 달려 있습니다. 정부가 여러분을 공격하지는 않을 것입니다. 여러분이 먼저 공격을 하지 않는 한 분쟁은 일어나지 않습니다. 여러분이 정부를 무너뜨리겠다고 하느님께 맹세한 것은 아니지만, 저는 정부를 유지하고, 지키고, 방어할 것을 하느님께 맹세했습니다. 여러분은 정부에 대한 공격을 자제할 수 있지만, 저는 정부의 방어를 포기할 수 없습니다. '평화인지, 분쟁인지'에 대한 질문은 내가 아니라 여러분을 향하고 있는 것입니다.

링컨은 초고를 슈워드 국무장관에게 보여주며 의견을 물었다. 슈워드 장관은 마무리가 너무나 노골적이고 당차고 도전적이라는 사실을 정확하게 짚어주었다. 그리고 슈워드 본인이 직접 마무리 문장 두 개를 준비해주었다. 링컨은 그중에 하나를 선택해서 약간의 손을 본 뒤에 자신이 준비했던 세 개의 문장 대신 이용했다. 그 결과 그의 제1회 취임연설에는 당차고 도전적인 부분 대신에 우호적이고 시적인 웅변으로 마무리할 수 있었다.

저는 이 연설을 끝내고 싶지 않습니다. 우리는 적이 아니라 동지입니다. 우리는 서로 적이 되어서는 안 됩니다. 신뢰에 금이 가는 일이 있었을지는 모르지만 애정의 끈을 끊어버려서는 안 됩니다. 신비로운 기억의 울림이 각각의 전투와 애국자들의 무덤에서 우리 모두의 마음속에, 그리고 이 웅대한 대지의 비석에까지 퍼져 나가, 우리의 본성인 천사와 같은 손길이 그것에 다시 닿았을 때, 우리 연방의 합창이 드높이 울려 퍼질 것입니다. 그날이 반드시 찾아올 것입니다.

초보자가 어떻게 하면 연설을 잘 마무리할 수 있는 감각을 익힐 수 있을까? 기계적은 규칙을 따르는 것이 좋을까?

그렇지 않다. 그것은 문화와 마찬가지로 대단히 섬세하다. 그것은 감각의 문제이며 거의 직감적인 것이다. 연설자는 어떻게 마무리를 지을 것인가에 대한 감각을 터득하지 못한다면 성공을 기대하기는 힘들다.

그러나 이 감각은 훈련을 통해 계발할 수도 있다. 뛰어난 연설자가 어떻게 하는지를 연구한다면 어느 정도 향상을 할 수 있다. 예를 하나 들어보자. 다음은 영국의 황태자가 캐나다 토론토 엠파이어 클럽에서 했던 연설의 마지막 부분이다.

여러분, 저는 주제에서 벗어나 제 이야기만 하고 만 것 같습니다. 하지만 캐나다에서는 가장 많은 사람들을 상대로 이야기할 기회였기 때문에 제 지위와 책임에 대하여 여러분에게 이야기하고 싶었습니다. 저는 단지 책임을 다하려 노력하고 있으며 여러분의 믿음에 보답하려고 할 뿐입니다.

이 연설을 들으면 눈이 보이지 않는 사람이라도 연설이 끝이 났다는 것을 알 수 있을 것이다. 매듭이 풀린 밧줄처럼 허공에 나풀거리지 않고 잘린 단면이나 부스러기가 남아 있는 느낌도 들지 않는다. 깔끔하게 마무리가 되었다.

유명한 해리 에머슨 포스딕 박사는 제6회 국제연맹의 개회식 직후인 일요일에 제네바의 성 피에르 성당에서 강연을 하였다. 그는 "칼을 든 자는 칼로서 망한다"라는 말을 인용했다. 그가 어떤 식으로 아름답고 고귀하게 연설을 마무리 지었는지를 주목하기 바란다.

우리는 예수 그리스도와 전쟁을 조화시킬 수 없습니다. 이것이 문제의 핵심입니다. 이것이야말로 기독교의 양심을 뒤흔드는 문제입니다.

전쟁은 인류를 고난에 빠뜨리는 가장 파괴적인 사회적 범죄입니다. 그것은 어떻게 손을 쓸 수가 없을 정도로 기독교와는 거리가 먼 것입니다. 그 수단과 영향력은 모두 예수가 생각하고 바란 것과는 거리가 먼 것입니다. 그것은 지구상의 모든 이념적 무신론자들조차도 상상할 수 없을 만큼 하느님과 인간에 대한 기독교의 이념 모두를 부정하는 것입니다. 기독교가 현대 사회의 도덕적으로 최고의 문제를 자신들의 것이라고 주장하고 우리의 부모 시대에서와 같이 현대 세계의 우상 숭배에 대항하기 위한 명백한 기준을 다시 세워, 교회가 그 양심을 따라 호전적인 국가의 손실을 거부하고 하느님의 나라를 국수주의 위에 세워 세계 평화를 부르짖는 모습은 가치가 있는 일입니다. 그것은 애국심을 거부하는 것이 아니라 찬양하는 것입니다.

오늘 이 자리에서 미국인으로서 높고 쾌적한 지붕 아래서 나는 정부를 대변할 수가 없습니다. 그러나 미국인으로서, 그리고 기독교도로서 수백만 명의 시민을 대신하여 말씀드리겠습니다. 우리가 그 성공을 믿고, 기원하고, 거기에 참가하지 못하는 것을 안타깝게 여기는 여러분의 위업이 그에 걸맞은 성공을 거둘 수 있기를 간절히 기원하고 있습니다. 우리는 많은 점에서 같은 목적을 향해 나아가고 있습니다. 그 목적이란 바로 세계 평화입니다. 이 이상 가치가 있는 목적은 없습니다. 이것을 달성하지 못한다면 인류가 경험하지 못했던 가장 무서운 파국을 맞이하게 될 것입니다. 물리학에서의 중력처럼 도덕에서 하느님의 법칙은 사람과 나라에 따라 달려지는 것이 아닙니다. 칼을 든 자는 칼로 망하게 되어 있습니다.

연설의 맺음말을 소개하는 데 있어 링컨의 제2회 대통령 취임연설의 당당하면서도 오르간 연주와 같은 멜로디를 소개하지 않을 수가 없다. 옥스퍼드 대학의 총장이었던 케들스컨의 커전 백작은 다음에 소개하는 연설을 이렇게 평가하였다. "인류의 가장 찬란한 보물이자, 인류의 순금과도 같은 웅변이고, 가장 거룩한 연설이다."

우리는 전쟁의 고통이 빨리 사라지기를 진심으로 기원하고 있습니다. 그러나 만약 하느님이 250년 동안 노예들의 고혈에 의해 쌓아올린 모든 부가 사라지고 채찍에 의해 흘린 피의 한 방울 한 방울이 칼에 의해 흘린 피로 되갚는 전쟁이 계속되기를 바랐다면, 2000년 전과 마찬가지로 "하느님의 심판은 참되고 공평하다"라고 말해야 할 것입니다.

적대심에서는 아무것도 탄생할 수 없습니다. 모든 것은 자비심에서 탄생하는 것입니다. 무엇이 옳은 것인지는 하느님이 가르쳐주실 것입니다. 그러므로 정의를 굳게 믿고 우리의 책임을 다하여 우리나라의 상처를 치유하고, 전쟁을 견뎌온 사람들을 돌보고 전사한 미망인과 아이들을 위해 도움의 손길을 보냅시다. 그리고 옳고 영원한 평화를 달성하여 소중하게 키워나가기 위해 우리나라뿐만이 아니라 전 세계와 손을 잡고 노력합시다.

나는 이것을 가장 아름다운 연설의 맺음말이라고 생각한다. 당신도 그렇게 생각하는가? 폭넓은 연설 문학 중에서 이 이상으로 인간미가 넘치고, 여름의 아름다움이 있고, 동정심이 있는 것을 찾을 수가 있을까? 윌리엄 E. 바튼은 『에이브러햄 링컨의 생애』라는 책에서 이렇게 말하고 있다.

게티즈버그의 연설은 분명 숭고한 것이었지만, 이 연설은 그 이상으로 숭고한 것이다. 이것은 에이브러햄 링컨의 연설 중에서도 가장 뛰어난 것이자 그의 지성과 정신력이 최고의 상태였다는 것을 느끼게 해준다.

또한 칼 슈르츠는 이렇게 적고 있다.

이것은 종교적 시와 같다. 미국 대통령 중에 국민에게 이렇게 말한 사람은 없었다. 이렇게까지 마음 깊은 곳으로부터 마음을 표현한 대통령은 미국 역사상 처음이다.

1. 당신에게 맞는 맺음말을 찾아라

그러나 당신은 대통령이 워싱턴에서 하는 것처럼, 아니면 수상이 오타와나 멜버른에서 하는 것 같은 중요한 연설을 하는 것이 아니다. 당신은 비즈니스맨을 상대로 간단한 연설을 어떻게 마무리하면 좋을지가 궁금할 것이다. 어떻게 준비를 하면 좋을까? 우리에게 유익한 방법을 발견할 수 있는지 살펴보기로 하자.

❶ 요점을 정리하라

3~5분 정도의 짧은 연설에서 너무 많은 것을 이야기하려고 하면 청중들은 요점을 제대로 파악할 수 없다. 그러나 이 사실을 알고 있는 사람은 거의 없다. 그들은 자신이 하고 싶은 말을 스스로 확실하게 알고 있기 때문에 청중들에게도 확실하게 알 것이라고 착각하고 있다. 그러나 절대로 그렇지가 않다. 연설자는 공을 들여 생각을 짜내고 있지만, 청중들은 그런 말을 처음 듣는 것이다. 그런데도 청중들에게 총알처럼 쏘아대는 것이다. 몇 발은 명중을 할 수도 있지만 대부분은 이리저리로 빗겨나갈 뿐이다. 청중은 '뭔가 많은 것을 들은 것 같은데 하나 같이 확실하게 기억나는 것이 없다' 라는 상태가 된다.

한 아일랜드 정치가는 연설을 할 때의 비결에 대해 다음과 같이 말해주었다.

"일단 청중들을 향해 앞으로 이야기를 시작한다고 말해주고 연설을 시작한다. 그리고 무슨 이야기를 할지를 이야기한다."

나쁘지 않다고 생각할 것이다. 실제로 "무슨 이야기를 했는지 말해주는 것"은 대단히 바람직한 경우가 많다. 물론 간결하게 개요만을 말하는 것이다.

여기 좋은 예가 있다. 연설자는 시카고의 센트럴 YMCA에서의 대중 연설 수강생이다. 그는 시카고 철도회사의 운송부 부장이다.

여러분, '블록 장치'에 대한 우리의 실제 경험, 즉 동부, 서부, 북부에서 실제 이용했던 경험이 있습니다. 이 장치의 도입 덕분에 건전하고 안전한 작업의 원칙이 지켜졌고, 사고방지로도 이어져 1년에 수많은 경비를 절감할 수 있었습니다. 그래서 저는 남부지부에서도 이 장치를 당장에 설치할 것을 권하는 바입니다.

그가 무슨 말을 했는지 이해할 것이다. 여기까지만 들어도 무슨 말을 하려는지 알 수 있다. 그는 아주 짧은 말로 연설 전체의 요점을 정리해준 것이다.

이런 요약이 도움이 된다고 생각하지 않는가? 만약 도움이 된다고 생각한다면 이 기술을 활용해주기 바란다.

❷ 행동을 촉구하라

지금 인용한 문장은 행동을 촉구하도록 훌륭하게 좋은 마무리 지은 예이다. 그는 무언가를 해주기를 바라고 있다. 이 예에서는 그의 철도회사 남부지사에서 블록 장치가 설치되기를 바라고 있다. 그는 경비가 절약되고, 파손을 막을 수 있다고 호소하고 있다. 그는 행동을 촉구하였으며 원하는 결과를 얻어냈다. 이것은 단순한 연습이 아니라 철도회사 중역진들 앞에서 실제로 했던 연설이며, 그의 요청대로 블록 장치가 설치되었다.

제15장에서는 연설자가 행동하려 할 때 직면하는 문제와 그것을 어떻게 해결하면 좋을지에 대하여 자세하게 설명하기로 하겠다.

❸ 진심이 담긴 간결한 칭찬

위대한 펜실베이니아 주는 새로운 시대의 막을 열도록 촉진하는 데 잎징을 시야 힙니다. 철강을 대량으로 생산하고 있는 펜실베이니아 주는 세계 최대의 철도회사를 낳았고, 농업생산도 국내 3위입니다. 펜실베이니아 주는 우리나라의 산업 중심지입니다. 지금 과거에 없었던 밝은 전망과 리더십을 발휘할 기회가 찾아왔습니다.

찰스 슈왑은 뉴욕의 펜실베이니아 협회의 모임 연설에서

이렇게 마무리를 지었다. 그는 청중을 기쁘게 하고 낙관적인 기분이 들게 하였다. 이것은 칭찬할 만한 연설의 마무리 방법이다. 그러나 효과를 거두기 위해서는 진심 어린 말이 아니면 안 된다. 아부와 과장은 금물이다. 이렇게 마무리 짓는 방법은 진실성을 느끼게 하지 못한다면 결국 거짓말처럼 들릴 뿐이다. 그렇게 되면 위조지폐를 원하는 사람이 없는 것처럼 아무도 당신의 이야기에 귀를 기울여주지 않는다.

❹ 유머로 마무리 짓는 방법

조지 코핸은 이렇게 말했다.

"언제나 청중을 웃겨놓고 작별인사를 하자."

만약 당신이 그럴 능력이나 소재가 있다면 대단히 바람직한 일이다. 그렇다면 그런 능력이나 소재를 어떻게 찾아야 좋을까? 햄릿이 말했던 것처럼 그것이 문제이다. 각자가 자신만의 독특한 방법을 찾아야만 한다.

로이드 조지가 감리교 신자들 앞에서 '존 웨슬리의 무덤'이라는 매우 엄숙한 연설을 했을 때, 그가 웃음으로 마무리를 지을 것이라고는 아무도 상상하지 못했을 것이다.

그러나 그는 현명하게도 그렇게 했다. 또한 얼마나 부드럽고 아름답게 마무리 지었는지를 주목하기 바란다.

나는 여러분이 웨슬리의 무덤을 보수하고 있다는 소식을 듣고 대단히 기쁘게 생각했습니다. 여러분 모두에게 경의를 표합니다. 그는 게으르고 지저분한 것을 아주 싫어했습니다. "누더기를 입은 감리교도를 남의 눈에 띄게 해서는 안 된다"고 했던 것도 아마 그였을 것입니다. 따라서 여러분이 그런 사람과 만나지 않는 것은 모두 그의 덕분입니다.(웃음) 그의 무덤을 황폐하게 방치하는 것은 그를 두 번 죽이는 것입니다. 그가 지나갈 때 문 앞에까지 달려와서 "웨슬리 선생님께 하느님의 축복이 있기를"이라고 인사했던 더비셔의 소녀를 기억하고 계실 겁니다. 그는 "아가씨, 만약 아가씨의 얼굴과 앞치마가 조금만 더 깨끗했더라면 아가씨의 축복이 훨씬 가치 있었을 겁니다"라고 말했습니다.(웃음) 이렇게 그는 지저분한 것을 싫어했습니다. 그러므로 그의 무덤을 지저분하게 방치해서는 안 됩니다. 황폐하게 방치한다면 그는 무엇보다도 상처를 받을 것입니다. 깨끗하게 손질해주십시오. 그곳은 기념할 만한 성스러운 신전입니다. 여러분은 그의 신뢰를 받고 있습니다.(박수갈채)

2. 감동을 이끌어내는 마무리

❶ 시적인 문구의 인용으로 마무리

여러 가지 마무리 방법 중에서 유머나 시적인 문구로 마무리를 짓는 것만큼 바람직한 것이 없다. 단, 제대로 했을 때의 경우이다. 실제로 마무리에 적절한 시나 산문을 인용하면 그보다 이상적인 것이 없다. 바라는 대로 멋을 한껏 살려 위엄과 개성과 아름다움을 돋보이게 될 것이다. 해리 로더 경은 로터리 클럽의 에딘버러에서의 연차 총회에서 미국 로터리 클럽의 대표단을 상대로 연설을 하고 다음과 같이 마무리를 지었다.

여러분이 미국으로 돌아가면 제게 엽서를 보내주시는 분도 계실 겁니다. 아니, 보내주지 않아도 제가 보내겠습니다. 그러면 금방 제가 보낸 엽서라는 것을 알 수 있을 것입니다. 왜냐하면 저는 우표를 붙이지 않을 테니까요.(웃음) 하지만 저는 그 엽서에 이렇게 적을 것입니다.

계절이 오고, 또 가네.

어떤 것이든 언젠가 시들기 마련.

하지만 이슬처럼 촉촉하게 빛나는 것이 있네.

그것은 여러분에 대한 나의 사랑과 애정이라네.

이 짧은 시는 해리 로더 경의 개성과 딱 맞아 떨어진다. 또한 그의 연설 전체와도 어울렸다. 때문에 그에게는 대단히 훌륭한 것이었다. 혹시 같은 로터리 클럽의 완고하고 근엄한 사람이 진지한 이야기 끝에 이 시를 읊었다면 우스꽝스러워 보였을지도 모른다. 나는 연설을 가르칠수록 모든 연설에 통용될 수 있는 일반적인 규칙이 없다는 사실을 더욱 절감하게 되었다. 연설은 주제, 타이밍, 장소, 인품에 따라 크게 좌우된다. 때문에 성 바오로가 말했던 것처럼 '자신의 힘으로 자신을 구원' 하는 수밖에 없다.

얼마 전 나는 뉴욕 시를 떠나는 한 전문가의 환송 파티에 초대를 받았다. 10여 명의 사람이 각각 일어서서 떠나는 친구에게 한마디씩 새로운 곳에서의 활약을 기원했다. 그 중에 한 사람의 맺음말은 대단히 인상적이었다. 시를 인용한 그의 목소리에는 감정이 실려 있었는데, 떠나는 친구를 바라보고 울면서 말했다.

이제, 잘 가시오. 당신의 바람이 모두 이루어지길 바라며 행복하기를.

나는 동양인처럼 가슴에 손을 얹고
알라의 평화가 당신과 함께 하길 기원합니다.
당신이 어디로 오든, 당신이 어디로 가든
알라의 아름다운 손이 펼쳐지듯이
낮에 일을 할 때도, 밤에 잠을 잘 때도

알라의 은총이 있다는 것을
동양인처럼 가슴에 손을 얹고
알라의 평화가 당신과 함께 하기를 기원합니다.

브루클린의 L. A. D. 자동차 회사의 부사장인 J. A. 애보트는 '충성과 협력' 이라는 주제로 종업원들에게 연설을 하였다. 그는 키플링의 『정글북 2』에서 발취한 인상적인 시로 마무리를 지었다.

지금은 이것이 정글의 법칙이다.
하늘처럼 오래되었고 진실되다.
이것을 지키는 늑대는 번영할 것이다.
이것을 깨는 늑대는 멸망할 것이다.
나뭇가지를 휘감는 덩굴처럼
이 법칙은 정글 구석구석으로 퍼져 있다.
무리의 힘이 늑대이고, 늑대의 힘은 무리를 이루는 것이다.

도서관으로 가서 자신이 어떤 주제에 대한 연설 준비를 하고 있는데 시를 인용하고 싶다고 도서관 사서에게 상담을 하면 『바틀릿의 인용문 사전』 등 도움이 될 만한 책을 가르쳐 줄 것이다.

❷ 성서를 인용한 위력

연설을 보강하기 위해 성서에서 인용할 수 있다면 행운이다. 성서에서 인용을 하면 위력을 발휘한다. 유명한 재계 인사 프랭크 밴더립은 이 방법으로 미국에 부채가 있는 모든 나라들의 부채에 관한 연설을 이렇게 마무리 지었다.

만약 우리가 지불청구서 대로 그대로 시행한다면 쉽게 받아내지 못할 겁니다. 이기적인 주장은 돈이 아니라 증오가 되돌아오기 마련입니다. 만약 우리가 현명하고 관대하다면 그 지불청구서는 모두 받아들여질 것이고, 그들과의 우호관계는 우리가 잃게 되는 것보다 큰 의미를 가지게 될 것입니다.

예수는 "자기 목숨을 얻는 자는 잃을 것이요 나를 위하여 자기 목숨을 잃는 자는 얻으리라"라고 말했습니다.

❸ 점층법

점증법은 많은 사람들이 쓰고 싶어 하는 미무리 방법이다. 이것을 제대로 활용하는 것은 어렵고, 누구나 어떤 주제에나 가능한 것이 아니다. 그러나 제대로만 활용한다면 훌륭한 마무리가 될 수 있다. 이것은 각 문장들에 힘이 실려 있어 점점 절정을 향하게 된다. 점층법의 좋은 예는 3장에서 예를 들은 필라델피아 입상 연설의 맺음말이다.

링컨은 나이아가라 폭포에 대한 연설 초고를 이 점층법으로 마무리 지었다. 각각의 대비가 앞의 것보다 강하다는 것을 주목하기 바란다. 콜럼버스, 예수, 모세, 아담과 같은 역사적 인물의 시대와 비교할 때마다 효과가 점점 커지는 것을 주목하기 바란다.

이 폭포는 먼 옛날을 떠올리게 합니다. 콜럼버스가 미 대륙을 발견했을 때, 예수가 십자가에 못 박혔을 때, 모세가 이스라엘 백성을 이끌고 홍해를 건넜을 때, 아니 그보다 훨씬 전에 아담이 창조주에 의해 이 세상에 태어났을 때도 나이아가라 폭포는 지금처럼 굉음을 내고 있었습니다. 지금은 멸종되어 뼈만 묻혀 있는 거대한 동물들의 눈도 우리가 지금 나이아가라 폭포를 바라보고 있는 것처럼 바라보았을 것입니다. 인류 최초의 종족과 같은 시대부터 존재하여 태초의 인간보다 오랜 역사를 가지고 있는 이 나이아가라 폭포는 지금이나 1만 년 전이나 마찬가지로 힘차고 신선합니다. 먼 옛날에 멸종되어 거대한 뼈만이 그 존재를 증명해 주고 있는 매머드나 마스토돈 등의 고대 생명체들은 오랜 세월 동안 결코 멈추지 않고, 마르지 않고, 얼지 않고, 잠들지 않고, 쉬지 않고 흐르는 나이아가라 폭포를 바라보았을 것입니다.

웬델 필립스는 뚜쌍 루베르뛰르에 대한 연설에서 이와 똑같은 방법을 이용했다. 그의 마무리는 다음과 같다. 이 발췌문은 대중 연설에 관한 책에서 자주 인용되고 있다. 활기와 박력이 넘친다. 현대의 실용주의적 관점에서 본다면 미사어구가 너무 지나치기는 하나 그래도 여전히 흥미롭다. 이 연설은 반세기도 더 전에 씌어졌다. "지금부터 50년 뒤에 진실이 햇빛을 받게 되었을 때"에 대한 존 브라운과 뚜쌍 루베르뛰르의 역사적 평가에 대하여 웬델 필립스의 예견이 보기 좋게 빗나갔다는 점이 재미있다. 내년의 주가를 예상하는 것이 어려운 것처럼 역사를 평가하는 것은 대단히 어렵다.

그를 나폴레옹이라 부를 수도 있을 것입니다. 그러나 나폴레옹은 맹세를 깨고 피의 바다를 건너 제국을 건설했지만, 그는 단 한 번도 맹세를 어긴 적이 없었습니다. 보복을 하지 않는 것이 그의 신조이자 삶의 방식이었습니다. 또한 그가 프랑스에서 아들에게 마지막으로 했던 말은 "아들아, 네가 산타 도밍고로 되돌아 왔을 때, 프랑스가 네 아버지를 죽였다는 것을 잊지 말아라"였습니다. 그를 크롬웰이라고도 부를 수 있겠지만, 크롬웰은 단순히 군인이었고 그가 세운 국가는 그와 함께 매장되었습니다. 그를 워싱턴이라고도 부를 수 있겠지만, 그 위대한 버지니아 인은 노예를 소유하고 있었습니다. 그러나 그는 자신의 영지 내의 가장 가난한 마을에서 노예 거래를 허락하는 대신에 자신의 제국을 위험에 빠뜨리는 편을 택했습니다.

여러분은 저를 광신적이라고 생각할 것입니다. 그러나 그것은 여러분이 역사를 자신의 눈이 아닌 편견으로 보고 있기 때문입니다. 그러나 지금부터 50년 뒤에 진실이 햇빛을 받게 되었을 때는 '역사의 여신' 이 그리스에는 포시온을, 로마에는 브루투스를, 영국에는 햄든을, 프랑스에는 라파예트를, 우리 미합중국의 초기 문명의 찬란하게 만개한 꽃으로서 워싱턴을, 그리고 숙성된 과실로서 존 브라운을 각각 선택하여 역사에 남길 것입니다. 그리고 '역사의 여신' 은 햇빛이 드는 곳에서 밝은 청색 잉크로 병사, 정치가, 순교자, 혹은 뚜쌍 루베르뛰르의 이름을 더하게 될 것입니다.

3. 마무리는 짧고 아름답게

시작과 마무리가 잘 될 때까지 철저하게 추구하고 연구하기 바란다. 그리고 그 사이는 가능한 요점만 짧게 정리하자.

빠르게 흘러가는 시대의 흐름에 맞춰 간단명료하게 말하지 못하는 연설자는 환영을 받지 못하는 것은 물론이고 혐오의 대상이 될 수도 있다.

타르수스와 같은 성인조차 이 점에서는 실패를 저지르고 말았다. 그는 청중의 한 사람인 유티쿠스라는 젊은이가 졸다가 창문에서 떨어져 목이 부러질 때까지 설교를 계속했다. 그 순간에 이야기를 멈췄는지 아닌지는 알 수 없지만, 브루클린의 대학 클럽에서 연설을 하기 위해 일어선 한 의사의 모습이 떠오른다. 그 연회는 길었고 이미 많은 사람들이 연설을 마친 상태였다. 그의 순서가 되었을 때는 이미 새벽 2시가 되었다. 그가 분별력이 있는 사람이었다면 짧게 끝내고 모두를 돌려보냈을 것이다. 그러나 그는 그렇게 하지 않았다. 그는 45분 동안이나 생체해부에 대하여 이야기를 했다. 청중들은 그도 유티쿠스처럼 창문에서 떨어져 골절을 당해버리길 바랄 지경이었다.

『새터데이 이브닝 포스트』의 편집장 로리머는 이렇게 말했다.

"우리 잡지의 연재기사는 인기가 절정에 달했을 때 중단시키고 있다. 물론 독자들은 계속 연재하기를 원하지만."

왜 인기 절정일 때 중단을 시키는 걸까?

로리머는 이렇게 말했다. "왜냐하면 인기가 절정에 달한 뒤에는 곧 포화상태가 되기 때문이다."

연설에도 이 지혜는 통하기 때문에 적용을 해야 한다. 청중들이 당신의 이야기에 열심히 귀를 기울이고 있는 동안에 이야기를 끝내야 한다.

예수의 가장 위대한 연설인 '산상수훈'은 5분 만에 끝났다. 링컨의 '게티즈버그 연설'도 불과 10분 만에 끝났다. 『창세기』의 천지창조 이야기를 읽는 것은 조간신문의 살인 사건을 읽는 것보다도 시간이 걸리지 않는다. 따라서 연설은 짧게 끝내야 한다.

니아사(지금의 말라위)의 신부였던 존슨 박사는 아프리카 원주민에 관한 책을 쓰고 있다. 그는 49년 동안 그들과 함께 숙식을 함께하며 관찰을 하였다. 그의 말에 따르면 마을 모임에서 연설자가 너무 길게 이야기를 하면 청중들은 '이메토샤(이제 그만)'라고 소리친다고 한다.

그리고 어느 종족은 연설자에게 한쪽 다리로만 서서 참을 수 있을 만큼만 이야기를 허락한다고 한다. 들고 있던 다리가 땅에 닿으면 이야기를 중단해야만 한다.

일반적인 청중들은 그들보다 훨씬 예의 바르고 참을성이 많지만, 아프리카 사람들과 마찬가지로 긴 연설을 좋아하지는 않는다.

그들의 운명을 경고로 삼아

그것이 자신의 운명이 되지 않도록

그들에게서 연설의 방법을 배워라.

11장의 정리

1. 연설의 마무리는 실력을 보여주는 가장 좋은 지표다. 마지막으로 한마디는 가장 오랫동안 인상에 남기 쉽다.

2. "이 문제에 대하여 내가 하고 싶은 이야기는 모두 했습니다. 그럼 이제 그만하겠습니다"라는 식의 마무리는 해서는 안 된다. 그런 말은 전혀 불필요하다.

3. 웹스터, 브라이트, 글래드스톤처럼 사전에 마무리 부분을 주도면밀하게 준비해두어야 한다. 예행연습을 하기 바란다. 마무리 말을 한 단어 한 구절 외워서 깔끔하게 마무리 지어라. 거칠거칠한 표면을 남긴 바위틈처럼 매끄럽지 않은 마무리를 해서는 안 된다.

4. 마무리 방법에 대해서는 다음의 일곱 가지 방법을 제안한다.

   a. 요약하거나, 반복하거나, 개요를 간단히 말해준다.
   b. 행동을 촉구하라.
   c. 청중을 진심에서 칭찬하라.
   d. 웃음을 유도하라.
   e. 연설에 어울리는 시를 인용하라.
   f. 성서를 인용하라.
   g. 점층법을 이용하라.

5. 좋은 시작과 마무리를 하라. 확실하게 정리를 해두어라. 항상 청중이 더 이상 듣고 싶지 않다는 생각이 들기 전에 마무리 지어라. "인기가 절정에 오르면 곧 포화상태에 이르게 된다."

Inaction breeds doubt and fear. Action breeds confidence and courage. If you want
to conquer fear, do not sit home and think about it. Go out and get busy.
행동하지 않기 때문에 의심과 두려움이 만들어 진다. 행동은 자신감과 용기를 가
져다준다. 만약 당신이 두려움을 극복하고 싶다면 집안에만 앉아서 생각해서는
안 된다. 밖으로 나가 바쁘게 움직여라.

–Dale Carnegie

Part 12

요점을 알기 쉽게 하는 황금률

How to Make your Meaning Clear

"독자 열 명 중에 아홉은 알기 쉬운 문장을 진실로 받아들인다."
—『브리태니커 백과사전』

"하고자 하는 말을 신중하게 검토하고 그것을 상상 속의 인물에게 쓰거나 읽어주면서 사용할 단어를 선택하라. 요점을 순서대로 정리하고 그 순서를 완전히 파악하라. 요점의 중요성에 따라 시간을 조절한다. 그리고 완벽하다고 느꼈을 때 멈춰라."
—에드워드 에버렛 박사

"비즈니스맨을 상대로 솔로몬에 대해 설명을 한다면 오늘날의 J. P. 모건이라고 말해주어라. 야구팬에게 삼손에 대해 설명을 한다면 당시의 베이브 루스라고 말해주어라. 프랭크 시모즈는 힌덴부르그 방어선을 무너뜨린 포슈 장군의 전략을 묘사했을 때, 대문의 경첩에 격렬한 포격을 하고 있는 그림을 이용했다. 그리고 위고는 워털루 전투를 설명하기 위해 알파벳 I를 이용했고, 엘슨은 게티즈버그 전투를 설명하기 위해 알파벳 U를 이용했다. 전투를 눈으로 직접 보지 않은 사람이라도 문과 알파벳 U는 알고 있다."
—글렌 클락, 『즉흥 연설을 위한 자기 계발』

"백문이 불여일견"

—중국 속담

"내 아버지의 지적 에너지는 대단했다. 내가 했던 최고의 훈련은 아버지에게 받은 것이다. 아버지는 애매한 것을 싫어했다. 나는 글을 쓰기 시작하면서부터 아버지가 83세에 돌아가시기 직전까지 내가 쓴 모든 글을 아버지에게 보여드렸다. 아버지는 내게 그 글들을 모두 읽게 하였는데, 그 작업은 내게는 항상 힘든 일이었다. 아버지는 가끔씩 멈추게 한 뒤 '그게 무슨 의미지?'라고 묻곤 하셨다. 그러면 나는 쉬운 말로 풀어서 대답하곤 했다. 그러면 아버지는 '왜 처음부터 그렇게 쓰지 않았니? 빙빙 돌려서 말하지 말고 하고 싶은 말을 직설적으로 말해라'라고 지적하셨다."

—우드로 윌슨

요점을 알기 쉽게 하는 황금률

제1차 세계대전 중에 영국의 한 유명한 주교가 롱아일랜드의 업톤 캠프에서 배우지 못한 흑인 중대를 상대로 연설을 하였다. 그들은 전선으로 가는 도중이었는데, 그들 중에는 자신들이 왜 전투에 참가를 해야 하는지를 이해하고 있는 사람이 거의 없었다. 이것은 내가 그들에게 직접 물어본 것이기 때문에 틀림이 없다. 그러나 주교는 이런 흑인들에게 '국제친선'이나 '세르비아인에게 주어진 권리'에 대한 연설을 했다. 그들의 과반수는 세르비아가 동네 이름인지 무슨 질병의 이름인지조차 모르고 있었다. 때문에 성운설을 찬양하는 것과 마찬가지 결과였다. 그래도 주교가 연설을 하는 도중에 밖으로 나가는 사람이 단 한 명도 없었다. 왜냐하면 권총을 차고 있는 헌병들이 문 앞에 서서 출입을 통제하고 있었기 때문이다.

나는 주교를 책망할 생각은 없다. 그는 틀림없는 학자였고, 대학생을 상대로 강의를 했다면 훨씬 청중들을 사로잡았을 것이다. 그러나 흑인들을 상대로는 실패를 하고 말았다. 그것도 완벽한 실패다. 그는 청중이 어떤 사람들인지를 전혀 이해하지 못했다. 그는 연설의 목적을 확실히 이해하지 못했으며, 어떻게 해야 좋을지도 모르고 있었다.

연설의 목적이란 대체 무엇일까? 연설자가 인식을 하고 있든 하지 못했든 간에, 모든 연설은 다음의 네 가지 목적 중에 하나는 가지고 있어야 한다.

1. 무언가를 일깨워준다.
2. 감동을 주거나 이해를 시킨다.
3. 행동을 촉구한다.
4. 즐겁게 해준다.

구체적인 예를 들어보자.

링컨은 항상 기계에 관심이 많았는데, 하루는 좌초된 배를 모래톱이나 그 밖의 다른 장애물에서 끌어올리는 창치를 발명하여 특허를 받았다. 그는 자신의 법률사무소 가까이에 있던 기계공장에서 스스로 그 장치의 모형을 만들었다. 그 장치는 결국 실용화되지는 않았지만, 링컨은 언젠가는 실용화될 것이라고 확신하고 있었다. 친구가 그 모형을 보러 사무실까지 찾아오자 링컨은 기뻐하며 설명을 해주었다. 이때 링컨은 알기 쉽게 설명해야 한다는 것을 염두에 두었다.

링컨이 게티즈버그에서 역사에 길이 남을 명연설을 하였을 때와 첫 번째와 두 번째 대통령 취임연설을 하였을 때, 헨리 클레이가 죽었을 때, 그의 업적을 기리는 연설을 하였을 때, 그는 사람들에게 감동을 주고 이해시키기는 것에 주안점을 두고 연설을 하였다. 당연히 타인을 이해시키기 위해서는 알기 쉽게 이야기를 해야만 한다. 그러나 이런 경우에는 이해하기 쉬운 것이 주된 목적이 아니다.

배심원들을 상대로 변론을 할 때는 원하는 판결을 얻어내는 것이, 그리고 정치 연설을 할 때는 표를 얻는 것이 제1 목적이다. 이런 경우 링컨은 행동을 일으키는 것을 목적으로 삼았다.

대통령으로 당선되기 2년 전, 링컨은 '발명'이라는 주제로 연설 준비를 하였다. 이때의 목적은 청중들을 즐겁게 하는 것이었다. 적어도 그럴 생각이었다. 그러나 생각처럼 되지는 않았다. 명연설자로서의 링컨에 대한 평판은 썩 좋지가 않았다. 어떤 마을에서는 아무도 그의 연설을 들으러 오지 않았다.

그러나 그는 지금까지 말했던 것처럼 다른 연설에서는 크게 성공을 하였다. 왜일까? 그것은 그때는 링컨이 자신의 목표를 잘 알고 있었고, 또한 어떻게 달성해야 하는지도 알고 있었기 때문이다. 다시 말해서 자신이 가야 할 방향을 알고 있었고 어떻게 가야 하는지도 알고 있었던 것이다. 대부분의 연설자는 그것을 모르고 있기 때문에 실패의 쓴 잔을 마시게 되는 것이다.

예를 들어, 나는 예전에 한 하원의원이 뉴욕의 히포드롬 무대에서 청중들의 야유를 받으며 내려가는 것을 본 적이 있다. 왜냐하면 그는 무의식적이었지만 어리석게도 '알기 쉽게 말하기'에만 주안점을 두었기 때문이었다. 당시는 전쟁 중이었고, 그는 청중들에게 미합중국의 군비체제에 대해 연설을 했다. 그러나 청중들은 그런 무거운 이야기가 아니라 즐거운 이야기를 듣고 싶어 했다. 청중들은 그저 빨리 끝나기만을 바라며 꾹 참고 10분, 15분을 듣고 있었다. 그러나 연설은 전혀 끝날 기미가 보이지 않았다. 그는 지루한 연설을 계속했고, 결국 청중들의 인내심이 한계에 달하고 말았다. 누군가가 조롱 섞인 야유를 보내자 그 뒤를 이어 계속해서 야유가 터져 나왔다. 결국 1000명의 청중들이 모두 고함을 치며 야유를 보냈다. 그러나 연설자는 청중들이 왜 그러는지 눈치 채지 못한 채 연설을 계속했다. 그것이 청중들을 더욱 자극하여 결국은 전쟁이 벌어지고 말았다. 조바심은 분노로 변하여 청중들은 연설자의 입을 막아버리기로 결심하였다. 청중들의 항의가 폭풍우처럼 빗발쳤다. 이렇게 해서 거친 분노는 연설자의 목소리를 잠재워버려 아무 소리도 들리지 않게 되었다. 결국 그는 하는 수 없이 패배를 인정하고 굴욕 속에서 연단을 내려와야만 했다.

이 예를 통해 어떤 목적으로 이야기를 할 것인지를 배우기 바란다. 연설을 준비하기 전에 현명하게 목적을 선택해야 한다. 그리고 그 목적을 달성하기 위해서는 어떻게 해야 하는지를 생각해야 한다. 그런 다음 준비를 시작하라. 현명하게 지식을 활용하기 바란다.

그러기 위해서는 지식과 전문적인 지도가 필요하다. 연설을 구성하는 대단히 중요한 요소로 그것에 대하여 네 개의 장으로 나누어 알아보기로 하자. 제12장의 나머지는 연설을 쉽게 하는 방법에 대해 적었다. 제13장은 연설을 인상적이고 설득력 있게 하는 방법에 대하여 적었다. 제14장에서는 연설을 흥미진진하게 이끄는 방법에 대해 적었다. 제15장에서는 행동을 촉구하기 위한 과학적인 방법에 대해 적었다.

1. 예를 들어 이해하기 쉽게 하자

알기 쉽게 말하는 것에 대한 중요성과 어려움을 과소평가해서는 안 된다. 나는 최근에 한 아일랜드 시인이 자신의 시를 낭송하는 저녁 모임에 갔었다. 그가 강연을 하던 절반의 시간 동안 무슨 이야기를 하고 있는지를 이해한 사람은 10퍼센트도 되지 않았다. 많은 연설자들이 공사의 자리를 막론하고 이런 경우가 많다.

나는 올리버 롯지 경과 대중 연설에 꼭 필요한 것이 무엇인가에 대하여 이야기를 나눈 적이 있다. 그는 40년 동안 대학생과 일반 대중들 앞에서 강의를 한 경력을 가지고 있다. 그의 말에 따르면 첫째가 지식과 준비이고, 둘째는 이해하기 쉽도록 하기 위한 노력이라고 한다.

폰 몰트케 장군은 보불전쟁이 발발하자 부하들에게 "제군들, 오해의 소지기 있는 명령은 반드시 오해를 초래한다는 것을 명심하라"라고 말했다. 나폴레옹도 이것에 대한 위험성을 잘 알고 있었다. 그가 측근들에게 강조하고 반복해서 말한 것은 "알기 쉽게"였다. 예수는 "왜 비유를 통해 말씀하시나요?"라는 제자들의 질문에 "그들은 보고 있어도 보지 못하고, 듣고 있어도 듣지 못하다. 왜냐하면 이해하지 못하기 때문이다"라고 대답하였다.

청중들의 익숙한 주제로 연설을 할 때는 사람들이 예수를 이해한 것처럼, 과연 당신이 하는 말을 쉽게 이해해줄까? 절대로 그런 일은 없을 것이다. 그렇다면 어떻게 하는 것이 좋을까? 이럴 때 예수는 어떻게 하였을까? 매우 간단하고 자연스러운 방법으로 해결을 하였다. 청중들이 모르는 사실을 알고 있는 사실과 연관 지어 이야기를 하는 것이다. '하느님의 나라' 그것은 어떤 것일까? 어떻게 하면 팔레스타인의 무식한 농부에게 이해를 시킬 것인가? 예수는 그들이 이미 알고 있는 것과 행동으로 비유해서 이야기했다.

하느님의 나라는 누룩과도 같다. 여인들이 그것을 석 되의 밀가루 속에 넣으면 부풀어 오른다.

또 하느님의 나라는 좋은 진주를 구하는 상인과도 같다.

또한 하느님의 나라는 바다에 던져놓은 그물과도 같다.

이렇게 말해주면 그들도 쉽게 이해할 수 있을 것이다. 청중들 속의 주부들은 매주 빵을 굽기 위해 누룩을 이용했고, 어부들은 매일 바다에 그물을 던졌고, 상인들은 진주를 거래하였다.

다윗은 어떻게 해서 여호와의 자비와 사랑을 사람들에게
이해시켰을까?

주님은 나의 목자시니 나는 아쉬울 것이 없노라. 주님은 나를
풀밭에 눕히고 조용한 물가로 인도하셨다.

불모지에 가까운 땅에 펼쳐진 푸른 목초지, 양이 물을 마
실 수 있는 조용한 물가 등을 말할 때 목동들이 쉽게 이해
할 수 있었다.

이 원칙을 이용한 훌륭하고 재미있는 예를 소개하기로
하겠다. 몇 명인가의 선교사들이 성경을 적도 근처의 아프
리카 원주민의 말로 번역하고 있었다. 그들은 번역을 하다
이런 시에 봉착하게 되었다.

"당신의 죄는 진홍빛처럼 붉지만 눈처럼 새하얗게 될 것
이다."

과연 어떻게 번역을 하는 것이 좋을까? 말 그대로 직역
을 하는 것이 좋을까? 그래봤자 아무 의미도 없는 헛소리
에 불과할 것이다. 왜냐하면 이 원주민들은 2월의 아침에
거리의 눈을 삽으로 치운 적이 없었기 때문이다. 그들에게
는 눈이라는 단어조차 없다. 눈과 콜타르의 구별도 하지
못했다. 그러나 그들은 코코넛 야자나무에 올라가 열매를

흔들어 따서 점심 식사를 하였다. 선교사들은 그들이 모르는 것을 아는 것으로 바꾸어 시를 다음과 같이 바꾸었다.

"당신의 죄는 진홍빛처럼 붉지만 코코넛 열매처럼 새하얗게 될 것이다."

이렇게 환경이 다르면 말을 바꾸기가 매우 어렵다.

나는 이전에 미주리 주의 워렌버그에 있는 한 주립교육대학에서 알래스카에 대한 강의를 들은 적이 있다. 이 강의는 많은 점에서 이해하기 힘들었고 재미도 없었다. 왜냐하면 앞서 말한 아프리카 선교사들과 달리 청중들이 알기 쉬운 말로 바꾸어주지 않았기 때문이다. 예를 들어 알래스카의 총면적은 59만 804제곱마일이고, 인구는 6만 4356명이라고 했다.

대략 60만 제곱마일이라고 한들 보통사람들에게 이것이 무슨 의미가 있겠는가? 거의 의미가 없을 것이다. 왜냐하면 평소에 제곱마일로 그 넓이를 상상해본 적이 없었기 때문이다. 약 60만 제곱마일이 메인 주 정도의 크기인시, 아니면 텍사스 주 정도의 크기인지조차 모른다. 만약 연설자가 알래스카와 주변 섬들의 해안선을 합치면 지구를 한 바퀴 이상 돌 수 있는 거리이고, 그 면적은 버몬트, 뉴햄프셔, 메인, 매사추세츠, 로드아일랜드, 코네티컷, 뉴욕, 뉴햄프셔, 펜실베이니아, 델라웨어, 메릴랜드, 웨스트버지니아, 노스캐롤라이나, 사우스캐롤라이나, 조지아, 플로리다, 미시시피, 네바다 주 모두를 합친 면적보다 넓다고 했다면 어땠을까? 그랬다면 알래스카가 얼마나 넓은지 확실하게 이해할 수 있었을 것이다.

그는 알래스카 인구가 6만 4356명이라고 했다. 그러나 이 숫자를 5분, 아니 1분이라도 기억하고 있는 사람은 열 명 중에 한 명도 되지 않을 것이다. 왜냐하면 6만 4356명이라고 빨리 말하고 지나가면 확실하게 인상에 각인되지 않기 때문이다. 마치 모래 위에 쓴 글자처럼 흐릿하고 불안정한 이상만 남길 것이다. 파도가 치면 글자가 지워지듯이 숫자도 잊혀져버릴 것이다. 따라서 청중들이 잘 알고 있는 것에 비유를 해서 말하는 것이 좋다. 예를 들어 세인트조지프란 도시는 청중들이 살고 있는 미주리의 작은 도시에서 그리 멀지 않은 곳이다. 청중들의 대부분이 그 도시에 가본 적이 있다. 그리고 알래스카의 인구는 당시의 세인트조지프의 인구보다 1만 명이 적었다. 청중들에게 그들이 살고 있는 도시를 관점으로 이야기를 했다면 더 좋았을 것이다. "알래스카는 미주리 면적의 8배에 달하지만, 인구는 이 워렌버그의 13배 밖에 되지 않습니다"라고 말했다면 훨씬 이해하기 쉬웠을 것이다.

다음 예 중에 어떤 것이 이해하기 쉬울까?

  1. 지구에서 가장 가까운 별은 35조 마일 떨어져 있다.

  2. 분속 1마일의 열차가 가장 가까운 별에 도착하는데 까지
는 4800만 년이 걸린다. 가령 그 별에서 노래를 불러 그 노랫소
리가 지구에 도착한다고 가정한다면, 우리의 귀에 도착할 때까
지는 380만 년이 걸린다. 그 별까지 거미가 줄을 친다면, 그 거
미줄의 무게는 500톤에 달한다.

  1. 세계에서 제일 큰 교회인 성 베드로 대성당은 높이 22미
터, 폭 21미터이다.

  2. 이 성당의 크기는 워싱턴 국회의사당을 두 개 합친 크기와
같다.

  올리버 롯지 경은 일반 대중에게 원자의 크기와 성질을
설명할 때 이 방법을 자주 이용했다. 그가 유럽의 청중들
에게 "한 방울의 물속에는 지중해를 채우고 있는 물방울의
수와 비슷한 양의 원자가 들어 있다"라고 이야기하는 것을
들은 적이 있다. 당시 지브롤터해협에서 수에즈운하까지
가는 데는 일주일 이상의 시간이 걸렸다. 그리고 청중들이
더 가깝게 느낄 수 있도록 "한 방울의 물속에 포함되어 있
는 원자의 수는 지구의 모든 풀잎의 수와 거의 같다"라고
말해주었다.

리처드 하딩 데이비스는 뉴욕의 청중들을 상대로 "성 소 피아의 이슬람 사원은 뉴욕 5번가 극장과 거의 비슷한 크 기이다"라고 말했다. 그리고 "이탈리아의 브린디지라는 도 시는 뒤쪽에서 들어가면 롱아일랜드와 닮았다"라고 말했 다. 이 원칙을 연설에서 응용하기 바란다.

예를 들어 피라미드에 대한 이야기를 할 때는 높이가 45 피트라고 한 뒤에 청중들이 평소에 자주 접하는 빌딩과 비 교하여 높이를 설명하면 좋을 것이다. 피라미드의 바닥 면 적이 시가지의 몇 구역에 해당하는지를 이야기하는 것도 좋다. 수천 갤런이나 수십만 배럴이라고 할 때는 이 액체 가 어느 정도의 방 몇 개를 채울 수 있는 지를 말해주어라. 20피트의 높이라고 말하는 것 보다는 이곳 천장의 1.5배 라고 말하는 것이 좋다. 몇 킬로미터, 몇 마일이라고 말하 기 보다는 여기서부터 역까지, 아니면 어느 도로까지의 거 리라고 말하는 것이 좋다.

2. 전문용어는 가능한 한 피하라

만약 당신이 전문직에 종사하고 있다면, 예를 들어 변호 사, 의사, 엔지니어 등의 특수 전문직에 종사하고 있다면 보통 사람들에게 이야기할 때는 특히 주의를 해야 한다. 알기 쉬운 말을 쓰고, 필요에 따라서는 자세하게 설명을 해주어야 한다.

나는 전문직 종사자들에게는 특히 더 주의하라고 조언한다. 왜냐하면 나는 내 업무적 성격상, 이 점을 고려하지 않아서 완전히 망쳐버린 연설을 수백 번이나 들은 적이 있기 때문이다. 그들은 일반인들이 자신들의 전문직에 관하여 전혀 모른다는 사실을 모르고 있는 것처럼 보였다.

이들은 과연 어떻게 되었을까? 그들은 자신의 체험담을 이야기하면서 자신들만이 알 수 있는 전문용어를 사용하고, 자신의 생각을 줄줄이 늘어놓을 뿐이었다. 그러나 일반인들에게 그들의 이야기는 아이오와나 캔자스의 옥수수밭에 6개월 동안이나 비가 내린 뒤에 탁해진 미주리 강물처럼 전혀 알아들을 수가 없다.

그런 연설자는 어떻게 해야 하는 걸까? 인디애나의 상원의원 비버리지의 뛰어난 글에서 조언을 얻도록 하자.

청중들 중에서 제일 이해력이 떨어지는 사람을 찾아 그 사람이 자신의 이야기에 흥미를 가질 수 있도록 노력하라. 그러기 위해서는 사실을 알기 쉽게 설명해주고 명확하게 이론을 제시해주어야 한다. 부모님과 함께 온 아이에게 초점을 맞춘다면 더 좋을 것이다.

'이야기를 할 때는 아이들이라도 이해하고 기억할 수 있고,

나중에 다른 사람들에게 내용을 설명해줄 수 있을 정도로 쉽게' 하자고 다짐을 하는 것이다. 또한 자신의 의사를 청중들에게 미리 선언해두는 것도 좋다.

내 수강생 중에 한 의사가 연설에서 이렇게 말하는 것을 들은 적이 있다. "횡격막 호흡은 장의 연동운동을 촉진시켜 건강에 도움이 된다는 사실을 알고 있습니다."

그는 이렇게만 말하고 다음 주제로 넘어가려고 했다. 그래서 나는 이야기를 중단시키고 횡격막 호흡이 일반 호흡과 어떻게 다른지, 그것이 건강에 어떻게 좋은지, 연동운동이 무엇인지 알고 있는 사람은 손을 들어보라고 했다. 그러자 의사는 깜짝 놀라며 다시 이렇게 설명을 덧붙여주었다.

횡격막은 흉부와 복강 사이에 있는 얇은 근육입니다. 움직이지 않고 호흡만 하고 있을 때는 거꾸로 뒤집어 놓은 세면기처럼 아치 모양을 하고 있습니다.

횡격막 호흡에서는 호흡을 할 때마다 이 근육의 아치 모양이 평평하게 펼쳐집니다. 그리고 복근이 벨트로 누르는 느낌이 듭니다. 횡격막의 이런 움직임이 복강 상부의 각 기관, 즉 위, 간장, 췌장, 비장, 명치 등을 마사지하여 자극합니다.

숨을 내쉬면 위와 장이 횡격막에 의해 밀려 올라가 다시 마
사지를 받게 됩니다. 이 마사지가 배설작용을 도와주는 것입
니다.

많은 질병들이 장에서부터 시작됩니다. 대부분의 소화불량,
변비, 자가중독 등은 위나 장이 횡격막 호흡에 의해 적절한 자
극을 받게 되면 고쳐지게 됩니다.

3. 링컨 연설의 비밀

링컨은 누구나 쉽게 알 수 있게 연설하려고 항상 염두에
두었다. 그는 첫 의회 연설에서 '사탕발림' 이라는 말을 썼
다. 링컨의 친구인 공문서 전문 인쇄업자 드프리는 이 표
현이 일리노이에서의 연설에서는 써도 문제가 되지 않지
만 역사적인 정부관계 문서 속에서 사용하는 것은 권위를
떨어뜨리는 것이 아니냐고 하였다. 그러자 링컨은 이렇게
대답하였다.

"드프리, 자네가 '사탕발림' 이라는 말을 이해하지 못하
는 날이 올 것이라고 생각한다면 다른 단어로 바꾸겠네.
그게 아니라면 그냥 그 말을 쓰겠네."

그는 녹스 대학의 학장인 걸리버 박사에게 이해하기 쉬
운 말에 대한 '열정' 을 품게 된 계기를 이렇게 설명해주
었다.

내가 기억하고 있는 제일 오래된 추억은 어릴 적에 누군가 내가 이해할 수 없는 말을 해서 짜증을 낸 것입니다. 나는 다른 일에는 화를 낸 적이 없다고 생각합니다. 그러나 그날 이후 이것은 줄곧 나를 짜증나게 했습니다. 밤중에 아버지가 이웃사람과 이야기하는 걸 듣고 내 방으로 가서, 그들이 한 이야기가 무슨 뜻인지 이해하기 위해 밤새도록 방안을 오가며 시간을 허비했던 것을 기억하고 있습니다.

그렇게 이런저런 생각에 잠겨 말뜻이 이해될 때까지는 아무리 애를 써도 잠이 오지 않았습니다. 그리고 겨우 그 뜻을 이해하게 되면 몇 번이고 되풀이해보고, 친구들이 이해할 수 있는 간단한 말로 바꾸지 못하면 만족을 할 수 없었습니다. 나는 이런 일에 열정을 쏟고 있습니다.

열정? 그렇다. 그는 그렇게까지 했던 것이다. 뉴 살렘학교의 교장이었던 멘토 그래햄은 이렇게 증언해주었다.

"나는 링컨이 하나의 생각을 표현하기 위해 세 가지 방법 중에 어떤 방법을 쓸지에 대해 몇 시간이나 생각에 빠져 있다는 것을 알고 있다."

이해하기 쉽게 이야기하지 않는 공통적인 이유는 본인이 무슨 말을 하고 싶은지 확실하게 모르기 때문이다. 그저 어렴풋한 느낌만 있을 뿐이다. 명확하지 않은 애매한 생각밖에 없는 것이다. 그 결과 어떻게 될까? 그들의 머리는 안개 속에서 사진을 찍듯이 마음속도 흐려져 있다. 그들은 링컨의 방식을 본받아 애매함과 불분명함에 대하여 고민할 필요가 있다.

4. 그림 등으로 시각에 호소하라

제4장에서 말했던 것처럼 눈에서 뇌로 이어지는 신경은 귀에서 뇌로 이어지는 신경보다 몇 배나 굵다. 또한 눈으로 본 것은 귀로 들은 것보다 25배나 주의를 끈다고 알려져 있다.

중국에는 '백문이 불여일견' 이라는 속담이 있다.

따라서 알기 쉽게 이야기 하고 싶다면 요점을 그림으로 그려 생각을 연상하기 쉽게 해야 한다. 유명한 내셔널 캐시 레지스터 사의 자상인 존 H. 패터슨은 이 방법을 이용했다. 그는 판매사원과 공원들에게 연설을 할 때 쓴 방법에 대해 『시스템 매거진』에 이렇게 기고하였다.

나는 청중들이 이해하고, 주의를 기울이게 하기 위해서는 말로만으로는 안 된다고 생각하고 있다. 뭔가 눈으로 볼 수 있는 것으로 보충할 필요가 있다. 가능하다면 그림 몇 장을 이용해서 어떤 방법이 좋고 어떤 방법이 나쁜지를 그 예를 보여주는 것이 좋다. 도표는 말보다 설득력이 있고, 그림은 도표보다 설득력이 있다. 한 주제에 대하여 발표할 때는 한 가지 항목을 그림으로 그리고, 말은 그것을 이어주기 위해서만 이용하는 것이 이상적이다. 타인과 이야기를 할 때는 말만으로 표현하는 것보다는 그림을 이용해서 표현하는 것이 훨씬 효과적이라는 것을 나는 전부터 느껴왔다.

약간 기묘한 그림은 더욱 놀랄 만한 효과를 발휘한다. 우리 회사에서는 만화를 이용하고 있다. 달러 표시에 동그라미를 그려 소액의 돈을, 그리고 가방 그림에 달러 표시를 하여 고액의 돈을 표시한다. 둥근 얼굴 그림은 효과가 매우 컸다. 원을 그리고 그 안에 몇 줄의 짧은 선을 그어서 눈, 코, 입을 표시한다. 선을 구부리면 표정이 생긴다. 옛날 사람을 나타낼 때는 입 꼬리를 내리고, 현대인을 나타낼 때는 입 꼬리를 올린다. 소박한 그림들이지만 효과가 뛰어난 만화를 그리는 사람은 그림을 잘 그리는 사람이 아니다. 중요한 것은 생각과 비유를 재미있게 표현하는 것이다.

돈이 들어 있는 큰 가방과 작은 가방을 함께 놓고 비교한다면 좋은 방법과 나쁜 방법을 자연스럽게 알 수 있다. 좋은 방법은 돈이 많이 들어오지만, 나쁜 방법은 돈이 많이 들어오지 않는다. 이야기를 하면서 이런 그림을 재빠르게 그릴 수 있다면 청중들이 산만해질 걱정은 하지 않아도 된다. 청중들은 당신이 무얼 하는지 유심히 지켜볼 것이다. 그리고 당신과 함께 당신이 하고 싶은 말의 요점까지 따라와 줄 것이다. 이때도 재미있는 그림을 그려준다면 청중들을 즐겁게 해줄 수 있다.

나는 오래전에 화가 한 명을 고용해서 점포 안을 함께 둘러보고, 잘못된 곳을 몰래 스케치하게 하였다. 그런 다음 그 스케치 그림을 바탕으로 그림을 그린 뒤, 직원들을 불러서 그림을 보여주며 자신들의 잘못을 확실하게 인식시켜주었다. 나는 입체 환등기에 대한 이야기를 듣자마자 당장에 그것을 사서 스크린에 그림을 투사하였다. 당연히 종이에 그린 그림보다 훨씬 효과가 큰 것은 두 말할 필요가 없다. 그리고 활동사진의 시대가 왔다. 나는 아마도 당시에 제일 처음으로 영사기를 샀을 것이다. 현재 우리 회사에는 많은 영화 필름과 6만 장이 넘는 입체 환등기용 칼라 슬라이드 필름을 관리하는 부서가 따로 있을 정도다.

물론 모든 주제와 사건들을 그림으로 그릴 수는 없다. 그러나 가능하다면 그림으로 그려라. 그림으로 보여준다면 주의를 끌 수 있고, 관심을 자극할 수 있어 의미가 훨씬 확실해진다.

5. 동전을 이용한 록펠러

록펠러 또한 『시스템 메거진』의 칼럼을 통해 콜로라도 연료 철강회사의 재무 상태를 알기 쉽게 설명하기 위해 시각적으로 호소하는 방법에 대해 이렇게 적고 있다.

콜로라도 연료 철강회사의 직원들은 내가 막대한 수익을 거두었다고 착각하고 있다는 사실을 깨달았다. 대부분의 사람들도 그들에게 그렇게 말하고 있었다. 나는 그들에게 정확한 상황을 설명해주었다. 내가 콜로라도 연료 철강회사를 관리해온 14년 동안에 이 회사에서 내게 보통주에 대한 배당을 단 한 번도 하지 않았다는 사실을 설명하였다.

나는 회의에서 이 회사의 재무 상태를 구체적으로 설명하였다. 테이블 위에 동전을 올려놓고, 그중에서 내 임금에 해당하는 동전을 환산하여 뺐다. 왜냐하면 회사가 제일 먼저 해야 할 일은 급여를 지불하는 것이기 때문이다. 다음으로 관리직들의 급여에 해당하는 동전을 뺀 뒤 이사들의 급여를 뺐다. 그러자 주주들에게 돌아갈 동전이 남아 있지 않았다. 그런 다음 이렇게 물었다.

"여러분, 이 회사에서 우리는 모두 동료입니다. 그중에 세 부류만이 얼마간 돈을 받았고, 나머지 사람들은 아무것도 받지 못한다는 것은 불공평하다고 생각합니다."

내 말이 끝난 뒤에 노조원 중에 한 명이 임금 인상을 요구하는 연설을 하였다. 나는 그에게 물었다.

"당신의 동료 중에 한 사람이 아무것도 받지 못하는데, 당신이 돈을 더 가져가겠다는 것이 공평한 건가요?"

그는 공평하지 않다고 말했다. 그 뒤로 임금 인상에 대한 요구는 사라지게 되었다.

명확하고 구체적인 것을 눈앞에서 보이듯이 말하라. 수사슴의 뿔이 저녁노을 앞에서 명암이 확실하게 드러나듯이 확실한 그림을 보여주는 것이다.

예를 들어 '개'라는 단어를 들으면 코커스패니얼, 스카치테리어, 세인트버나드, 포메라니아 등의 여러 종의 개를 떠올리게 된다. 그러나 '불독'이라고 말하면 훨씬 확실한 그림이 연상된다. '점박이 불독'이라고 말한다면 더욱 확실해진다. 그냥 '말'이라고 하는 것 보다는 '검은 셔틀랜드 조랑말'이라고 하는 것이 더욱 생생하다. '닭'이라고 말하는 것보다는 '한쪽 다리가 부러진 흰색 수탉'이라고 하는 것이 훨씬 확실하게 모습이 연상될 수 있다.

6. 중요한 내용은 말을 바꿔 다시 강조하라

나폴레옹은 표현 기법 중에 가장 중요한 원칙은 반복이

라고 말했다. 그는 자신이 확실하게 알고 있다고 해서 타인도 그것을 이해할 것이라고는 단정할 수 없으며, 새로운 생각을 이해시키기 위해서는 시간을 들여서 그 사실에 초점을 맞춰야 한다는 사실을 알고 있었다.

다시 말해, 그는 새로운 생각은 반복해서 말해야 한다는 것을 알고 있었다. 굳이 같은 말을 반복할 필요는 없다. 만약 같은 말만 반복을 한다면 반감을 갖게 되는 사람도 있을 것이고, 반감을 사는 것도 당연한 일이다. 그러나 새로운 말로 바꾸어 반복을 한다면 듣는 입장에서도 반복을 하고 있다는 생각이 들지 않을 것이다.

구체적인 예를 들어보자. 브라이언 이렇게 말했다.

자신이 이해하기 힘든 것을 남에게 이해시킬 수는 없다. 자신이 말하고 싶은 것이 확실할수록 남에게 그것을 명확하게 제시할 수 있다.

이 글의 두 번째 문장은 첫 번째 문장을 바꾸어 말한 것에 불과하다. 그러나 이 말을 들은 사람은 그것이 첫 번째 문장의 되풀이라고 여길 시간이 없다. 훨씬 명확해졌다고 느낄 뿐이다.

나는 대중 연설을 가르치면서 만약 연설자가 이 반복의

원칙을 활용했다면 훨씬 명확하고 인상적이었을 것이라고 느끼는 연설이 학기 중에 하나, 혹은 그 이상 접하고 있다. 그러나 초보자들은 거의 대부분 이 반복의 효과를 무시하고 있으니 안타까울 뿐이다.

7. 일반적인 예와 구체적인 예를 함께 들어라

요점을 명확하게 하는 가장 확실하고 간단한 방법은, 요점을 이야기한 뒤에 일반적인 예와 구체적인 예를 들어주는 것이다. 이 둘의 차이는 무엇일까? 말 그대로 일반적인 예는 일반적인 것이고, 구체적인 예는 구체적인 것이다.

이 둘의 차이를 구체적인 예를 들어 설명해보기로 하자. "놀랄 정도의 고수입을 올리는 전문가가 있다"라고 말했다고 하자.

이것이 명확하다고 할 수 있겠는가? 연설자가 말하고자 하는 것을 확실하게 알 수 있겠는가? 알 수 없다. 또한 연설자 자신도 청중들이 얼마나 확실하게 이해할 수 있을지 자신이 없다. 만약 오자크 산속의 의사였다면 연간 1000달러를 버는 작은 도시의 가정의라고 생각할 수도 있다. 성공한 광산업자라면 연간 10만 달러를 버는 동종의 업자를 떠올릴 수도 있다. "놀랄 정도의 고수입을 올리는 전문가가 있다"라는 말은 애매하고 부정확하다. 좀 더 확실하게 해줄 필요가 있다. 어떤 전문가를 말하는 것인지, '놀랄 정도의 고수입'이 대체 어느 정도인지를 확실하게 말해주어야 한다.

"미국 대통령보다 수입이 많은 변호사, 프로 복서, 작사가, 소설가, 극작가, 배우, 가수가 있습니다."

이렇게 말한다면 연설자가 말하고자 하는 것을 확실하게 알 수 있다. 그러나 여기서도 구체적인 예를 들지 않았다. 일반적인 예는 들어 주었지만 구체적인 예는 들어주지 않았다. '가수'라고 했지만 그게 누구인지 구체적인 이름을 밝히지 않았다.

때문에 여전히 애매하다. 이것만으로는 구체적으로 어떻다는 것인지 알 수 없다. 그러나 청중들에게 구체적으로 알 수 있게 해주는 것이 연설자의 책임이다. 다음과 같이 구체적인 예를 들어준다면 훨씬 이해하기 쉬울 것이다.

우수한 변호사인 사무엘 운테메이어와 맥스 D. 스튜어의 연간 수입은 100만 달러라고 합니다. 베니 레오날드의 연간 수입은 33만 달러라고 추정하고 있습니다. 권투선수 잭 뎀프시의 연간 수입은 50만 달러라고 하고, 어빙 베클린은 래그타임으로 해마다 25만 달러를 번다고 합니다. 시드니 킹슬리는 연극의 희곡 인세로 일주일에 10만 달러를 벌었습니다. H. C. 웰스는 자서전으로 300만 달러를 벌었다고 했습니다. 디에고 리베라는 그림으로 연간 50만 달러 이상을 벌었습니다. 캐서린 코넬은 일주일에 5000달러의 영화출연을 거절하기도 했습니다. 로렌스 티벳과 그레이스 무어는 연간 25만 달러의 수입이 있다고 보고되기도 하였습니다.

이렇게 말한다면 연설자가 하고 싶은 말이 무엇인지 훨씬 알기 쉬워진다. 구체적으로 말해야 한다. 구체적인 예를 들어주는 것은 이야기를 쉽게 하기 위해서가 아니라 듣는 이에게 감명을 주고, 납득을 시키고, 흥미를 유발시키기 위한 것이다.

8. 산양과 경쟁하지 마라

윌리엄 제임스 교수는 교사들을 위한 강연회를 통해 하나의 강의 안에는 하나의 요점만을 다루라는 주제로 한 시간을 강연했다. 그러나 나는 어떤 연설자가 스톱워치로 허용된 3분의 시간을 재고 있는데도 서두에 "11개의 요전에 주의하기 바란다"라고 말하는 것을 들은 적이 있다. 계산해보면 하나의 요점에 약 16초의 시간밖에 없다. 교양이 있는 사람이 이런 바보 같은 짓을 하다니 믿을 수가 없다. 이것은 극단적인 예이지만 정도의 차이는 있더라도 거의 대부분의 초보자들은 이런 잘못을 저지르고 있다. 마치 하루 만에 파리를 다 보여준다고 하는 것과 같다. 마음만 먹으면 미국의 자연사박물관을 30분 만에 볼 수 있는 것처럼 절대로 불가능한 것은 아니다. 왜냐하면 연설자가 주어진 시간 내에 할 수 있는 이야기의 숫자로 세계기록을 세우려 하기 때문이다. 산양처럼 하나의 요점에서 다른 요점으로 재빠르게 옮기는 것이다.

이 강습회에서의 연설은 제한 시간이 있기 때문에 짧게 해야 한다. 따라서 그 시간에 맞춰 시간 조절을 해야만 한다. 예를 들어 만약 당신이 노동조합에 대해 말하고자 한다면, 어째서 그런 문제가 발생했는지, 어째서 사람을 고용하고 있는지, 성공한 것과 실패한 것, 노사 간의 논쟁을 어떻게 해결할 것인지에 대해 이 모든 것을 3분에서 6분 안에 다 말하려고 해서는 안 된다. 그것은 절대 금물이다. 만약 이 모든 것을 다 이야기한다면 당신의 이야기를 이해할 사람은 없을 것이다. 초점이 흐려져 간단한 개요만을 말하고 끝나버릴 것이다.

노동조합의 가장 핵심 문제만을 실례를 들어가며 설명을 하는 것이 현명하다. 그러면 하나의 인상만 심어줄 수 있어 확실하고, 알기 쉽고, 기억하기 쉬워진다.

그러나 만약 당신이 하나의 상황에 대해 이것저것 복잡하게 다뤄야만 한다면 마지막에 간단하게 요약하는 것이 바람직하다. 이 제안이 어떤 효과가 있는지 살펴보기로 하자. 다음에 이 장을 정리해두었다. 그것을 읽음으로써 지금까지 이야기했던 것들이 보다 명확하고 쉽게 이해할 수 있을 것이다.

1. 알기 쉽게 이야기 하는 것은 대단히 중요고, 또한 대단히 어렵기도 하다. 예수는 "그들은 보아도 보지 못하고, 들어도 듣지 못하며, 이해하지 못한다"라고 하며 비유를 통해 설교를 해야만 한다고 했다.

2. 예수는 사람들이 모르는 것을 아는 것에 비유해서 말했다. 그는 '하느님의 나라'를 누룩, 바다의 그물, 진주를 사는 상인에 비유했다. 당신도 이 점을 본받아라. 만약 당신이 알래스카가 얼마나 넓은지 확실하게 인식시키고 싶다면 그 면적을 숫자가 아니라, 알래스카 면적 안에 들어갈 수 있는 주의 이름을 불러주어라. 인구가 얼마나 되는지를 말하고 싶다면 현재 강연을 하고 있는 도시와 비교해 말하라.

3. 일반인을 상대로 이야기를 할 때는 전문용어를 삼가라. 링컨은 아이들까지 이해할 수 있는 간단한 단어로 이야기를 했다. 이 방법을 활용해보기 바란다.

4. 말하고자 하는 것이 자신의 마음속에서 태양처럼 빛나고 있다는 것을 확인하기 바란다.

5. 시각에 호소하라. 가능하다면 그림이나 도표를 활용하라. 구체적으로 제시하라. '오른쪽 눈에 검은 반점이 있는 폭스테리어'를 그냥 '개'라고만 말해서는 안 된다.

6. 중요한 생각은 반복하라. 그러나 같은 말로 반복해서는 안 된다. 같은 내용의 말로 바꾸어 말을 하더라도 청중들이 눈치 채게 해서는 안 된다.

7. 추상적인 것은 일반적인 예를 들어 확실하게 해주어라. 구체적인 예를 들어준다면 더욱 좋다.

8. 한 번에 너무 많은 요점을 다뤄서는 안 된다. 짧은 연설에서는 큰 주제의 한두 가지 측면 이상 다루기가 어렵다.

9. 요점을 간단히 정리해주고 마무리 지어라.

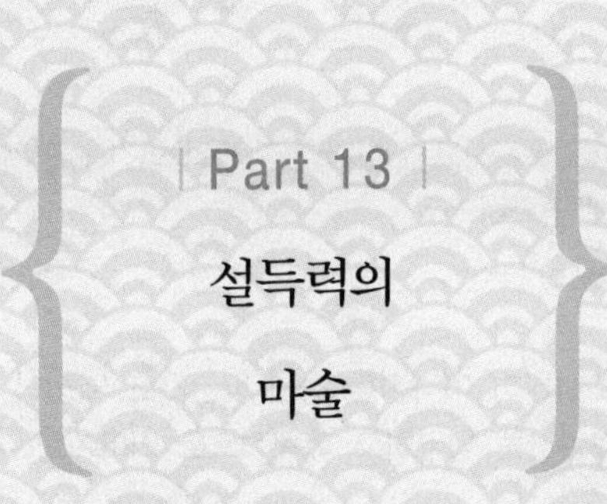

How to Be Impressive and Convincing

"인생에 있어 성공의 비결은 타인의 마음을 어떻게 움직일 수 있는지를 아는 것이다. 변호사, 상인, 정치가, 목사, 누구든 간에 이 안에 성공을 위한 힘이 감춰져 있다."
—프랭크 크레인 박사

"현대 사회만큼 사람을 움직이는 데 있어 연설이 효과적인 시대는 없었다. 또한 현대 사회만큼 연설이 업적에 도움이 되고, 그로 인해 칭송을 받을 수 있는 시대도 없었다."
—케들스턴의 커전 백작(옥스퍼드 대학교 총장)

"영원히 무지하고자 한다면 자신의 의견에 만족하고, 자신의 지식에 만족하라."
—엘버트 하버드

"보통 사람이 이야기를 하면 따분하고 열정이 없는 주제라도, 연설가는 당당하고 매력적으로 이야기할 수 있어야 한다."
—키케로

13

설득력의
마술

❖

인간의 심리에 관한 중요한 발표에 대하여 알아보자. 노스웨스턴 대학의 총장인 월터 딜 스코트는 이렇게 말했다.

어떤 생각, 개념, 결론일지라도 일단 마음속에 자리를 잡게 되면, 그것과 반대되는 생각과의 충돌이 없는 이상은 옳다고 여기게 된다. 만약 내가 어떤 사람에게 뭔가 내 생각을 이야기하고 그것에 대한 반대 의견을 낼 수 없게 한다면, 그 생각이 옳다고 납득시킬 필요가 없다. 내가 '미국 타이어는 뛰어나다' 라고 하는 문장을 읽게 할 수 있다면, 당신은 '미국 타이어가 뛰어나다' 라고 여기게 될 것이고, 그것을 반박할 생각이 떠오르지 않는 이상 더 이상의 증거는 필요 없다.

스코트 박사는 이 암시에 대하여 이렇게 말하였다. 암시는 강연자나 개인이 발휘할 수 있는 가장 큰 영향력 중에 하나이다.

동방박사들은 첫 크리스마스에 예수 탄생지로 베들레헴의 별을 따라 갔지만, 아리스토텔레스는 그보다 3세기 전에 "인간은 이성의 동물이며, 논리의 명령에 따라 행동한다"라고 주장했다. 그는 우리를 기쁘게 해주었다. 순수하게 이성에 따른 행동은 아침 식사 전의 낭만적인 사상과 마찬가지로 드물다. 우리의 거의 대부분의 행위는 암시의 결과 탄생한 것이다.

암시란 증거와 실례를 보여주지 않은 채 타인에게 어떤 생각을 받아들이게 하는 것이다. 예를 들어 '로열 베이킹 파우더는 정말 순수하다' 라고만 말하고 그 증거를 제시하지 않는다면 암시를 했을 뿐이다. 그러나 그 상품의 분석 결과와 그 상품에 관해 유명 요리사가 증언을 해준다면 그 주장을 증명하려 하는 것이 된다.

사람을 능숙하게 다루는 사람들은 논쟁보다는 암시를 선호한다. 판매 기법과 현대의 광고는 주로 암시를 걸기 위한 것이다.

무언가를 믿는 것은 쉽지만, 의심하는 것은 어렵다. 대상의 진위를 따지는 것은 경험도 지식도 사고력도 필요하다.

아이들에게 '산타클로스는 굴뚝을 타고 내려온다' 라고 하거나, 미개인들에게 '천둥은 신이 화가 난 증거이다' 라고 말하더라도, 그들은 그것이 틀렸다는 충분한 증거를 찾아내기 전까지는 계속해서 그것을 믿게 된다. 수백만 명의 인도인들은 '갠지스 강은 성스런 곳', '뱀은 신이 모습을 변한 것', '소를 죽이는 것은 사람을 죽이는 사람을 죽이는 것과 같다', '소고기를 먹는 것은 사람을 죽이고 먹는 것과 같다' 는 말을 믿고 있다. 그들이 이런 어리석은 말을 믿는 것은 그것이 증명된 것이기 때문이 아니라, 그런 암시가 걸려 있기 때문이다. 그러나 그들에게는 그것을 의심할 만한 지성도 지식도 경험도 없다.

우리는 그들을 비웃는다. 그러나 그런 우리조차 사실 엄밀하게 따져본다면 우리의 행동규범으로 믿고 있는 의견, 신념, 신조, 원칙들의 대다수가 이성이 아니라 암시에 의해 생겨난 것이라는 것을 깨닫게 될 것이다. 비즈니스에서의 구체적인 예를 들어보자. 우리는 에로우 칼라, 로열 베이킹파우더, 하인즈 피클, 골드 메달 밀가루, 아이보리 비누 등이 각각 업계를 대표하는 상품이라 여기게 되었다. 왜일까? 그렇게 생각할 만한 충분한 이유가 있는 걸까? 이유? 대부분의 사람 아무런 이유 없이 그렇게 생각한다. 이런 상품과 경쟁회사의 상품의 가치를 신중하게 비교 검토해본 적도 없다. 즉, 우리는 아무런 증거가 없는데도 그렇게 믿게 된 것이다. 편견에 의해 반복된 비논리적 주장이 우리의 신념이 되어버린 것이다.

인간은 암시에 의해 살아가는 동물이다. 이것은 틀림없는 사실이다. 만약 우리가 생후 6개월 만에 부모의 손을 떠나 브라마푸트라 강가의 힌두교 가정에서 자랐다면, 어릴 적부터 '소는 성스러운 동물이다' 라고 배우며 자랐을 것이다. 그리고 거리에서 소를 발견하면 입맞춤을 하고, 소고기를 먹는 '기독교의 야만인' 들을 저주할 것이다. 또한 원숭이 신, 코끼리 신, 숲의 신, 돌의 신에게 절을 할 것이다. 따라서 우리의 신념은 논리적이지가 않다. 대부분은 암시와 지리적 환경에 의한 것이다.

암시에 의해 매일 우리가 어떤 영향을 받고 있는지 알아보자.

커피가 유해하다는 기사를 수없이 봐왔을 것이다. 그리고 당신이 커피를 마시지 않겠다고 결심했다고 하자. 당신은 저녁을 먹으러 단골 식당으로 들어갔는데, 경험이 미숙한 종업원이 "커피를 드릴까요?"라고 물을 수도 있다. 그러면 당신은 커피를 마실지 말지 고민을 할 것이다. 그리고 당신의 자제심이 승리를 한다. 커피 맛을 음미하기 보다는 소화가 잘 되기를 바라기 때문이다. 그러나 종업원이

"커피 안 드실 거죠?"라고 물었다면 "필요 없어요"라고 쉽게 대답할 수 있었을까? 종업원이 말한 부정적 말에 넘어가고 말았을 것이다.(교양이 없고, 통찰력이 부족한 영업사원의 대부분은 이렇게 부정적인 제안을 하는 경우가 많다.) 게다가 종업원이 "커피를 지금 드릴까요, 아니면 식후에 드릴까요?"라고 물었다면 어땠을까? 상대는 교묘하게도 당신이 커피를 원한다는 전제 하에 이야기를 꺼내고 있다. 종업원은 커피만 가져다주면 된다는 것에만 초점을 맞추고 있다. 그렇게 함으로써 당신의 마음속에서 선택의 여지를 없애고 반대 의견을 제시하기 힘들게 하여 커피를 주문하기 쉽게 하고 있다. 그 결과 어떻게 될까? 커피를 주문하고 싶지 않았지만 "그럼, 지금 가져다주세요"라고 대답하고 만다. 나도 이런 경험이 있고, 당신도 이런 경험이 있을 것이다. 이런 일들이 매일 수천 번은 일어나고 있다. 백화점 판매원들은 고객에게 "가지고 가실 건가요?"라고 묻도록 교육을 받고 있다. 왜냐하면 "배달해드릴까요?"라고 물으면 그만큼 배송료가 더 들기 때문이다.

마음속에 있는 생각은 진실로 받아들이기 쉬운 것뿐만이 아니라 실제로도 그렇게 되기 쉽다는 것은 잘 알려진 심리적 사실이다. 예를 들어 당신이 알파벳의 어떤 글자에 대해 그 발음을 할 때 사용하는 근육을 전혀 움직이지 않고 생각하는 것은 불가능하다. 음료를 마실 때 사용하는 근육을 사용하지 않고서는 마시는 것을 상상할 수가 없다. 이런 움직임은 자각할 수 없을 수도 있지만 근육의 반응을 기록하는 정밀 기계도 있다. 당신은 당신이 생각한 모든 것을 행동으로 옮기지 않는 이유는 해봤자 허사다, 비용이 든다, 힘들다, 어리석다, 손해를 본다는 생각들이 당신이 행동으로 옮기지 못하도록 막고 있기 때문이다.

따라서 자신의 신념을 상대방에게 주입시키거나 자신이 암시한 대로 상대를 움직이게 하고 싶다면, 상대에게 특정 사고를 주입시키고 그것과 반대되는 생각을 하지 못하게 하기만 하면 된다. 이 능력이 뛰어난 사람은 연설은 물론 사업에서도 성공할 수 있다.

이것에 도움이 되는 심리학적 제안은 없을까? 아주 많다. 어떤 것들이 있는지 살펴보기로 하자. 혹시 어떤 생각에 전염성이 강한 열정이 담겨 있을 때는 반대 되는 생각을 떠올리기 어렵다는 사실을 느낀 적이 있는가? '전염성'이라는 말을 쓴 것은 열정이라는 것이 바로 전염성이 강하기 때문이다. 그것은 비판적인 성질을 약화시킨다.

열정은 부정적이고 상반되는 생각 모두를 약하게 만든다. 당신의 목적이 상대에게 강한 인상을 심어주는 것이라면 생각을 일깨우기보다는 감정을 자극하는 것이 훨씬 효과적이라는 사실을 기억해두기 바란다. 감정은 냉정한 사고보다 강력하다. 감정을 자극하기 위해서는 열정이 반드시 필요하다. 불성실한 태도는 중요한 것을 잃게 만든다. 아무리 미사어구로 치장을 하여도, 아무리 실례를 들어주어도, 아무리 반복해서 말을 해주어도, 아무리 우아하게 행동한다 하더라도, 성실하지 못하다면 겉만 화사한 겉치레에 불과하다. 청중에게 감명을 주고 싶다면 먼저 자신이 감명을 받아야만 한다. 당신의 기백은 눈을 통해 빛이 나고, 목소리를 통해 울리고, 말투에서 드러나기 때문에 그것 자체만으로도 청중들에게 전달된다.

1. 사람들이 이미 믿고 있는 것과 당신의 생각을 연결시켜라

이전에 한 무신론자가 영국의 윌리엄 페일리 목사에게 신은 존재하지 않는다고 선언하면서 반증을 해보라며 도전을 하였다. 그러자 페일리는 조용히 회중시계를 꺼내서 뚜껑을 열고 시계의 구조를 상대에게 보여주면서 이렇게 말했다.

만약 당신이 이 지렛대와 톱니바퀴, 스프링이 자연적으로 생겨나서, 자연적으로 조합되어, 자연적으로 돌아가기 시작했다고 말한다면, 당신은 내 지성을 의심할 것입니다. 그러나 하늘의 별을 한 번 보십시오. 모든 별들이 정해진 길을 따라 한 치의 오차도 없이 돌고 있습니다. 태양의 주위를 도는 지구와 혹성은 하루에 100만 마일 이상 움직이고 있습니다. 각각의 별은 자체의 세계를 가지고 있는 태양이며, 그것 자신의 태양계처럼 우주를 달리고 있습니다. 그러나 충돌도 혼란도 혼돈도 없습니다. 모든 것이 조용하고 효율적으로 조종되고 있습니다. 자연적으로 만들어졌다기보다는 누군가가 만들었다고 하는 것이 훨씬 간단하지 않을까요?

만약 목사가 처음부터 "신이 없다고요? 바보 같은 소리는 집어치우세요. 당신이 무슨 말을 하고 있는지 알기나 하는 건가요?"라고 말했다면 어떻게 되었을까? 틀림없이 말싸움으로 번지고 말았을 것이다. 그것이 무슨 소용이 있겠는가? 그 무신론자는 화를 내며 벌떡 일어나 소리를 칠 것이다. 왜일까? 그것은 로빈슨 교수가 지적을 했듯이 그의 소중한 자존심이 위협을 당한 것이고, 그의 자존심이 위험에 처하게 되기 때문이다.

자존심이란 인간의 성질 중에서 가장 격앙되기 쉬운 것이기 때문에 상대의 자존심이 자신에게 마이너스가 아니라 플러스로 작용할 수 있도록 하는 것이 현명하다. 그렇다면 어떻게 하는 것이 좋을까? 페일리 목사처럼 자신의 제안이 상대가 이미 믿고 있는 것과 매우 흡사하다는 것을 보여주면 된다. 그러면 상대도 상신의 제안을 쉽게 받아들일 것이다. 또한 자신이 한 말을 무효로 만들어버리는 모순된 생각이 상대의 마음속에서 떠오르지 않도록 막을 수도 있다.

페일리는 인간의 심리에 대해 이해하고 있었다. 그러나 대부분의 사람들은 인간이 지닌 신념의 최후 보루 속에의 주인과 서로 손을 잡고 들어가는 섬세한 능력이 부족하다. 그들은 성을 차지하기 위해서는 거친 폭풍우를 정면 공격하는 수밖에 없다고 착각하고 있다. 그 결과 어떻게 될까? 싸움이 시작되자마자 다리가 올라가고 성문이 닫혀 궁수들이 활을 쏘게 되는, 다시 말해 말싸움이 시작되는 것이다. 이런 싸움은 반드시 무승부로 끝나 서로의 거리만 넓힐 뿐이다.

2. 사도 바오로의 재치

이 사려 깊은 방식은 전혀 새로운 것이 아니다. 그 옛날 사도 바오로도 이 방법을 썼다. 그는 마스 언덕의 무신론자들에게 했던 유명한 연설 중에 이 방법을 이용했다. 기가 막히게 정곡을 찌르는 방법으로 19세기 동안이나 찬사를 받고 있다. 그는 많은 교육을 받았으며 기독교로 전향

한 뒤에는 웅변을 이용해서 대표적인 전도사가 되었다. 어느 날 그는 아테네에 도착했다. 아테네와 이미 번영의 고개를 넘어 쇠퇴기에 접어들기 시작했다. 이 시대에 대하여 성경에는 이렇게 적고 있다.

그곳에 있는 아테네 시민과 이방인들 모두 새로운 것을 듣고 이야기하며 하루를 보냈다.

라디오도 없고, 해저 케이블도 없고, AP통신원도 없었다. 때문에 당시의 아테네 시민들은 매일 오후에 무언가 새로운 것을 얻기 힘들었을 것이다. 여기에 바오로가 등장을 했다.

뭔가 새로운 것이 있을 것이다. 그들은 이렇게 생각하며 바오로의 주변으로 모여들어 즐거움과 호기심을 품고 흥미를 가졌다. 그들은 그를 아레오파고스로 데려가서 이렇게 말했다.

"당신이 지금 이야기한 새로운 교양이 어떤 것인지 가르쳐주십시오. 당신은 새로운 것을 말해주었소. 그러니 그것이 어떤 의미인지 알고 싶습니다."

그들은 바오로에게 연설을 부탁한 것이다. 그는 기꺼이 동의했다. 실제로 바오로가 찾아간 것도 바로 그 때문이었다. 아마도 그는 바위 위에 서서 모든 명연설자들이 그렇듯이 약간의 불안감 때문에 손을 비비고 헛기침을 한 뒤에 이야기를 시작했을지도 모른다.

그러나 그는 그들이 말한 '새로운 교양'이나 '전혀 새로운 것'이라는 말이 악영향을 끼칠 수 있기 때문에 그런 생각들을 깨끗이 해소시켜주어야만 했다. 왜냐하면 그런 생각들은 충돌되는 반대 의견을 번식시켜줄 좋은 자양분이 되기 때문이었다. 그는 자신의 신념을 '기묘한 것'이나 '전혀 색다른 것'으로 발표하고 싶지가 않았다. 그는 그것을 그들이 이미 알고 있는 것과 결부시키고 싶었다. 그러면 반대 의견도 불식시킬 수가 있었다. 그렇다면 과연 어떻게 하는 것이 좋을까? 그는 한동안 생각에 잠겼다가 이런 불후의 명연설을 시작하였다.

"아테네 시민 여러분. 나는 여러분들이 미신에 빠져 있다고 생각합니다."

여기서 '여러분들이 미신에 빠져 있다고 생각한다'라는 곳은 '여러분들은 신앙심이 깊다고 생각합니다'라고 번역하는 번역자도 있다. 후자가 더 정확한 번역일 것이다. 그들은 많은 신을 숭배하는 신앙심이 깊은 사람들이었다. 그리고 그것을 자랑으로 여기고 있었다. 그는 그것을 칭찬하여 모두를 기쁘게 해주었다. 그러자 모두 그에게 마음의 문을 열었다. 연설 기술의 규칙 중에 하나는 실례를 들어 보충을 해주는 것이다. 그는 그 규칙에 따랐다.

"왜냐하면 여러분이 기도할 때, 제단에 '미지의 신께' 라고 적혀 있는 것을 보았기 때문입니다."

이것은 그들의 신앙심이 매우 깊다는 것을 증명해주고 있다. 그들은 수많은 신들 중에서 하나의 신조차 경시하는 것을 두려워했기 때문에 제단에 '미지의 신께' 라고 적은 것이다. 쉽게 말해서 자신도 모르게 간과할 수 있기 때문에 보험을 들어두는 것이었다. 바오로는 이 특별한 제단의 예를 들어 자신이 거짓이 아니라 진실을 말하고 있다는 것을 보여주었다. 그는 자신의 이야기가 관찰을 통한 진실이라는 것을 보여주었다. 그리고 이어서 연설의 최고 정점이 이어진다.

"여러분들이 맹목적으로 숭배하고 있는 신, 그것이 누구인지 가르쳐드리겠습니다."

'새로운 교양' 도 '전혀 새로운 것' 도 아니다. 그는 그들이 의식하지 못한 채 이미 숭배하고 있는 신에 대하여 약간의 진실을 설명해주기 위해 온 것이다. 그들이 믿지 않는 대상과 그들이 열정적으로 받아들이고 있는 대상을 결부시킨 것이다. 이것이야말로 뛰어난 기술이다.

그는 구원과 부활에 대하여 가르쳤고, 그리스의 시인의

말을 인용하여 연설을 마무리 짓는데 2분도 채 걸리지 않았다. 청중들 중에는 야유를 보내는 사람도 있었지만, 이렇게 말하는 사람도 있었다.

"이 문제에 대한 당신의 이야기를 더 듣고 싶습니다."

참고로 2분간의 연설이 주는 장점에 주목하기 바란다. 당신도 바오로처럼 연설을 더 해달라는 부탁을 받을지도 모른다. 한 필라델피아의 정치가는 내게 이렇게 말했다. "연설을 할 때 기억해두어야 할 규칙은 짧고 박력 있게 말하는 것이다." 사도 바오로는 이 두 가지를 모두 실행으로 옮겼다.

사도 바오로가 아테네에서 이용한 기술은 현대의 우수한 영업사원이나 판매 상담과 광고에서도 이용하고 있다. 예를 들어 다음에 소개하는 것은 최근 내 책상에 배달된 한 판촉 편지에서 발췌한 것이다.

올드 햄프셔 본드는 가장 싼 신문보다 한 글자당 0.5센트 저렴합니다. 현재의 고객이나 잠재 고객에게 연간 10통의 편지를 쓴다면 올드 햄프셔의 경비는 교통 요금보다도 적게 듭니다. 5년에 한 번씩 고객에게 고급 시가 한 대를 선물하는 것보다도 저렴합니다.

1년에 한 번의 교통비, 혹은 10년에 두 번 하바나의 시거를 제공하는 것을 누가 반대하겠는가? 아무도 반대하지 않을 것이다. 또한 올드 햄프셔 본드의 종이를 쓰면 추가 비용이 들지 않고 싸다. 이렇게 말하면 비용이 많이 든다는 생각을 품지 못하게 할 수 있다.

3. 싼 것을 비싸게, 비싼 것을 싸게 느끼게 하라

같은 방법으로 비싼 물건을 장기간으로 나누어 최근 매일 같이 쓰고 있는 것과 비교함으로써 싸게 느끼게 할 수도 있다. 예를 들어 한 생명보험회사의 사장은 판촉부의 연설에서 다음과 같이 보험이 싸다는 인식을 사원들에게 심어주었다.

30세 미만의 사람들은 직접 구두를 닦아 하루에 5센트의 구두 손질 비용을 절약하여 보험을 든다면 사망 후 가족들에게 2000달러의 유산을 남길 수 있다. 담배 값으로 매일 25센트를 쓰는 34살의 남성이 담배를 끊고 그 돈으로 보험에 든다면 생명이 연장되는 것은 물론이고, 가족들에게 3000달러라는 유산을 남길 수 있다.

적은 금액의 경우에는 이것과 반대 방법을 쓰면 큰돈으

로 느끼게 할 수 있다. 한 전화회사의 중역은 청중들에게 짧은 시간을 할애해서 뉴욕 시민들이 전화를 바로 받지 않아 얼마나 큰 시간적 손실을 초래하고 있는지에 대해 깊은 인상을 남겨주었다.

100통의 전화가 걸린 뒤에 상대가 전화를 받을 때까지 1분 이상 기다리는 사람의 수는 일곱 명입니다. 이렇게 매일 20만 8000분의 시간이 사라지고 있습니다. 이 1분이라는 대기 시간이 뉴욕에서 6개월 동안 지속되면, 콜럼버스가 미 대륙을 발견한 이후 현재까지의 영업일수를 합친 것과 같습니다.

4. 숫자를 인상적으로 보이게 돌려 말하는 방법

숫자와 양을 늘어놓기만 해서는 그다지 인상에 남지 않는다. 따라서 실례를 들어야 한다. 가능하다면 자신의 최근 경험이나 감정으로 바꾸어 말하는 것이 좋다. 예를 들어 올더맨 람베스는 런던의 지자체 의회에서 노동조건에 대한 연설을 할 때 이 방법을 이용했다. 그는 연설 중에 갑자기 말을 멈추고 시계를 꺼내 들어 1분 12초 동안 아무 말도 하지 않았다. 청중들은 웅성거리며 불안해하면서 의아하다는 듯이 연설자를 바라보았다.

대체 어떻게 된 일이야? 올더맨 람베스가 갑자기 이상해진 거 아니야?

그는 이렇게 말을 이어나갔다.

"지금 여러분은 72초의 시간을 영원하게 느꼈을 테지만, 이 시간은 일반적인 노동자가 벽돌 하나를 쌓아 올리는 데 걸리는 시간입니다."

이 방법은 효과가 있었을까? 이것은 의외로 효과가 컸기 때문에 전 세계로 알려져 해외신문에 실리기까지 했다. 또한 건축업자 조합은 '우리의 존엄성을 모독'이라며 당장에 파업을 지시할 정도였다.

다음 문장 중에 어느 것이 더 효과적일까?

1. 바티칸 궁에는 1만 5000개의 방이 있다.

2. 바티칸 궁에는 방이 너무 많아서 40년 동안 매일 방을 바꾸며 자도 다 잘 수가 없다.

다음 문장 중에 어느 것이 세계 대전 동안에 영국이 쏟아부은 막대한 금액을 인상적으로 표현했을까?

1. 영국은 세계 대전 중에 약 70억 파운드, 즉 340억 달러를 썼다.

2. 영국은 4년 반 동안의 세계 대전 중에 사용한 비용은 영국

청교도들이 플리머스 바위에 도착한 이후 지금까지 1분당 34
달러를 매일 쓴 것과 같은 금액을 썼다면 놀라겠는가? 아니, 이
보다 훨씬 더 많은 금액이다. 콜럼부스가 미 대륙을 발견한 이
후 지금까지 매일 1분당 34달러를 쓴 것과 같은 금액이라면 어
떤가? 아니, 사실은 그보다 훨씬 더 큰 금액이다. 노르망디 공
윌리엄이 1066년에 영국에 온 이후 매일 1분마다 34달러를 쓴
것과 같은 금액이라면 어떤가? 실제로는 그보다도 더 많다. 예
수가 탄생한 이후 지금까지 매일 1분마다 34달러를 쓴 것과 같
은 금액을 퍼부었다. 다시 말해 340억 달러를 썼으며, 예수 탄
생부터 지금까지 고작해야 10억 분의 시간밖에 흐르지 않았다
는 것이다.

5. 반복해서 말하는 효과

　상반되는 생각을 하지 않게 하기 위한 또 하나의 방법은
'바꿔 말하기'가 있다. 아일랜드의 유명한 웅변가 다니엘
오고넬은 이렇게 말했다.

　"정치적 진실을 한두 번, 아니 열 번을 제시했다고 해서
일반 대중이 그것을 받아들이지는 않는다."

　오코넬은 수많은 사람들 앞에 선 경험이 많았다. 그의 이
발언은 생각해볼 가치가 있다. 그는 계속해서 이렇게 말을
이었다.

"사람들의 마음속에 정치적 진실에 대한 인상을 심어주기 위해서는 반복해서 말해주어야 한다. 인간은 반복적으로 같은 말을 들으면 그것을 당연한 것이라고 여기게 된다. 결국 그 사실이 마음 한구석에 완전히 자리를 잡게 되어 확고한 신념으로 바뀌게 되면 더 이상 그것을 의심하지 않는다."

하램 존슨은 오코넬이 말한 진실을 잘 알고 있었다. 때문에 캘리포니아에서 7개월 동안 연설을 하면서 이렇게 예측을 하며 연설의 끝을 맺었다.

여러분, 잘 기억해주시기 바랍니다. 저는 캘리포니아의 차기 주지사가 될 것입니다. 그리고 지금의 정부에서 윌리엄 F. 헤린과 남태평양 철도를 몰아낼 것입니다. 안녕히 가십시오.

존 웨슬리의 어머니는 오코넬의 말이 사실이라는 것을 알고 있었다. 때문에 "왜 애한테 같은 이야기를 20번이나 반복하는가?"라는 남편의 말에 "19번 이야기했는데도 여전히 알아듣지 못하기 때문이지요"라고 대답했다.

우드로 윌슨도 오코넬의 말이 사실이라는 것을 잘 알고 있었기 때문에 연설에서 이용을 했다.

그의 말 중에서 두 번째와 세 번째 문장은 처음 문장과 같은 이야기를 반복하고 있다는 것에 주목하기 바란다. 처음 문장을 바꾸어 말했을 뿐이다.

잘 알다시피 과거 수십 년 동안 대학생은 제대로 된 교육을 받지 못했습니다. 지금의 교육으로는 아무도 훈련을 시킬 수가 없습니다. 현재의 지도 방식으로는 아무도 교육을 시킬 수 없습니다.

반복의 효과를 계속해서 말하고 있지만, 초보자의 경우에는 이것이 위험한 도구가 될 수 있다는 것을 경고해두고 싶다. 어휘가 풍부하지 않다면 바꾸어 말한다고 해도 평범하고 당연한 말만 반복하고 있는 것에 불과하다. 때문에 효과가 거의 없다. 청중들은 몸을 비틀며 손목시계만 바라볼 것이다.

6. 일반적인 예와 구체적인 예

그러나 일반적인 예와 구체적인 예를 들어준다면 청중들이 따분해 할 시간이 없을 것이다. 강한 인상을 심어주고 납득시키기 위해 연설을 할 경우에는 재미있게 주의를 끄는 것이 바람직하다. 그렇게 하면 반대 의견이 나올 위험을 피할 수 있다.

예를 들어 뉴웰 들와이트 힐리스 박사는 한 연설에서 "불복종은 노예이고 복종은 자유이다"라고 선언했다. 그는 이것이 실례를 들어주지 않으면 확실한 인상을 심어주지 못한다고 생각하여 이렇게 이야기를 계속했다.

"불의 법칙, 물의 법칙, 산소의 법칙을 따르지 않는다면 그것은 죽음을 의미한다. 색의 법칙을 따름으로써 예술가는 실력을 발휘할 수 있다. 웅변의 기술에 따름으로써 연설자는 힘을 얻을 수 있다. 철의 법칙을 따름으로써 발명가는 도구를 획득할 수 있다."

이런 실례는 도움이 되고 강한 인상을 심어준다. 구체적인 예를 인용한다면 더욱 박력이 있어지는지 확인해보자.

"색의 법칙을 따른 덕분에 레오나르도 다빈치의 〈최후의 만찬〉이 탄생했다. 웅변의 기술을 따른 덕분에 헨리 워드 비처의 리버풀 연설이 탄생할 수 있었다. 철의 법칙을 따른 덕분에 맥코믹은 탈곡기를 발명할 수 있었다."

이렇게 말하는 것이 훨씬 알기 쉽다.

청중들은 연설자가 이름과 날짜를 정확하게 말해주기를 원한다. 왜냐하면 확인하고 싶은 사람이 연설자의 구체적인 정보 전달로 인해 알고자 하는 사실에 대해 확인이 가능해지기 때문이다. 그것은 솔직하고 정직한 방법이기 때문에 신뢰를 얻을 수 있고 인상적이다.

예를 들어 "대부분의 부자들은 매우 소박한 생활을 한다"라고만 해서는 전혀 인상에 남지 않는다. 너무나 애매한 표현이다. 마치 책 속에서 바로 튀어나올 것 같은 인상을 심어주지 않기 때문에 쉽게 마음속에서 지워지게 될 것이다. 확실하지도 않고 재미도 없다면 설득력도 없다. 이것과 반대되는 신문 기사가 실렸다면 그 말을 금세 믿을 것이다.

만약 내가 "대부분의 부자들은 매우 소박한 생활을 한다"는 말을 믿고 있다면 어떻게 그 사실을 믿게 되었을까? 그것은 구체적인 예를 몇 번 봤기 때문이다. 그렇다면 상대를 믿게 하려면 그 구체적인 예를 들어주는 것이 제일 현명한 방법이다. 만약 내가 당신에게 내가 본 것을 구체적 예를 들어줄 수 있다면, 내가 내린 결론과 같은 결론을 내리게 될 것이다.

내가 당신에게 제공한 구체적인 예와 증거를 통해 스스로 깨닫게 한 결론은, 내가 당신에게 제시한 완성된 결론보다 두세 배, 아니 다섯 배는 더 큰 힘을 발휘한다. 그 예를 들어보기로 하자.

존 D. 록펠러 경은 브로드웨이 20번지의 사무실 소파에서 매일 낮잠을 잔다.

J. 오그덴 아무어는 9시에 자서 6시에 일어난다.

조지 F. 베이커는 누구보다도 많은 회사를 관리했는데, 칵테일을 좋아하지 않으며 담배를 피우기 시작한 것도 몇 년 되지 않았다.

내셔널 캐시 레지스터 사의 사장이었던 존 H. 패터슨은 담배와 술을 하지 않았다.

미국 최대 은행의 은행장이었던 프랭크 밴더립은 하루에 두 끼만 먹었다.

해리만은 점심 식사로 우유와 생강비스킷만 먹었다.

앤드류 카네기가 좋아하는 음식은 오트밀과 크림이었다.

『새터데이 이브닝 포스트』와 『레이디스 홈 저널』의 사장 사이런스 H. 커티스가 제일 좋아하는 음식은 삶은 콩이었다.

이런 식으로 구체적인 예들은 어떤 효과를 발휘할까? 이런 실례는 부자들이 소박한 생활을 한다는 것을 각색한 것일까? 사실을 인상 깊게 남겨주는 것일까? 이런 이야기를 듣고 있으면 상반된 생각을 들지 않게 해주지는 않을까?

7. 처음 생각을 정착시키는 축적의 원리

실례를 한두 가지 들은 것만으로 효과가 있을 것이라고

생각해서는 안 된다.

필립스 교수는 『효과적인 연설』에서 이렇게 말하고 있다.

처음에 말했던 것을 계속해서 강조하여 인상을 심어주어야 한다. 마음이 그 생각에 몇 번이고 주의를 기울이면 그렇게 쌓인 경험들이 두뇌 세포 속 깊은 곳까지 파고들어 무거워질 정도로 쌓이게 된다. 그렇게 되면 그 생각은 그 사람의 일부가 되어 지울 수 없게 된다. 이것이야말로 '축적의 원칙' 의 작용인 것이다.

이 축적의 원칙이 앞에서 부자들이 소박한 생활을 하고 있다는 사실을 증명하기 위해 구체적인 예를 들 때 사용되었다는 것을 주목하기 바란다. 또한 제3장에서 '필라델피아가 세계에서 가장 위대한 공장' 이라는 것을 증명하기 위해 이 원칙이 이용되었다는 사실에도 주목하기 바란다. 서스톤 의원이 다음 기사에서 오직 인간의 사랑의 힘만이 불공평의 억압으로부터 부정을 바로잡을 수 있다는 것을 증명하기 위해 이 원칙을 사용하고 있다는 것을 주목하기 바란다. 이런 사례의 3분의 2가 생략되면 어떻게 될지를 생각해보기 바란다.

인간성과 자유를 얻기 위해 힘을 행사하지 않은 싸움이 있었는가? 힘을 행사하지 않고 어떤 부정과 불공평과 억압의 장애물을 무너뜨린 적이 있었는가?

힘은 존 왕에게 위대한 마그나카르타에 충성심을 서명하게 한 강제력이 되었다. 힘은 독립선언을 가능하게 했으며, 노예해방에 효과를 발휘했다. 힘은 바스티유의 철문을 맨손으로 부수게 했으며, 수세기에 걸친 왕들의 모든 죄악을 단숨에 보복해주었다. 벙커힐의 위에서 개혁의 깃발을 세우게 하였고, 피 묻은 발로 포지 계곡의 눈밭에 발자국을 남기게 하였다. 힘은 실로의 무너진 전선을 지켜냈고, 차타누가의 불타는 언덕을 오르게 했으며, 룩아웃 하이츠를 연기로 자욱하게 만들었다. 힘은 셔먼 장군에게 바다로 행군하게 하였고, 셰넌도어 계곡에서 셔리든과 함께 말을 달리게 했고, 애퍼매톡스의 승리를 그랜트 장군에게 안겨주었다. 힘은 연방을 지켜주었고, 성조기에 별들이 머무르게 하였고, 흑인의 인권을 인정하게 하였다.

8. 시각적 인상을 남겨라

몇 년 전에 브룩클린 센트럴 YMCA 강좌의 수강생이 연설 중에 1년 동안에 화재로 전소된 집들의 수를 말했다. 그는 불타버린 집들을 옆으로 늘어뜨려 놓는다면 뉴욕에서 시카고까지 이어질 것이고, 화재로 죽은 사람들을 반마일마다 눕혀 놓는다면 그 행렬이 시카고에서부터 브룩클린까지 이어질 것이라고 했다.

나는 그가 말했던 숫자는 전부 잊어버렸지만 10년이 지난 지금도 여전히 기억해내려고 하지 않아도 맨해튼에서 일리도이 주의 쿡 카운티까지 이어져 활활 불타고 있는 건물들을 떠올릴 수 있다.

왜 그런 걸까? 청각에 의한 인상은 오래 유지하기가 힘들다. 그것은 마치 진눈깨비가 너도밤나무 껍질을 타고 흘러내리는 것과도 같다. 그렇다면 눈으로 받아들인 인상은 어떨까? 나는 몇 년 전에 다뉴브 강가에 서 있는 오래된 집에 포탄이 박혀 있는 것을 본 적이 있다. 그것은 나폴레옹 군대가 울름 전투에서 발포한 것이다. 시각에 의한 인상은 이 포탄과도 같다. 강렬한 인상을 남겨 기억에 각인시킨다. 그것들은 나폴레옹이 오스트리아 군대를 물리친 것처럼 반대되는 모든 암시를 몰아내는 경향이 있다.

윌리엄 페일리가 무신론자에게 대답한 것이 위력을 발휘한 것도 시각적인 연상 작용 덕분이었다. 버크는 이 방법을 미국 식민지에 대한 세금제도를 부정할 때 이용했다. 그는 "우리는 양이 아니라 늑대의 털을 깎고 있다"라는 시적 이미지를 이용했다.

9. 자신을 지지하는 권위자의 말을 인용하라

중서부에서 어린 시절을 보낸 나는 양이 드나드는 입구를 막대로 막으며 놀았다. 처음 몇 마리의 양이 막대기를 뛰어넘는 것을 보고 나는 그것을 치웠다. 그러나 그 뒤를 따르던 나머지 양들은 뛰어넘어 문으로 들어갔다. 다른 양들이 뛰어넘은 이유는 앞에서 뛰어넘은 양들 때문이었다. 이것은 비단 양들만의 문제가 아니다. 인간들도 거의 대부분이 남이 한 일을 따라하고, 남이 믿고 있는 것을 믿고, 저명인사의 말을 그대로 믿는 경향이 있다.

미국 은행원협회의 뉴욕 지부의 한 수강생이 절약에 대하여 이렇게 이야기를 시작했는데, 아주 유용하였다.

제임스 J. 힐은 이렇게 말했습니다. "당신이 성공할 수 있을지 없을지는 간단하게 알 수 있다. 당신은 돈을 저축할 수 있는가? 만약 불가능하다면 성공할 수 없다. 반드시 실패할 것이다. 당신은 부정할지 모르지만, 그것은 사실이다."

제임스 J. 힐의 이름을 말한 것도 효과적이었다. 그의 말은 인상적이었으며 덕분에 반대 의견이 떠오르는 것을 막을 수가 있었다.

그러나 저명한 사람을 인용할 때는 다음 네 가지 점에 주의를 하기 바란다.

❶ 확실하게 말하자

다음 중에 어느 것이 더 인상적이고 설득력이 있는가?

a. 조사한 통계에 의하면 시애틀은 세계에서 가장 건전한 도시이다.

b. 정부가 발표한 수명에 관한 공식 통계에 의하면 시애틀은 과거 15년 동안 연간 사망률은 1000명당 9.78퍼센트이고, 시카고는 14.65퍼센트, 뉴욕은 12.38퍼센트, 뉴올리언스는 21.02퍼센트이다.

이 '통계에 의하면…' 을 주의하기 바란다. 무슨 통계란 말인가? 누가 어떤 목적으로 집계한 통계인가? "통계는 거짓말을 하지 않는다. 그러나 거짓말쟁이는 통계를 한다"라는 사실을 염두에 두기 바란다.

'수많은 권위자들이 말하고 있다' 라는 말을 자주 쓰는데, 이것은 우스꽝스러울 만큼 애매한 표현이다. 권위자 누구란 말인가? 구체적으로 한두 명 예를 들기 바란다. 만약 당신이 그 사람이 누군지 모른다면 어떻게 그 말을 믿을 수 있겠는가?

확실하지 않으면 안 된다. 확실하다면 신뢰를 얻을 수 있다. 그래야만 당신이 무슨 말을 하고 있는지를 청중들에게 주장할 수 있다. 루즈벨트도 애매한 표현을 해서는 안 된다고 생각했다. 우드로 윌슨 정부 시절에 그는 켄터키 주 루이빌에서의 연설에서 이렇게 말했다.

윌슨은 선거 때의 공약이나 정부 정례 발표에서 했던 모든 약속을 지키지 않았다. 때문에 그의 친구들조차 그가 약속을 지키지 않는다고 조롱했다. 윌슨의 지지자인 민주당원 중의 한 명은, 윌슨이 당선되기 전에 했던 공약과 운동원들이 선전했던 그의 방침 등의 진실성에 대하여 모든 것을 솔직하게 털어놓았다. 공약을 지키지 않았다는 비판에 그 의원은 "윌슨의 정책은 모두 당선을 위해 만들어진 것이고, 그 덕분에 우리는 승리할 수 있었다"라고 대답했다. 이 말은 제62대 3차 회기의 의사록 4,618페이지에 기록되어 있다.

❷ 유명인의 말을 인용하자

호불호는 본인이 생각하는 것 이상으로 자신의 신념에 영향을 끼친다. 나는 이전에 뉴욕 카네기 홀에서의 사회주의적 토론을 하고 있을 때, 사무엘 언터마이어가 약간의 불만을 표하는 모습을 보았다. 내가 보기에는 매우 정중한 태도에 아무런 방해도 되지 않을 것처럼 느껴졌다. 그러나 청중들 대부분이 사회당 당원이었기 때문에 그의 태도를 경멸했다. 아마 그가 구구단 표를 인용했다고 하더라도 그의 진심을 의심했을 것이다.

반면에 앞에서 말했던 미국 은행원 협회의 모임에서 제임스 J. 힐의 말을 인용한 것은 매우 적절했다. 왜냐하면 구레나룻을 기르고 있는 철도 직공들은 은행 관계자들에게 평판이 좋았기 때문이다.

❸ 지역 권위자의 말을 인용하자

디트로이트에서 연설을 한다면 디트로이트 출신 사람의 말을 인용하라. 청중들이 마음만 먹으면 그 사람에 대해 조사를 할 수도 있다. 따라서 누군지도 모르는 사람이 한 말보다는 깊은 인상을 심어준다.

❹ 그럴 만한 자격이 있는 사람의 말을 인용하자

이렇게 자문해 보아라. '이 사람은 이 주제에 대하여 권위자로서 인정을 받고 있는가? 그것은 왜일까? 그는 편견이 있는 것이 아닐까? 이기적인 목적이 있는 것은 아닐까?'

브루클린 상공회의소의 한 수강생은 '전문화'에 대한 연설에서 앤드류 카네기의 말을 인용했다. 그리고 그것은 훌륭한 선택이었다. 왜냐하면 청중들은 이 위대한 철강왕을 존경하고 있기 때문이다. 또한 카네기를 사업 성공자로서 인용하였는데, 그의 경험과 관찰력은 인용하기에 충분한 가치가 있다.

나는 위대한 성공을 위한 참된 길은 자신이 하고자 하는 일의 전문가가 되어야 된다고 생각한다. 나는 자신의 능력을 이리저리로 분산시켜서는 안 된다고 믿고 있다. 또한 내 경험으로 볼 때 많은 일에 손을 대는 사람들 중에 부를 축적하거나, 무언가를 만들어낸 유명 인사를 거의 만난 적이 없다. 성공한 사람이란 자신의 목적을 위해 한 우물을 파는 사람이다.

13장의 정리

"마음속에 들어온 생각, 개념, 결론은 그것이 무엇이든 반대되는 생각에 의해 방해를 받지 않는 이상 옳은 것으로서 보존된다." 따라서 연설의 목적이 인상적이고 설득력이 있는 것이 되기 위해서는 두 가지가 필요하다. 첫째는 자기 자신의 생각을 발표할 것. 둘째는 그것을 방해할 수 있는 상반된 생각이 떠오르지 않게 하는 것이다. 그러기 위해 다음의 8가지 요소가 필요하다.

1. 타인을 설득하기 전에 자신을 설득하라. 전염될 정도의 열정으로 이야기하라.

2. 청중들이 받아들이게 하기 위해서는 그들이 이미 믿고 있는 것과 매우 흡사한 것을 보여주어라.(예, 페일리 목사와 무신론자. 아테네의 사도 바오로, 올드 햄프셔 본드)

3. 생각을 반복하라.(예, 히램 존슨의 '나는 차기 캘리포니아 주지사가 되겠습니다.' 우드로 윌슨의 '우리는 아무도 교육시키지 못했다…'.)
   숫자를 반복할 때는 실례를 제시하라.(예, '영국은 세계대전 중에 340억 달러를 썼다. 이것은 영국이 탄생한 이래 지금까지 매분마다 34달러를 쓴 것과 같은 금액이다.')

4. 일반적인 예를 제시하라.(예, 힐리스 박사의 '색의 법칙에 따름으로써 예술가는 실력을 발휘할 수 있다.')

5. 구체적인 예를 들어라.(예, '수많은 부자들이 매우 검소한 생활을 하고 있다. 프랭크 밴더립은 하루에 두 끼밖에 먹지 않는다.')

6. 축적의 원칙을 이용하라.(예, 힘은 손 왕에게 위대한 마그나카르타에 충성심을 서명하게 한 강제력이 되었다.)

7. 도표에 의한 비교를 이용하라. 청각에 의한 인상은 쉽게 잊혀지지만, 시각에 의한 인상은 깊이 박혀버린 포탄처럼 끈질기다.(예, 활활 타고 있는 집들이 뉴욕에서부터 시카고까지 늘어서 있다.)

8. 편견이 없는 권위자의 말을 인용해서 연설 내용을 보충하라. 루즈벨트가 그랬던 것처럼 정확하게 인용하라. 유명인사, 지역 출신, 말할 만한 자격이 있는 사람의 말을 인용하라.

Remember, today is the tomorrow you worried about yesterday.

기억하라. 오늘 당신이 걱정했던 내일이 바로 오늘이다.

–Dale Carnegie

| Part 14 |

무엇이 청중들의 흥미를 끄는가

How to Interest your Audience

"말과 글, 모든 의사소통에는 넘어야 하는 벽이 존재한다. 이 벽을 넘을 수 있다면 세상은 우리의 것이 된다. 적어도 일시적으로는. 그 벽을 넘을 수 없다면 물러서는 것이 낫다. 세상은 우리를 기다려주지 않는다."
―H. A 오버스트리트, 『인간의 행동에 영향을 끼치다』

"항상 하고 싶은 말을 가져라. 하고 싶은 말이 없으면 절대로 말하지 않는 사람도 하고 싶은 말이 있으면 이야기를 들어준다. 이야기를 하기 전에 반드시 무슨 말을 하고 싶은지 알아야 한다. 연설자의 마음이 혼란스러우면 청중들의 마음은 훨씬 혼란스러울 것이다. 항상 자신의 생각을 질서정연하게 정리해두어라. 아무리 짧은 말이라도 서론, 본론, 결론이 있는 것이 좋다. 어떻게 해서든 알기 쉽게 이야기하라. 설령 그것을 상대가 잘 알고 있는 것이라 할지라도 알기 쉽게 이야기하라. 토론에서는 상대의 반론에 대처할 수 있어야 한다. 상대의 농담에 진지하게 답하고, 상대의 열정에 농담으로 답하라. 청중의 성격을 파악하고 항상 적절하게 반응하라. 결코 둔감해서는 안 된다."
―브라이스 경

14

무엇이 청중들의
흥미를 끄는가

중국의 어느 지역에서는 부잣집에 식사초대를 받으면 닭 뼈와 올리브 씨앗을 어깨 너머로 마룻바닥에 던지는 것이 예의이다. 이것이 주인을 칭찬하는 예절이다. 주인이 부자라는 것, 그리고 그에게는 식후 뒷정리를 해줄 하인들이 많다는 것을 잘 알고 있다는 것을 표시하는 것이기 때문이다. 그러면 주인도 아주 만족스러워 한다.

부잣집에서는 음식을 남기는 것이 아무렇지도 않게 여기지만, 중국의 또 어떤 지역의 가난한 사람들은 목욕탕의 물조차 아껴야 한다. 그들은 비싼 연료비 때문에 목욕용 더운 물을 사야만 한다. 다 쓴 목욕물은 다시 중고로 사온 곳에 되팔 수도 있다. 두 번째 손님에게는 데운 물 값이 약간 떨어지기는 하지만 여전히 시장가치가 있다.

당신은 이런 중국인들의 생활 모습이 재미있다고 생각하는가? 만약 그렇다면 그것은 왜일까? 왜냐하면 이것은 우리의 일상적인 모습이면서도 전혀 다른 모습을 보여주기 때문이다. 그것은 식사와 목욕이라는 당연한 일상의 전혀 색다른 진실이다. 익숙한 것에 대한 새로운 모습, 이것이 사람들의 흥미를 자극하는 것이다.

또 한 가지 예를 들어 보자. 당신이 지금 읽고 있는 페이지, 당신이 보고 있는 이 한 장의 종이는 지극히 평범한 것이다. 이런 페이지를 수도 없이 봐왔을 것이다. 그런데 지금은 따분하고 무미건조하게 느껴진다. 그러나 만약 내가 그에 대한 기묘한 이야기를 해준다면 틀림없이 흥미를 느끼게 될 것이다. 한 번 시험해보기로 하자. 이 페이지는 보다시피 조밀하고 단단해 보인다. 그러나 실제로는 거미줄과 비슷하다. 물리학자라면 이것이 원자로 구성되어 있다는 것을 알고 있다. 원자는 대체 얼마나 작은 걸까? 제12장에서 물 한 방울 속에 들어 있는 원자의 수는 지중해에 있는 물방울 수와 비슷하다는 것, 그리고 물 한 방울 속에 들어 있는 원자의 수는 지구상의 모든 풀잎의 수와 비슷한 숫자라고 말했다. 그렇다면 이 종이를 이루고 있는 원자는 무엇으로 이루어져 있을까? 그것은 전자와 양자라 불리는 아주 작은 것으로 되어 있다. 이 전자들 모두 원자의 중심에 있는 양자의 주변을 돌고 있으며, 원자와 양자 사이는 마치 달과 지구의 거리만큼 떨어져 있다. 그리고 원자는 이 작은 우주 속의 이 원자들은 초속 약 1만 6000킬로미터라는 믿기 힘든 속도로 독자의 궤도를 빙빙 돌고 있다. 따라서 당신이 지금 손에 들고 있는 이 페이지를 구성하고 있는 원자는 당신이 이 책을 읽기 시작해서 여기까지 뉴욕과 동경에 해당되는 거리를 움직인 것이 된다.

겨우 2분 동안 당신은 이 한 장의 페이지에 정지하여 따분하고 생명력이 없는 것이라고 생각하고 있을지도 모른다. 그러나 실제로는 신의 신비로운 창조물의 하나이다. 그것은 틀림없는 에너지의 태풍인 것이다.

만약 당신이 이제 다시 이 종잇조각에 흥미를 가지게 되었다면, 그것은 종이에 대한 기묘한 사실을 새로 알았기 때문일 것이다. 이것이야말로 사람의 흥미를 자극하는 비결이다. 그것은 중요한 진실이자 일상생활 속에서 활용할 가치가 있는 것이다. 너무나 새로운 것에는 흥미가 생기지 않고, 반대로 오래된 것에는 매력이 없다. 우리는 오래된 것에 관한 새로운 사실을 알고 싶어 한다. 예를 들어 일리노이 주의 농부에게 프랑스의 부르쥬 대성당과 모나리자의 이야기를 해준들 전혀 관심을 갖지 않을 것이다. 왜냐하면 그들에게는 너무나 새로운 것이고, 그들이 관심사와 너무나 거리가 멀기 때문이다. 그러나 "네덜란드 농부들은 해수면보다 낮은 땅을 경작하고 있으며, 도랑을 파서 울타리로 삼고 있으며, 다리를 놓아 그것을 문으로 이용하고 있다"라는 이야기에는 관심을 가질 것이다. 또한 "네덜란드 농부는 겨울 동안 가족들과 함께 집안에서 소를 키우고 있으며, 그 소는 이따금씩 커튼 너머로 내리는 눈을 바라본다"라는 이야기를 해준다면 완전히 이야기에 빠져들 것이다. 소와 울타리에 대해서는 잘 알고 있기 때문이다. 그는 "레이스 커튼이라고? 소가? 정말 놀라워!"라고 소리칠 것이다. 그리고 그 이야기를 친구에게 해줄 것이다.

다음으로 뉴욕의 수강생이 했던 연설을 소개해보자. 재미가 있는지 직접 확인해보기 바란다. 만약 재미있다면 그 이유가 무엇인지 생각해보기 바란다.

미국에서는 액체를 파인트, 쿼트, 갤런, 배럴 등의 단위로 측정을 합니다. 그리고 일반적으로 와인은 리터, 우유는 갤런, 당밀은 배럴로 나타냅니다. 새로운 유정이 발견되면 '하루 생산량이 몇 배럴'이라고 말합니다. 그러나 대량 생산과 소비를 하기 때문에 톤으로 양을 측정하는 액체도 있습니다. 그것은 바로 황산입니다. 황산은 일상생활에서 많은 용도로 이용되고 있습니다. 만약 황산이 없다면 자동차는 멈춰버리게 되어 말과 마차의 시대로 되돌아갈 것입니다. 왜냐하면 등유와 가솔린을 정제할 때 황산이 대량으로 사용되기 때문입니다. 사무실을 비춰주고, 식탁을 밝혀주고, 밤에 침대가지 안내해주는 전등도 황산이 없어서는 안 됩니다.

아침에 일어나 목욕을 하기 위해 더운 물을 틀 때 니켈도금을 한 수도꼭지를 돌리는데, 이 수도꼭지를 만들기 위해서도 황산은 꼭 필요합니다. 또한 에나멜 욕조를 제조하는 마지막 공정에서도 황산이 들어갑니다. 비누 원재료는 수지나 기름인데, 이것도 황산으로 처리를 합니다. 수건도 제조 과정에서 황산이 들어갑니다. 머리빗의 털을 가공하는 데도 황산이 이용되고 있고, 셀룰로이드 빗도 황산이 없으면 만들 수 없습니다. 면도기도 제조 과정에서 날을 세운 뒤 황산으로 씻어냅니다.

우리는 그런 다음 속옷을 입고, 옷을 입고, 단추를 채웁니다. 세탁업자, 염료 제조업자, 오염물 처리 업자도 황산을 씁니다. 단추 제조업자도 완성 단계에서 황산을 씁니다. 가죽 세공업자도 가죽을 구두로 가공하기 위해 황산을 씁니다. 또한 우리가 구두를 닦을 때에도 황산을 씁니다.

그럼, 이제 아침 식사를 하기로 하지요. 컵도 접시도 하얀 것이 아닌 모든 것에 황산이 들어갑니다. 쇠를 제외한 도금제품을 만드는 데도 황산이 쓰입니다. 숟가락, 나이프, 포크 등의 은 도금된 제품들도 황산으로 씻어냅니다.

빵의 원료가 되는 밀을 재배하는 데는 인산비료가 필요합니다. 이 인산비료를 만들 때도 황산이 없어서는 안 됩니다. 메밀 케이크에 뿌려 먹는 시럽에도 황산이 쓰입니다.

이처럼 우리는 하루 종일 여러 곳에서 황산의 영향을 받고 있습니다. 어딜 가더라도 그 영향권에서 벗어날 수 없습니다. 황산이 없다면 전쟁을 하는 것도, 평화롭게 사는 것도 불가능합니다. 따라서 이렇게 인류에게 중요한 황산이 우리 일반인들에게 생소하다는 것은 있을 수 없는 일입니다. 그러나 이것이 우리의 현실입니다.

1. 세상에서 제일 재미있는 세 가지

인간이 가장 관심을 가지는 세 가지는 무엇일까? 그것은 섹스와 재산과 종교가 아닐까? 섹스를 통해 생명이 탄생하고, 재산에 의해 생명이 유지되고, 종교를 통해 내세의 삶을 바란다.

그러나 우리가 관심이 있는 것은 자신의 섹스, 자신의 재산, 자신의 종교이다. 우리의 관심은 자기애를 중심으로 돌아간다.

우리는 '페루에서 유언장 쓰는 방법'에는 관심이 없다. 그러나 '어떤 식으로 유서를 쓸 것인가' 라는 이야기에는 흥미를 느낄지도 모른다. 우리는 힌두교에는 관심이 없다. 아마 관심이 있다면 그것은 단순한 호기심일 것이다. 그러나 내세에서의 행복을 보장해줄 종교에는 관심이 있다.

노스크리프 경은 "사람들은 어떤 것에 관심이 있는가?"라는 질문에 "자기 자신이다"라고 단 한마디로 대답했다. 그는 이 사실을 잘 알고 있었기 때문에 영국에서 가장 부유한 신문사의 사장이 될 수 있었다.

당신은 본인이 어떤 종류의 인간인지 알고 싶을 것이다. 이제 재미있는 주제를 찾았다. 우리는 당신에 대해 말하고 있다. 당신이 자신을 거울에 비춰보고 진정한 당신을 볼 수 있은 방법을 가르쳐주겠다. 당신의 환상을 관찰해보기 바란다. 환상이란 무엇일까? 제임스 하비 로빈슨 교수는 『마음의 형성 과정』에서 이렇게 말하고 있다.

모든 사람이 눈을 뜨고 있는 동안에는 뭔가 생각하고 있는 것처럼 보인다. 그리고 대부분의 사람들은 자고 있는 동안에도 일어나 있을 때 이상으로 많은 것을 생각하고 있다는 것을 알고 있다. 우리는 뭔가 실질적인 문제를 생각하고 있지 않는 이상 흔히 말하는 환상에 빠져 있다. 쉽게 말해서 맘대로 좋아하는 것을 생각하고 있는 것이다. 우리는 자신의 생각 자체가 가야할 길을 가게 하고 있지만, 그 길은 자신의 희망, 공포, 무의식의 바람, 그 바람의 달성과 좌절, 호불호, 애정, 증오, 분노에 의해 형성된다. 우리는 자신 이외의 것에는 흥미를 느끼지 않는다. 억지로 억제하거나 방향을 틀지 않는 이상 모든 생각은 필연적으로 '자기 자신에 대한 자기애' 주변을 맴돈다. 자신과 타인 속에 그런 경향이 있다는 것을 바라보는 것은 괴이하고도 서글픈 일이다. 우리는 이 진실을 정중하고 관대하게 바라봐주지만, 마음먹고 그것에 대해 깊이 생각해보면 정오의 태양처럼 확실하게 보인다. 우리의 환상은 자신의 기본적인 성격을 엿볼 수 있는 잣대와 같은 것이다. 환상은 우리의 성격이 감춰져 있거나, 혹은 잊었던 경험에 의해 수정된 것들이 반영된다. 환상은 틀림없는 자신을 찬양하고, 정당화시키는 경향이 있는데, 이것이 우리의 모든 사색에 영향을 끼친다.

따라서 당신이 말을 걸고 있는 상대가 일을 하고 있을 때를 제외하면 그의 대부분의 시간을 자기 정당화와 찬양을 하고 있다는 사실을 명심해야 한다. 보통 사람들에게 이탈리아가 미국에 채무를 변제했는지보다는 자신의 가게 요리사가 그만두는 것이 아닐지가 걱정될 뿐이다. 남아프리카의 혁명보다도 자신의 면도기가 잘 드는 것이 더 중요하다. 그리고 50만 명의 사망자가 발생한 지진보다도 자신의 치통이 훨씬 중요하고, 역사상 가장 위대한 10명에 대해서

보다 자기 자신을 칭찬해주는 이야기에 더 흥미를 느낀다.

2. 상대의 관심을 끄는 대화의 요령

많은 사람들이 대화 요령이 부족한 것은 자신이 관심 있는 것만 이야기하고 싶어 하기 때문이다. 그런 이야기는 들을수록 따분할 뿐이다. 따라서 대화가 매끄럽게 진행되기 위해서는 그와 반대로 하면 된다. 상대가 관심이 있는 것, 상대의 일, 상대의 골프 점수, 상대의 성공에 대해, 만약 상대가 아기 엄마라면 그 아이에 대한 이야기를 하도록 유도하는 것이다. 그리고 열심히 귀를 기울여주면 상대도 기뻐한다. 덕분에 당신은 말이 잘 통하는 사람이라고 여겨진다. 비록 당신이 거의 말을 하지 않았다고 하더라도.

필라델피아의 해롤드 드와이트는 대중 연설 강습회의 마지막을 장식하는 연회에서 대단히 훌륭한 연설을 했다. 그는 같은 테이블에 앉은 사람들에게 각각 강습회가 시작했을 때의 말투, 어떻게 발전을 했는지, 모두의 연설을 떠올리면서 이야기했던 주제와 특징을 흉내 내고 과장하면서 모두를 즐겁게 해주었다. 이것은 절대로 실패하지 않을 정말 이상적인 주제이다. 그 자리에 있는 사람들에게 이만큼 관심을 끌 수 있는 주제는 없다. 드와이트는 인간의 심리를 조종하는 방법을 알고 있었다.

　몇 년 전에 『아메리카 메거진』은 경이적인 성장을 기록했다. 이 잡지의 발행부수는 급상승을 하여 출판계에 돌풍을 일으켰다. 대체 어떤 비밀이 숨겨져 있을까? 그 비결은 존 M. 시달과 그의 아이디어 덕분이었다. 내가 시달을 처음 만났을 때, 그는 이 잡지의 ‘재미있는 사람들’ 이란 코너를 담당하고 있었다. 나는 그를 위해 몇 가지 기사를 쓰고 있었는데, 하루는 내게 이렇게 털어놓았다.

　“사람들은 정말 이기적입니다. 자기에 대해서만 관심을 가지죠. 철도를 국유화시켜야 하는지 보다도 어떻게 하면 승진을 할지, 어떻게 하면 월급을 더 받을지, 어떻게 하면 건강하게 살지에 관심이 있습니다. 만약 제가 이 잡지의 편집자라면 양치질 하는 방법, 목욕하는 방법, 여름을 시원하게 보내는 방법, 취직을 하는 방법, 종업원을 다루는 방법, 집을 사는 방법, 기억술, 문법이 틀리지 않게 쓰는 방법 등을 기사화 할 겁니다. 사람들은 인간미가 넘치는 기사에 관심을 가집니다. 그래서 부자들이 어떻게 해서 부동산으로 백만 달러를 벌었는지를 실을 겁니다. 저명한 은행가나 회사의 사장들이 권력과 부를 어떻게 쟁취했는지를 취재할 겁니다.”

　그리고 얼마 안 돼 시달은 이 잡지의 편집장이 되었다. 당시 발행부수는 적었기 때문에 실패를 한 셈이다. 그래서 그는 내게 말했던 대로 기사를 실었다. 그러자 큰 반향을 불러 일으켰다. 발행부수는 2만 부, 3만 부, 4만 부, 5만 부, 계속해서 늘어갔다. 독자들이 원하는 기사가 실렸기 때문이다. 결국은 발행부수가 100만 부가 되고, 150만 부, 그리고 200만 부가 되었고, 꾸준히 증가했다. 얼마나 늘어날지는 아무도 모른다. 시달은 독자의 이기적인 관심에 호소한 것이다.

세계에서 가장 인기가 높은 강연인 '다이아몬드의 땅'의 비결은 무엇일까? 그것은 지금 말한 것이다. 시달은 지금 막 소개한 우리의 대화 속에서 이 연설에 대해 이야기를 했다. 그리고 나는 그의 큰 성공이 잡지의 편집 방침과 관계가 있다고 생각한다.

이 연설은 사람들이 어떻게 앞으로 나아가야 할지, 현재 상태에서 어떻게 하면 자신의 능력을 발휘할지를 말해주고 있다.

그것은 결고 따분한 연설이 아니었다. 콘웰 박사는 방문하는 도시와 관계가 있는 이야기를 했다. 그것은 대단히 중요한 것이다. 그 도시에 관한 이야기를 함으로써 연설을 새롭게 하였다. 그렇게 해서 그 도시와 청중들 모두에게 존재의 중요성을 느끼게 해주었다. 그가 어떻게 이야기를 했는지 알아보자.

나는 목적지를 방문할 때마다 미리 우체국, 미장원, 호텔, 학교의 교장, 교회 목사를 만납니다. 그리고 공장과 가게를 찾아가 사람들과 이야기를 나누며 도시의 상황을 듣고, 그들의 역사를 듣고, 그들에게 어떤 기회가 있는지, 무엇을 실패했는지를 알아봅니다. 어떤 도시든 실패의 경험이 있습니다. 그리고 그들에게 맞는 주제에 대하여 이야기를 합니다. '다이아몬드의 땅'이라는 것도 이것과 마찬가지입니다.

그 생각은 이 나라에서는 누구든 자신의 환경, 자신의 능력, 자신의 에너지, 그리고 자신의 친구들과 함께 할 수 있는 것보다도 더 많은 기회를 가질 수 있다는 것입니다.

3. 항상 관심을 끌 수 있는 주제

사물이나 사상에 대해 이야기를 하면 청중들이 지루해할 수도 있다. 그러나 사람에 관한 이야기라면 일단 실패할 확률은 거의 없다. 내일도 미국의 모든 정원 울타리 너머로, 식탁을 마주하고 수백 만 명의 사람들이 대화를 나눌 것이다. 그 대화의 내용은 무엇일까? 그것은 거의 다 남의 이야기다. 그가 무슨 말을 했다는 둥, 누가 뭐라고 했다는 둥, 그녀가 이러는 걸 봤다는 둥, 누가 큰돈을 벌었다는 둥의 이야기이다.

나는 미국과 캐나다의 학교에서 아이들을 모아놓고 연설

을 했다. 이 경험을 통해 아이들의 주의를 끌기 위해서는 남의 이야기를 하는 것이 제일 좋다는 것을 배웠다. 추상적인 이야기를 꺼내자마자 아이들은 몸을 비틀기 시작했고, 인상을 찡그리고, 통로에 뭔가를 던지기까지 했다.

분명 그때 내 이야기를 듣고 있었던 것은 아이들이었다. 그런데 전쟁 중에 군에서 조사했던 지능 테스트 결과, 미국인의 49퍼센트가 13살 아이와 같은 정신연령이라는 놀라운 사실이 판명되었다. 따라서 재미있는 이야기를 하면 틀림없이 흥미를 끌 것이다. 수백만 명이 읽고 있는 『아메리칸』, 『코스모폴리탄』, 『새터데이 이브닝 포스트』 같은 잡지에는 이런 이야기로 가득하다.

나는 과거 파리에서 미국인 비즈니스맨들에게 '성공하는 방법'이라는 주제로 연설을 부탁한 적이 있었다. 대부분의 사람들이 일상적인 미덕을 칭송하고, 설교하고, 훈계하여 청중들을 질리게 하였다.(나는 우연히 미국에서 가장 유명한 사업가 한 사람이 라디오 연설에서 이와 똑같은 잘못을 저지르고 있는 것을 들었다.)

나는 수업을 멈추고 이렇게 말했다.

"우리는 설교를 듣고 싶은 것이 아닙니다. 그런 이야기를 듣고 재미있어 할 사람은 없습니다. 청중들을 즐겁게 해줘야 합니다. 그렇지 않으면 당신이 무슨 이야기를 하던 아무도 관심을 갖지 않습니다. 그리고 세상에서 제일 재미있는 이야기는 남의 이야기를 미화시켜 이야기하는 것이라는 사실을 잊지 말아주십시오. 그러니 당신이 알고 있는 두 사람에 관한 이야기를 하세요. 어째서 한 사람은 성공을 했는데, 왜 나머지 한 사람은 실패했는지를 이야기해주세요. 그 이야기라면 모두 재미있게 들을 겁니다. 그리고 많은 도움도 될 겁니다. 그 편이 어려운 말로 추상적인 설교를 하는 것보다 훨씬 이야기하기 쉬울 겁니다."

이 강습회에는 아무리 노력해도 자신은 물론 청중까지 따분하게 만드는 사람이 있었다. 그러나 그날 밤 그는 인간미가 넘치는 이야기를 하라는 내 충고를 받아들여 대학 시절 두 명의 동급생에 관한 이야기를 해주었다. 그중에 한 사람은 검소한 사람으로 마을 여기저기서 옷을 사서 어떤 것이 세탁에 강하고 오래가는지, 가격대비 얼마나 효율적인지를 그래프로 만들었다. 그는 항상 금전적으로 철저했다. 그러나 공학부를 졸업할 때가 되자 자신이 대단한 존재라도 된 듯 남들처럼 바닥에서부터 시작하는 것을 거부했다. 세 번째 동창회가 돌아왔을 때도 그는 여전히 세탁 그래프를 그리고 있으면서 뭔가 멋진 일이 일어나기만을 기다리고 있었다. 그러나 그런 일을 결코 일어나지 않았다. 그리고 25년의 세월이 흘렀지만, 그는 여전히 자신의 인생에 불만을 품은 채 낮은 직책에 머물러야만 했다.

그리고 이 연설자는 실패한 예와 비교하면서 예상 이상의 성공을 거둔 또 한 명의 동급생에 대하여 이야기를 하였다. 그는 매우 사교적인 성격 덕분에 모두가 그를 좋아했다. 그는 장래에 큰일을 하겠다는 야심을 품고 있었지만, 제도공으로 시작을 해야만 했다. 그러나 그는 항상 기회를 엿보고 있었다. 그러던 어느 날, 버펄로에서 미국 박람회의 개최 준비가 진행되고 있었다. 그는 그곳에서 기술자들을 구한다는 소식을 듣고 필라델피아의 직장을 그만두고 버펄로로 이사를 갔다. 사교성이 좋았던 그는 얼마 되지 않아 버펄로의 정치가와 친분을 쌓게 되었다. 두 사람은 동업관계를 맺고 전화회사의 하청을 맡아서 하다가 고액의 급여를 받고 그 전화사에 들어가게 되었다. 현재 그는 웨스턴 유니언의 대주주라는 막대한 부를 누리게 되었다.

이것은 연설자가 이야기한 내용의 대략적인 줄거리에 지나지 않는다. 그는 인간미 넘치는 이야기를 청중들에게 재미있고 도움이 될 수 있도록 이야기해주었다. 그는 계속해서 이야기를 했다. 평소 같았으면 3분의 시간도 다 채우지 못했던 사람이었다. 그리고 이야기가 다 끝났을 때, 청중들을 30분이나 그 자리에 묶어두었으니 뭐라 할 말이 없을 정도로 놀라울 따름이다. 그의 연설이 너무 재미있었기 때문에 사람들은 끝났다는 것을 실감하지 못했다. 그것은 그 수강생의 첫 성공이었다.

대부분의 사람은 이 이야기에서 뭔가를 얻을 수 있을 것이다. 인간미 넘치는 이야기로 가득하다면 평범한 연설도 매력적으로 바뀐다. 구체적인 예를 두세 가지 들어주면서 요점을 설명해주어야 한다. 그런 방법으로 연설문을 작성한다면 반드시 이목을 끌 것이다.

가능하다면 노력 끝에 성공을 거두었다는 인간승리의 이야기가 바람직할 것이다. 누구나 투쟁과 싸움에 흥미를 가지고 있다. "세상은 사랑하는 사람을 사랑한다"는 말이 있는데, 실제로는 그렇지 않다. 모든 사람은 싸움을 좋아한다. 한 여자를 두고 두 남자가 싸우는 것을 좋아한다. 소설, 잡지의 연재소설, 멜로드라마의 대부분에서 이 사실을 확인할 수 있다. 모든 장애를 이겨내고 남자 주인공이 여자 주인공과 포옹을 하는 순간 구경꾼들은 모자와 외투에 손을 뻗기 시작한다. 5분 뒤에는 청소부들이 빗자루를 들고 속닥거리기 시작한다.

대부분 잡지의 연재소설은 이 방법을 쓴다. 독자에게 주인공과 주인공을 좋아하게 하는 뭔가 자극적인 것을 원한다. 그리고 불가능해 보이는 것을 악전고투 끝에 어떻게 손아귀에 넣는지를 보여준다.

비즈니스와 전문직 세계에서는 역경을 이겨내고 성공한 사람의 인생역전 드라마는 언제나 독자들에게 용기와 흥미를 선물해준다. 한 잡지의 편집장은 내게 어떤 사람의 이야기라도 그 속사정을 이야기하는 것은 재미있다고 했다. 모든 사람이 다 마찬가지겠지만, 악전고투하는 모습을 제대로 살리기만 한다면 충분히 흥미를 끌 수 있다. 이것은 틀림없는 사실이다.

4. 구체적이고 재미있게 하라

이전에 내 연설 강좌에서 철학박사와 젊은 시절 30년을 영국 해군에서 복무한 열정적인 남자가 있었다. 박사는 세련된 대학교수였고, 또 한 명은 일곱 개의 바다를 누비던 사내로 소규모의 운수업체를 경영하고 있었다. 그런데 희한하게도 강습회 내내 이 운수업자의 연설은 대학교수의 연설보다 훨씬 인기가 많았다. 어째서일까? 대학교수는 아름다운 영어를 구사하며 학식이 풍부한 세련된 말투로 논리정연하게 이야기했지만, 그의 연설에는 제일 중요한 게 빠져 있었다. 그것은 바로 구체성이었다. 이야기가 너무나도 막연하고 평범했다. 반면에 운수업자는 평범하게 꾸려갈 능력은 부족했다. 그는 이야기를 시작하자마자 곧바로 본론으로 들어갔다. 그는 간단명료하고 구체적이었다. 그런 성격과 생동감 넘치는 신선한 단어의 구사 덕분에 그의 연설은 매우 재미있어졌다.

내가 이 예를 제시한 것은 이것이 대학교수와 운수업자의 전형적인 모습이기 때문이 아니라, 재미있게 이야기하는 능력은 교육의 정도가 아니라 구체적이고 명확하게 이야기하는 습관이 배인 사람에게는 이미 갖춰져 있다는 것을 보여주기 위해서이다.

이 원칙은 매우 중요한 것이니 확실히 기억할 수 있도록 예를 몇 가지 들어보기로 하겠다. 이것은 결코 잊어버리거나 무시해서는 안 된다.

예를 들어 "마르틴 루터는 어릴 적 '완고한 고집불통'이었다"라고 하는 것과 "마르틴 루터 본인의 이야기에 의하면, 그는 선생님에게 오전 중에 15차례 회초리를 맞았다고 한다"라고 하는 것 중에 어떤 것이 재미있을까?

'완고한 고집불통'이라는 말은 별로 주의를 끌지 못한다. 그러나 회초리를 맞은 횟수를 말하면 귀에 쏙 들어올 것이다.

전기를 쓰는 고전적인 방법은 아리스토텔레스가 적절하게 '나약한 자들의 피난처'라고 했던 일반적인 것들을 많이 다루었다. 그와 달리 새로운 방식은 읽기만 해도 금세 알 수 있도록 구체적인 사실을 다루고 있다. 구식 전기 작가는 "존 도우는 가난하지만 정직한 부모 밑에서 자랐다"라고 쓴다. 반면에 신식 전기 작가는 "존 도우의 아버지는 덧신을 살 돈이 없어 눈이 오면 발이 젖어 얼지 않도록 신발을 천 조각으로 감싸야 했다. 그러나 가난했지만 그는 결코 우유에 물을 타 양을 늘리거나 천식이 걸린 말을 건강한 말이라고 속여 팔지는 않았다"라고 쓴다. 이렇게 쓰면 그의 부모가 '가난하지만 정직했다'는 것을 알 수 있다. 그리고 더 흥미를 자극할 수 있다.

이 방법이 현대의 전기 작가에게 도움이 된다면 현대의 연설자에게도 도움이 될 것이다. 한 가지 예를 더 들어보자. 나이아가라 폭포에서 낭비되는 수력에너지를 마력으로 환산한다면 엄청난 것이라고 말하고 싶다고 하자. 그럴 경우 "만약 그것을 유용하게 활용하여 그 이익을 생활필수품으로 바꾼다면 수많은 사람의 옷과 음식을 살 수 있다"라고 한다면 훨씬 재미있지 않을까? 좀 더 재미있게 표현하고 싶다면 다음과 같이 말하면 된다. 『데일리 사이언스』에 실린 에드윈 E. 슬로손의 글에서 인용한 것이다.

우리나라에는 가난 때문에 제대로 먹지 못하는 사람들이 수백만 명에 달한다고 한다. 그러나 여기 나이아가라 폭포에서는 한 시간 당 25만 개의 빵이 낭비되고 있다. 눈을 감고 상상해보면 60만 개의 달걀이 절벽에서 떨어져 소용돌이 속에서 거대한 오믈렛으로 변하는 모습이 보일지도 모른다. 직물기에서 쏟아져 나온, 나이아가라와 같은 폭 1200미터의 무명천들이 사라진다면 얼마나 많은 낭비를 하고 있는지 알 수 있을 것이다. 만약 거기서 쏟아져나오는 것이 책이고, 폭포 밑에 '카네기 도서관'을 건립한다면 한두 시간 만에 좋은 책으로 가득 찰 것이다. 혹은 폭포 위의 이리 호에서 매일 거대한 백화점 한 채씩 떨어져서 진열되어 있던 모든 상품들이 50미터 아래 바위에 부딪혀 산산조각이 나는 광경을 상상할 수 있을 것이다. 그것은 정말 재미있고 시원한 장관으로 이 모습을 본 사람들에게는 현재 바라보고 있는 것과 마찬가지로 매력적이고 유지비도 전혀 들지 않는다. 그러나 이런 소리를 한다면, 현재 이 떨어져 사라져버리는 힘을 이용하자는 것에 대하여 반대하고 있는 사람들 중에는, 백화점 상품들이 폭포 아래로 쏟아지는 것이 사치라는 이유로 반대를 하는 것인지도 모르겠다.

5. 시각적 표현을 쓰자

청중들의 관심을 끄는 데 도움이 되는 기술이 하나 있다. 이것은 매우 중요하지만 거의 무시를 당하고 있다. 대부분의 연설자들은 이런 기술이 있다는 것조차도 모르고 있다.

아마도 의식적으로 생각해본 적도 없을 것이다. 그것은 이미지가 그려지는 말을 쓰는 것이다. 알기 쉽게 이야기하는 사람은 이미지가 잘 떠오를 수 있게 이야기하는 사람이다. 애매하고 평범한 상징만으로는 청중들을 졸게 만들 것이 분명하다.

이미지가 중요하다. 연상을 하는 것은 호흡을 하는 것과 마찬가지로 자유롭게 할 수 있다. 연설과 대화 중에 상대가 이미지를 연상할 수 있다면 이야기는 훨씬 재미있고 효과적이다.

예를 하나 들어보자. 앞에서 인용했던 『데일리 사이언스』의 나이아가라 폭포에 관한 문장을 다시 한 번 생각해보자. 이미지를 연상하게 해주는 단어에 주목해주길 바란다. 그런 단어들은 마치 오스트레일리아의 토끼처럼 문장 속에서 팔짝팔짝 뛰고 있다.

"25만 개의 빵, 절벽에서 떨어지는 60만개의 달걀, 소용돌이 속의 거대한 오믈렛, 폭 1200미터의 직물기에서 쏟아져 나오는 무명천, 폭포 밑에 건립된 카네기 도서관과 엄청난 양의 책들, 거대한 백화점, 그것들이 부서지는 광경, 절벽 아래로 보이는 바위들, 쏟아져 내리는 폭포수."

이런 연설과 기사를 무시하는 것은 영화관에서 스크린에 관심을 두지 않는 것과 마찬가지다.

허버트 스펜서는 『문체 철학』에 대해 쓴 유명한 수필 속에서 생생한 이미지를 떠올리게 하는 단어들의 위대함에 대하여 이렇게 말하였다.

인간은 사물을 일반적인 것이 아닌 구체적인 개개의 것으로 생각한다. 때문에 이렇게 말해서는 안 된다. "한 민족의 풍습, 습관, 오락이 잔인하고 야만적이라면 그것에 비례해서 그 나라의 형법 규정도 엄격해진다."

이 문장 대신에 다음과 같이 써야 할 것이다. "국민이 전쟁과 투우 경기를 좋아하는 것과 비례해서 교수형과 화형, 고문 등의 잔혹한 형벌이 가해진다."

성서와 셰익스피어의 작품 중에는 이미지를 연상시키는 말들을 마치 사과즙을 짜는 압착기에 몰려드는 벌처럼 많이 볼 수 있다. 평범한 작가라면 '불필요한 일을 한다'는 상황을 묘사할 때 "이미 완벽한 것을 더욱 개선하려고 하는 것"이라고 썼을 것이다. 셰익스피어는 이 말을 "순금에 도금을 하고, 백합에 색칠을 하고, 제비꽃에 향수를 뿌리는 것"이라고 표현했다. 이미지가 잘 떠오를 수 있도록 표현한 불후의 표현이다.

수세대를 거쳐 이어온 속담들이 이미지를 쉽게 떠올리게

한다는 사실을 생각해본 적이 있는가?

　"손 안에 들어 있는 새 한 마리가 숲속의 새 두 마리보다 낫
다."
　"비는 한번 내리기 시작하면 억수같이 퍼붓는다."
　"말을 물가로 데리고 갈 수는 있어도 물을 마시게는 할 수 없
다."

　그리고 이런 비유적인 표현은 수세기 동안 우리가 써왔
던 익숙한 표현들이다.

　"여우처럼 교활하다."
　"문에 박힌 못처럼 완전히 죽었다."
　"팬케이크처럼 납작하다."
　"바위처럼 단단하다."

　링컨은 항상 이미지를 쉽게 떠올릴 수 있는 단어를 이용
했다. 그는 백악관 책상 위로 날아드는 길고 복잡하고 틀
에 얽매여 있는 보고서에 질려 있었다. 그는 무미건조한
말이 아니라 잊을 수 없는 이미지가 떠오를 수 있도록 표
현을 하라고 지시했다.

"누군가에게 말을 사오라고 지시했을 때는, 털이 얼마나 났는지를 알고 싶은 게 아니라 어떤 말인지를 알고 싶은 것이오."

6. 대조로 흥미를 자극하라

매콜레이가 찰스 1세를 비난한 다음 글에 주목하기 바란다. 매콜레이가 이미지를 떠올리기 쉬운 말들을 사용한 것은 물론이고, 대조적인 말로 표현했다는 점에 주목하기 바란다. 대조가 강한 비유는 흥미를 자극하는 경우가 많다. 그것이 이 문장의 주된 요소이다.

우리는 왕이 대관식의 맹세를 깬 것을 비난한다. 그러나 그는 결혼 서약을 지켰다고 주장한다. 우리는 성질이 급한 고위 성직자가 국민에게 가혹한 형벌을 내리는 것을 묵인한 사실을 고발한다. 그러나 그는 자신의 어린 아들을 무릎 위에 앉히고 입맞춤을 했다고 항변하고 있다. 우리는 그가 권리의 청원을 지키겠다는 약속을 하고서도 이것을 어긴 사실을 고발한다. 그러나 그는 매일 아침 6시에 기도를 드린다고 말하고 있다. 왕이 현대인에게 인기가 있는 것은 반다이크 풍의 복장에 잘생긴 얼굴, 뾰족한 턱에 난 수염과 함께 이런 점들이 큰 영향을 주었다고 생각한다.

7. 흥미와 열정은 전염된다

지금까지 우리는 청중들의 흥미를 자극하는 재료에 대하여 살펴보았다. 그러나 기계적으로 모든 제안을 지키더라도 따분한 연설이 될 수도 있다. 청중의 흥미를 유발시키고 그것을 유지하는 것은 복잡 미묘한 감각과 기분에 달려 있다. 증기 기관을 작동시키는 것과는 다르다. 이것에 대한 정확한 규칙을 보여주는 책은 없다.

흥미는 전염된다는 사실을 염두에 두기 바란다. 연설자 자신이 별 흥미가 없다면 청중들도 그것을 깨달을 수 있다. 얼마 전 볼티모어 강습회에서 한 남성이 일어나 "만약 이대로 체서피크 만에서 볼락 낚시를 계속한다면 쏨뱅이는 멸종되고 말 것이다"라고 경고했다. 그는 그것을 자신의 연설 주제로 삼고 있었고 심각한 문제였다. 덕분에 열정을 느낄 수 있었다. 그가 이야기하려고 일어섰을 때, 나는 체서피크 만의 쏨뱅이이라는 생선에 대해 알지 못했다. 아마도 대부분의 청중들도 모르고 있었을 것이다. 그러나 이야기가 끝날 무렵에는 모든 사람이 그가 걱정하는 것을 이해할 수 있게 되었다. 아마도 무든 사람이 법률적으로 낚시 금지를 요구하는 탄원서에 기꺼이 서명했을 것이다.

나는 과거 주미 이탈리아 대사였던 리처드 워시번 차이들에게 독자들의 흥미를 끄는 작가로 성공할 수 있었던 비결에 대해 물었다. 그러자 그는 이렇게 대답해주었다.

"저는 인생이 너무 즐겁습니다. 때문에 가만히 앉아 있지 못하죠. 저는 그런 것에 대해 말하지 않으면 견딜 수가 없습니다."

이런 작가들에게는 누구나 마음을 빼앗기고 만다.

나는 런던에서 한 연설자의 연설을 들은 적이 있다. 그는 이야기가 끝나고 나와 동행을 했던 E. F. 벤슨이라는 유명한 작가가 연설의 처음보다는 끝이 더 좋았다고 말했다. 내가 왜냐고 묻자 그는 이렇게 대답했다.

"연설자 자신이 마지막 부분에 더 흥미를 가지고 있는 것 같았기 때문입니다. 나는 언제나 연설자의 열정과 흥미를 받아들이기 때문입니다."

모든 사람들이 다 그렇다. 이 점을 명심하기 바란다.

14장의 정리

1. 우리는 평범한 것 속의 비범한 것에 흥미를 느낀다.

2. 인간이 관심이 있는 것은 주로 자기 자신에 관한 것이다.

3. 상대방에게 본인의 관심사와 흥미에 대해 말하게 하고, 그것을 열심히 들어줄 수 있는 사람은 정작 본인이 아무 말을 하지 않더라도 말을 잘한다는 이야기를 듣게 된다.

4. 미담이나, 누군가에 대한 이야기는 언제나 주의를 끌기 마련이다. 연설자는 요점을 두세 개로 정리하여 인간미 넘치는 실례를 들어주면 좋다.

5. 구체적이고 명확하게 이야기하라. "가난하지만 정직하다"라는 표현은 안 된다. 마르틴 루터는 어렸을 때 '완고한 고집불통'이었다고 해서는 안 된다. "회초리로 15번이나 맞았다"라는 사실을 말해주어라. 이것만으로 평범한 이야기가 재미있는 이야기로 바뀐다.

6. 이미지를 떠올리기 쉬운 표현을 하라.

7. 가능하다면 두 개의 대조적인 문장을 사용하라.

8. 흥미는 전염된다. 만약 연설자 자신이 주제에 관심이 없다면 그것은 청중들에게도 전염된다. 그러나 단순히 규칙을 기계적으로 지키는 것만으로는 불가능한 일이다.

상황에 어떻게 반응할지가 우리의 감정을 결정한다.

It is the way we react to circumstances that determines our feelings.
상황에 어떻게 반응할지가 우리의 감정을 결정한다.

–Dale Carnegie

Part 15

유명 연설자들의

연설 준비

How to Get Action

"정말로 뛰어난 연설자는 맹목적인 충동을 신처럼 떠받들지 않는다. 그들은 행동과 신념을 지배하는 법칙을 면밀한 연구를 통해 익힌 판단력으로 연설을 조종하고 지배한다."
–아더 에드워드 필립스, 『효과적인 연설』

"모든 사업적 상담은 그것이 난로를 팔기 위한 상담이든, 투표에 붙인 공장의 정책 발표이든 달성하기 위한 정확한 목표, 획득해야 할 의사 결정, 팔기 위한 상품과 아이디어가 있다. 따라서 사업적 전단지와 도로의 광고판의 광고와 마찬가지로 '당신'의 마음을 얼마나 끌 수 있는지가 중요하다. 치밀하게 준비된 이야기는 즉흥적인 이야기보다 성공할 확률이 높은 것이 당연하다."
–『승리를 위한 비즈니스 대화법』

"인생의 가장 큰 목적은 지식이 아니라 행동이다."
–헉슬리

"행동은 위대함의 두드러진 특징이다."
–E. 세인트 엘모 루이스

15

무엇이 청중들의 흥미를 끄는가

당신이 지금 가지고 있는 재능 중에서 원하기만 하면 두 세 배로 능력을 향상시킬 수 있다면, 당신은 어떤 재능을 향상시키겠는가? 타인에게 영향력을 끼쳐 행동으로 옮기게 하는 능력을 향상시키고 싶지 않은가? 그러면 힘도 이익도 기쁨도 더 커지게 될 것이다.

인생의 성공에 있어서 매우 중요한 이 기술을 그냥 운에 맡겨두어야 하는 걸까? 본능과 임기응변에 의지하여 시행착오를 겪어야만 하는 것일까? 혹시 그런 능력을 익힐 수 있는 지적인 방법은 없는 걸까?

그것은 바로 상식적 규칙, 그리고 인간성의 법칙을 토대로 한 방법이다. 이것은 내가 자주 쓰는 방법이고, 수강생들에게도 이 방법을 쓰도록 훈련시키고 있다. 이제부터는 이 방법에 대해 설명하기로 하겠다.

이 방법의 첫 단계는 상대의 흥미를 유발시키는 것이다. 그렇지 않으면 청중들은 당신의 말에 귀를 기울여주지 않는다.

이것에 대해서는 9장과 14장에서도 자세하게 설명하고 있다. 이 관점에서 봐주기 바란다.

두 번째 단계는 청중의 신뢰를 얻는 것이다. 그렇지 않으면 청중들은 당신의 말을 믿지 않는다. 대부분의 연설자가 이 점 때문에 실패를 한다. 또한 많은 광고, 전단지, 종업원, 기업들도 이 점에서 실패를 하고 있다. 대부분의 사람들이 인간관계에서 자신의 능력을 충분히 발휘하지 못하고 있다.

1. 신뢰를 받을 자격이 있는 사람이 되자

신뢰를 받는 가장 좋은 방법은 신뢰할 수 있는 사람이 되는 것이다. J. P. 모건은 성격이야말로 신뢰를 받을 수 있는 가장 중요한 요소라고 했다. 이것은 청중들의 신뢰를 얻는 데 있어 가장 중요한 요소 중 하나이다. 나는 재치가 넘치는 달변가보다는 부족하더라도 진지한 연설자가 훨씬 효과적이라는 사실을 몇 번이고 눈으로 직접 확인했다.

내가 담당한 강연회에 수려한 용모를 지닌 수강생이 있었다. 그는 자신의 생각을 빼어난 말솜씨로 들려주었다. 그러나 그의 이야기가 끝나자 청중들은 그를 '영리한 친구'라고 말했다. 그는 겉으로는 훌륭해 보였지만 깊은 인상을 심어주지는 못했다. 같은 반에 보험 외판을 하는 사람이 있었다. 그는 작은 체구에 말을 가려 쓰기는 했지만 말투는 우아하지 않았다. 그러나 그의 성실함은 눈을 통해 빛나고 있었고, 목소리를 통해 울리고 있었다. 청중들은 그의 이야기에 열심히 귀를 기울이며 그를 믿고 자신도 모르는 사이에 따뜻하게 그를 받아 들였다.

칼라일은 『영웅과 영웅적 숭배』에서 이렇게 적고 있다.

미라보, 나폴레옹, 번즈, 크롬웰과 같은 위인들의 가장 큰 특징은 진지함에 있다. 내 방식으로 표현한다면 성실함이다. 어떤 분야에서든 영웅이라 불리고 있는 사람의 가장 큰 특징은 깊고 순수한 성실함에 있다. 성실을 위한 성실함이 아니다. 그런 것은 마치 빈껍데기처럼 공허하고 가식적인 성실함으로, 자신을 기만하는 성실함이다. 위대한 인물의 성실함이란 스스로 말로 형언할 수 없고, 스스로 의식하지 않는 것이다.

몇 년 전에 당대 최고의 성공을 거두었던 위대한 연설자가 죽었다. 그는 젊었을 때부터 촉망을 받던 유망주였다. 그러나 그는 아무것도 이루지 못한 채 숨을 거두고 말았다. 그는 머리만큼 가슴의 열정이 부족했다. 그는 비범한 재능을 열등한 목적을 위해 쓰면서 돈이 되는 일이라면 어떤 연설도 다 수락하였다. 때문에 그는 불성실하다는 평판과 함께 모든 경력을 잃고 말았다.

웹스터가 말했듯이 동정과 성실함을 갖추고 있더라도 허사이다. 그것만으로는 아무것도 이룰 수 없다. 그것은 모두 순수하지 않으면 안 된다. 진실의 울림이 없다면 허사이다.

인디애나 주의 유명한 연설가 앨버트 J. 비버리지는 이렇게 말했다.

대중들의 가장 깊은 감정, 그들의 성격 속에서 가장 영향력이 있는 요소는 종교적인 요소이다. 그것은 자기 보존의 욕구와 마찬가지로 본능적이고 자연스러운 것이며, 인간의 지성과 개성 모두를 보여주는 것이다. 그리고 형상화 될 수 없는 생각을 말로 표현하여 사람들에게 큰 영향을 끼치려는 사람은 상대에 대한 이해력을 초월한 공감 능력을 가지고 있어야 한다.

링컨은 청중들에 대한 공감 능력이 탁월했다. 그는 청중을 현혹시키지 않았다. 링컨을 웅변가라고 부르는 사람은 아무도 없다. 사람들은 더글러스를 작은 거인이라 부른다. 그렇다면 링컨은 무어라 불렀을까? '정직한 에이브'라고 불렀다.

더글러스는 매력적인 성격의 소유자로 비범한 정신력과 활력을 가지고 있다. 그러나 그는 매우 계산적이다. 그는 원칙보다는 정책을, 공정함보다는 자신의 입장을 우선시 했다. 그리고 그것이 그의 가장 큰 실패의 원인이다.

반면에 링컨은 어땠을까? 그의 거친 말투는 오히려 박력을 더해주었다. 청중들은 그에게서 정직함과 성실함과 예수와도 같은 성격을 느낄 수 있었다. 법률의 지식에서는 그를 능가하는 사람이 많지만, 배심원에 대한 영향력에 있어서는 그를 따를 사람이 없었다. 그는 자신의 이익은 둘째로 생각했다. 그는 자신의 이익보다는 공평함과 영원한 진실에 봉사는 일에 몇 천 배는 더 관심이 많았다. 그리고 청중들은 그가 이야기를 할 때 그것을 느낄 수 있었다.

청중들의 신뢰를 얻기 위한 두 번째 방법은 자신의 경험을 전하는 것이다. 이것은 절대적인 효과를 발휘한다. 당신이 의견을 발표하면 사람들이 질문을 할지도 모른다. 만약 당신이 남에게 들은 이야기나 책에서 읽은 이야기를 한다면 그것은 재탕의 느낌을 지울 수가 없다. 그러나 당신 자신이 경험한 이야기라면 순수하고 깊이가 있어 청중들은 호감과 신뢰를 보여줄 것이다. 또한 그 사실에 대해서는 당신이 세상에서 제일 권위자라는 것을 인정할 것이다.

2. 자신을 정확하게 소개하라

많은 연설자들이 정확하게 소개를 받지 못해서 곧바로 청중들의 주목을 받지 못하는 경우가 많다. 'introduction(소개)' 라는 단어는 라틴어 'intro(내부로)' 와 'duce(안내하다)' 의 두 단어가 합쳐진 말이다. 따라서 'introduction(소개)' 는 청중들을 이야기 속으로 안내하여 이야기를 듣고 싶게 만들어야만 한다. 또한 청중들을 연설자와 연관된 내부로 유도하여 연설자가 특정 주제에 대하여 이야기할 자격이 있다는 것을 증명해주는 사실로 유도해야 한다. 다시 말해 'introduction(소개)' 는 청중에게 주제를 팔고, 연설자를 팔기 위한 것이어야만 한다. 또한 이것은 가능한 짧은 시간 내에 해내야만 한다.

소개를 하는 과정에서 이것을 해내야 하는데, 실제로 그렇게 하고 있을까? 십중팔구는 그렇지 못하다. 대부분의 소개는 효과적이지 못하다. 변명조차 할 수 없을 정도로 빈약하고 부적절하다.

예를 들어, 나는 한 유명한 강사가 아일랜드의 시인 W.

B. 예이츠를 형편없이 소개는 모습을 보았다. 예이츠가 자신의 시를 낭독하기로 되어 있었는데, 그는 3년 전에 문학계 최고의 상인 노벨 문학상을 수여하였다. 노벨상의 명성을 모르는 사람은 거의 없을 것이다. 이것은 꼭 소개를 했어야 했다. 다른 것은 둘째 치고라도 이것만은 소개를 해야 했다. 그러나 사회자는 이런 사실들을 전혀 무시한 채 엉뚱하게도 신화와 그리스 시에 대한 이야기를 시작했다. 그는 자신의 이기심 때문에 자신의 지식과 자기 중요성을 청중들에게 인식시키려 하고 있다는 사실을 전혀 깨닫지 못한 것 같다.

이 회장은 강사로서 세계적으로 유명한 사람으로 본인 또한 천 번이 넘는 소개를 받았음에도 불구하고, 타인을 소개하는 방법에 있어서는 완전히 초보자였다. 그런 거물조차 이런 실수를 저지를 정도니 평범한 사람들에게 무엇을 기대할 수 있겠는가?

그렇다면 어떻게 하는 것이 좋을까? 사전에 사회자를 찾아가 자신을 소개하는 데 필요한 정보가 충분한지를 물어보는 것이다. 사회자는 당신의 제안을 기꺼이 받아들일 것이다. 그런 다음 당신이 해주기를 바라는 이야기, 주제를 선택한 이유, 그리고 청중들이 알아두어야 할 간단한 지식, 청중들이 원하는 내용에 대하여 사회자에게 미리 알려주는 것이다. 물론 단 한 번만으로는 사회자가 절반은 잊어버리고 나머지 절반도 혼돈스러울 것이다. 따라서 두세 줄 정도로 요약한 메모지를 전해주는 것이 좋다. 그렇게 해서 사회자가 당신을 소개하기 전에 마음의 준비를 할 수 있도록 하는 것이다. 과연 이렇게 하면 사회자가 당신이 원하는 대로 해줄까? 해주지 않을 수도 있지만, 그건 어쩔 수 없는 일이다.

3. 푸른 풀과 히코리 나무의 재

어느 가을날, 나는 뉴욕 YMCA에서 대중 연설 강습회의 연설을 듣고 있었다. 이 강습회에는 뉴욕에서 최대 영업실적을 자랑하는 한 조직의 최고 영업사원도 참가하고 있었다. 그는 어느 날 밤에 "씨앗과 뿌리가 없이도 푸른 풀을 자라게 할 수 있다"는 해괴한 이야기를 하였다. 그는 히코리 나무의 재를 새로 갈아놓은 경작지에 뿌리자 푸른 싹이 돋아났다고 했다. 그는 이 히코리 나무의 재가 새싹을 돋게 한 유일한 이유라고 확신하고 있었다.

나는 그의 연설을 웃으며 비판조로 이렇게 말했다. "만약 그 위대한 발견이 사실이라면 당신은 백만장자가 될 겁니다." 왜냐하면 푸른 풀의 씨앗은 한 통에 몇 달러의 가치가 있기 때문이다. 그리고 이렇게도 말해주었다. "당신은 위대한 인물, 역사상 위대한 과학자가 될 수 있습니다." 나는 그에게 지금까지 그 어떤 사람도 그런 기적을 일으킨 적이 없고, 생명이 없는 것에서 생명을 탄생시킨 적이 없다고 말해주었다.

나는 냉정하게 말해주었다. 왜냐하면 그의 착오가 너무나 명백하고 어리석은 것이기 때문에 반격할 가치도 없다고 생각했기 때문이다. 내 말이 끝나자 다른 수강생들도 그의 말이 얼마나 터무니없는 소리인지를 이해하였다. 그러나 정작 당사자만은 전혀 이해를 하지 못했다. 그는 너무나 진지했다. 그는 갑자기 벌떡 일어서서 자신이 틀리지 않았다고 했다. 그는 이론이 아니라 실제로 있었던 일을 이야기했을 뿐이라고 항의했다. 그는 자신이 무슨 말을 하고 있는지 잘 알고 있었다. 그는 이야기를 계속했다. 더 많은 정보를 제시하고, 증거를 늘어놓았다. 그의 목소리에는 성실함과 정직함이 묻어났다.

나는 다시 그의 주장이 불가능한 일이라고 말해주었다. 그러자 그는 다시 일어서서 5달러를 걸고 농무성에 이 문제에 대한 판결을 부탁하자고 했다.

나는 수강생 몇 명이 그의 말을 믿기 시작했다는 것을 깨달았다. 그들이 쉽게 믿는 것에 놀란 나는 왜 그의 말을 믿게 되었는지를 물어보았다. 이유는 그의 열정이었다. 그것이 그들이 말한 단 하나의 이유였다.

열정. 이것은 청중들에게 특히 믿기 어려울 정도의 위력을 발휘한다.

자신의 생각을 혼자서 관철시킬 수 있는 사람은 거의 없다. 그런 사람은 에티오피아의 토파즈만큼이나 귀하다. 그러나 모든 사람에게는 마음과 감정이 있기 때문에 연설자의 감정에 영향을 받기 마련이다. 만약 어떤 사람이 충분한 열정을 갖고 이야기를 한다면, 설령 그것이 '재에서 푸른 싹을 돋았다'는 터무니없는 말일지라도 믿는 사람이 있기 마련이다. 게다가 세련되고 보기 드문 성공을 거둔 비즈니스맨들 중에서도 말이다.

청중의 흥미를 자극하고 청중들의 믿음을 얻는다면 이제 본격적인 작업이 시작된다. 세 번째 단계는 그 사실을 이야기해주고 자신이 제안한 것의 장점을 청중들에게 알려주는 것이다.

4. 주장하는 것의 장점을 알려주어라

이것은 당신 연설의 핵심이다. 당신이 많은 시간을 할애해야 하는 것이 이 부분이다. 당신은 명확함에 대하여 12장에서 배웠던 모든 것, 13장에서 배웠던 인상과 확신에 대한 모든 것을 응용해야 한다.

이제는 준비가 모든 것을 말해주는 단계이다. 준비가 부족하면 뱅쿼 유령이 나타나 당신을 비웃을 것이다.

당신은 최전선에 서 있다. 그리고 포슈 장군이 말했던 것처럼 "전쟁터는 연구할 시간을 주지 않는다. 이미 알고 있는 모든 사실을 응용해야만 한다. 따라서 알아두어야 할 것들을 철저하게 파악하고, 그 지식을 재빨리 활용해야만 한다."

이것이 바로 주제에 관하여 실제로 활용할 내용의 20배를 더 알아야 하는 이유이다. 『이상한 나라의 나라 엘리스』 속에 나오는 백기사는 여행에서 일어날 수 있는 갑작스러운 사태에 준비를 하였다. 그는 밤에 쥐 때문에 고생하지 않기 위해 쥐덫을, 벌떼의 공격을 받지 않기 위해 벌집을 가지고 다녔다. 만약 이 백기사가 연설 준비를 했다면 틀림없이 성공을 하였을 것이다. 그는 일어날 수 있는 청중들의 반대 의견에 견딜 수 있는 대비를 철저히 했을 것이다. 그는 주제에 대하여 철저하게 파악하고 계획을 세웠기 때문에 실패하지 않을 것이다.

5. 패터슨의 반대 의견에 대한 대처

만약 당신이 비즈니스맨을 상대로 그들에게 영향을 끼칠 수 있는 어떤 제안을 하기 위해 연설을 한다면, 그들을 가르치기만 하려 하지 말고 그들에게서도 배우려고 노력해야 한다. 당신은 그들이 무슨 생각을 하고 있는지 확인해야 한다. 아니면 요점에서 벗어난 이야기만 하다 끝날 수도 있다. 그들에게 당신이 생각하고 있는 것을 말하라. 그리고 그들의 반대의견에 대하여 대답해주어라. 그러면 그들도 냉정하게 당신의 말에 귀를 기울이게 될 것이다.

이것은 내셔널 캐시 레지스터 사의 초대 사장인 존 H. 패터슨이 그런 상황에서 취한 방법이다. 『시스템 매거진』에 실린 그의 기사를 소개하기로 하겠다.

금전 출납기 가격을 올려야 했다. 대리점과 판매 부장들은 가격인상을 반대하며 그대로 유지해야 한다고 주장했다. 나는 그들을 데이턴으로 불러 회의를 열어 직접 사회를 보았다. 단상에는 커다란 종이와 기록원을 대기시켰다. 나는 모두에게 가격인상을 반대하는 이유에 대해 말해달라고 부탁했다. 그러자 마치 기관총처럼 반대 의견이 쏟아져 나왔다. 그들이 반대 의견을 내놓을 때마다 종이에 적도록 기록원에게 지시를 내렸다.

첫날은 반대 의견을 모으는 데만 시간을 할애했다. 나는 모두의 반대 의견을 계속해서 이끌어냈다. 회의가 끝났을 때는 가격인상을 반대하는 이유가 백 가지가 넘었다. 모든 이유는 나오고 직원들은 가격인상이 철회될 것이라고 여겼다. 그렇게 회의가 끝났다.

다음 날, 나는 반대 의견을 하나하나 도표로 그려 그것이 틀린 이유를 설명해주었고, 모두 인정을 하였다. 왜일까? 반대 의견이 모두 제시되었기 때문에 가격인상의 가부에 대한 논쟁이 필요가 없어졌기 때문이다. 애매한 부분을 하나도 남김없이 그 자리에서 모든 것이 해결된 덕분이다.

그러나 이런 경우 단지 논쟁이 해결된 것만으로는 충분하지가 않다. 대리점 회의는 직원들이 모두 새로운 열정으로 충만한 형태로 끝을 맺어야 한다. 출납기 건에 관해서는 논쟁 중에 다소 배제되는 경향이 있을 수 있지만, 그래서는 안 된다. 극적인 마무리로 끝을 맺어야 한다. 나는 회의가 끝나기 직전에 절정에 도달하도록 유도하였다. 나는 100명의 직원들을 한 사람씩 단상으로 불러 최신 출납기 그림이 그려진 깃발을 들게 하였다. 그리고 마지막 한 사람이 단상으로 올라오며 회의는 절정에 달했다. 모두가 환호하며 박수를 치고 끝이 났다.

6. 욕망과 욕망을 서로 싸우게 하라

이 방법의 네 번째 단계는 행동으로 옮기도록 동기에 호소하는 것이다.

이 지구상과 지하수 속에 존재하는 모든 것은 우연에 의해 움직이는 것이 아니라 원인과 결과의 법칙에 따라 움직이고 있다.

세상은 질서에 의해 만들어졌다. 그리고 원자는 서로 조화롭게 움직인다.

현재, 과거, 미래의 모든 사건들은 앞서 일어난 무언가의 논리적이고 불가피한 결과물이다. 이 원칙은 메디아 인들이나 페르시아 인들의 법과 마찬가지로 불변의 것이다. 그것은 지진과 화려한 요셉의 코트와 마찬가지이고, 기러기 울음소리, 질투, 찐 콩과 마찬가지다. 또한 인도의 코이누르 다이아몬드, 시드니의 아름다운 방파제와 마찬가지이다. 이 점을 이해한다면 우리는 미신이 얼마나 어리석은 것인지를 이해할 수 있다. 왜냐하면 자연의 법칙이 테이블에 둘러앉은 13명의 사람에 의해, 혹은 거울이 깨졌다고 해서 멈추거나 바뀌거나 영향을 받는 일은 없기 때문이다.

인간의 의식적이고 의도적인 행위의 원인은 무엇일까? 바로 욕망이다. 여기에 해당되지 않는 사람은 정신병원에 들어가야 한다. 인간을 움직이게 하는 것은 그리 많지 않다. 인간은 밤낮없이 매 시간마다 아주 작은 욕망에 의해 지배를 받고 있다.

따라서 이것들의 동기를 파악하고 그 동기에 충분한 힘으로 호소를 할 수 있다면 비범한 능력을 발휘할 수 있다. 현명한 연설자는 바로 이렇게 하고 있다. 그러나 실패한 사람은 맹목적으로 달려들기 때문에 실패를 하는 것이다.

예를 들어 어떤 아버지가 아들의 흡연 사실을 알고 있다 가정해보자. 아버지는 화를 내며 건강에 좋지 않으니 나쁜 습관을 버리라고 명령한다.

그러나 아들은 건강에는 전혀 관심이 없기 때문에 육체적인 결과보다는 담배 맛과 담배를 피운다는 모험 자체를 즐기고 싶어 한다고 하자. 이제 어떻게 될까? 아버지의 잔소리는 아무 소득도 없을 것이다. 왜냐하면 아버지는 아들에게 작용하고 있는 동기를 충분히 알지 못한 채 자신의 동기에 따라서만 움직인 것이다. 아버지는 아들의 심리를 전혀 이해하지 못했나.

그러나 이 소년이 학교 육상부의 100미터 달리기에서 우승을 하고 싶다거나, 운동경기에서 두각을 나타내고 싶어 하는 욕망을 품고 있을 수도 있다. 그럴 때는 아버지가 자신의 감정만을 강요하지 말고, 흡연이 운동선수의 꿈은 방해한다는 것을 납득시킬 수 있다면 원하는 결과를 얻을 수 있을 것이다. 약한 욕망을 강한 욕망으로 제압한다는 현명한 방법을 통해서 말이다. 이것은 옥스퍼드와 캠브리지 대학의 조정 경주에서 실제로 있었던 일이다. 조정 선수는 운동 중에는 흡연이 금지되어 있다. 경기에 우승하는 것과 비교한다면 다른 모든 욕망은 이차적인 것이기 때문이다.

오늘날 인간이 직면하고 있는 가장 심각한 문제 중에 하나는 벌레와의 싸움이다. 몇 년 전에 정부는 일본 정부로부터 벚나무를 들여와 워싱턴의 호수 수변을 장식했다. 그때 동양에서 서식하는 나방도 함께 유입이 되었다. 이 나방은 번식을 하여 미국 동부의 과일 수확을 떨어뜨렸다. 살충제도 아무런 효과가 없자 정부는 결국 일본에서 또 다른 곤충을 수입하여 나방을 잡아먹게 하였다. 미국의 농업 전문가들은 하나의 유해곤충을 다른 유해곤충으로 퇴치한 것이다.

타인의 행동을 유발하게 하는 능력이 뛰어난 사람은 이와 비슷한 전략을 쓴다. 다시 말해서 하나의 동기를 또 다른 동기와 충돌시키는 것이다. 이 방법은 매우 현명하고 단순한 정말 재미있는 방법이기 때문에 그냥 평범하다고 여길 수도 있지만 실제로는 그렇지 않다. 이 방법을 이용하는 경우는 거의 드물다.

구체적인 예를 들어보자. 나는 최근에 한 도시에서 오찬 모임에 참석을 하였다. 이웃 도시의 컨트리클럽에서는 골프 경기에 참가할 사람을 모집했지만 희망자가 많지 않았다. 이 클럽의 회장은 불만스러웠다. 자신이 후원을 하고 있던 행사에서 체면을 구기게 된 것이다. 그는 더 많은 사람이 참가해주기를 호소했지만 그의 연설은 아쉽게도 과녁을 완전히 벗어난 것이었다. 그는 회원들이 참가해주길 노골적으로 드러냈기 때문에 효과가 없었던 것이다. 그는 인간의 마음을 조종하는 방법은 모른 채 단순히 자신의 감정만을 드러낸 것이다. 담배를 피운다고 아들을 혼낸 아버지처럼 그는 청중의 욕망을 아예 무시한 것이다.

그는 어떻게 했어야 했을까? 좀 더 상식적으로 생각해서 상대에게 이야기를 하기 전에 조용히 생각하고 이렇게 자문했어야 했다.

'어째서 골프 경기에 참가하는 사람이 이렇게 적은 걸까? 시간이 없는 사람도 있을 것이다. 비용이 많이 들 거라고 생각하는 사람도 있을 것이다. 사람들의 생각을 어떻게 돌려놓을 수 있을까? 레크리에이션이 시간 낭비가 아니고, 피곤에 지쳐 일하기보다는 기분전환을 위해 5일만 일하는 것이 능률적이라는 것을 알려야 한다. 물론 이런 사실은 모두 다 알고 있을 것이다. 그 사실을 일깨워주어야 한다. 만약 이들이 참가비를 아깝다고 생각한다면 참가하고 싶은 마음이 들 수 있는 무언가를 강조해야 한다. 이것이 건

강과 즐거움에 투자하는 것이라는 사실을 일깨워주자. 이
들의 상상력을 자극하여 얼굴로 시원한 바람을 맞고, 발아
래에 잔디가 깔려 있는 골프 코스에 서 있는 자신을 떠올
리게 하자. 악착같이 돈을 벌기 위해 애를 쓰는 사람들을
불쌍하게 느끼게 해주자.'

이렇게 하면 다짜고짜 "참가해주기 바랍니다"라고 호소
하는 것보다 훨씬 효과적일 것이다.

7. 욕망은 인간의 행동을 결정한다

그렇다면 행동을 하게 하여 인간답게 행동하도록 만드는
기본적인 욕망은 무엇일까? 만약 그것을 이해하고 그것을
이용하는 것이 성공의 중요한 요소라면 그렇게 해야 한다.
이제 그것을 조명하고, 검토하고, 음미하고, 분석해보자.

이제부터는 그것에 대하여 논하고 그것에 대한 몇 가지
일화를 소개하겠다. 그것은 명확한 방법이자, 보다 설득력
이 있는 방법이고, 당신의 기억 깊숙한 곳에 각인시킬 수
있는 방법이라는 것을 이해하게 될 것이다.

인간을 움직이게 하는 가장 강력한 동기는 무엇일까? 그
것은 바로 금전욕이다. 수백만 명의 사람들이 이 동기가
없다면 매일 아침마다 몇 시간씩 일찍 일어나지는 않을 것
이다. 잘 알려진 이 효력에 대해서는 더 이상 설명할 필요

가 없을 것이다.

금전욕보다 강한 것은 자기 보호욕구이다. 건강에 관련된 주장들이 바로 이 욕구를 자극하고 있는 것이다. 예를 들어 어느 도시가 건강에 좋은 기후라는 것을 광고할 때, 어느 식품 회사가 자신들의 제품이 순수하고 건강에 특효가 있다는 특징을 제시했을 때, 약장수가 만병통치약이라며 효능을 열거할 때, 낙농업자가 우유에 비타민이 풍부하고 건강에 꼭 필요한 것이라고 말할 때, 금연 운동가가 담배의 3퍼센트는 니코틴이며 니코틴 한 방울이면 개가 죽고 여덟 방울이면 말이 죽는다고 말할 때, 그들은 생명을 유지하고자하는 선천적인 욕망에 호소하고 있는 것이다.

이런 욕망을 강하게 자극하기 위해서는 그것을 개인적인 상황과 결부를 시키는 것이다. 예를 들어, 암이 늘고 있다는 통계를 인용하는 것만으로는 효과가 없다. 그것을 청중들의 관심사와 직접 연관시켜 말하는 것이다. 바로 이렇게 말이다. "이 방에는 30명의 사람이 있습니다. 만약 여러분 모두가 45세까지 산다고 가정한다면, 의학적 통계로는 이 중에 세 명은 암으로 죽습니다. 그것은 당신일수도 있고, 또 당신일지도 모릅니다."

금전욕만큼이나 강한 것은 남에게 잘 보이고 존경을 받고 싶다는 욕망이다. 다시 말해 자존심인 것이다.

자존심. 이것 때문에 얼마나 많은 범죄가 발생하고 있는 가? 중국에서는 오랜 세월 수많은 젊은 여성들이 견디기 힘든 고통을 겪어야만 했다. 그녀들은 고통으로 비명을 지르면서도 스스로 전족의 고통을 견뎌야 했다. 발이 크면 안 된다고 자존심이 명령을 한 것이다. 지금 이 순간에도 중앙아프리카의 어느 원주민은 입술에 나마 원반을 달고 있다. 믿기 어려운 일이지만 이 원반은 당신이 아침 식사 때 썼던 접시만 한 크기이다. 이 종족의 여자 아이들은 8살 이 되면 입술을 찢고 원반을 끼워 넣는다. 해마다 원반의 크기도 점점 큰 것으로 바꿔 끼운다. 결국 커다란 장식품 을 달기 위해 이를 모두 빼야만 한다. 이 거추장스러운 장 식품 때문에 그녀들이 무슨 이야기를 하는지 거의 알아들 을 수가 없을 정도이다. 그러나 아름다워지고 싶고, 존경 받고 싶은 자존심을 위해 그녀들은 이 모든 고통을 묵묵히 견딘다.

문명세계에 사는 사람들은 이 정도는 아니지만 그래도 자존심을 중요시한다는 점에서는 크게 다를 바가 없다. 따 라서 자존심에 호소를 해야 한다. 잘만 되면 폭탄에 뒤지 지 않는 힘을 발휘할 수 있다.

이 강좌를 듣는 이유를 자문해보기 바란다. 좋은 인상을 심어주기 위한 욕망 때문이 아닌가? 신뢰 받는 연설자가 되어 그로 인해 얻어지는 만족감을 누리고 싶어서가 아닌가? 연설자가 가진 힘, 리더십, 명성이라는 자존심을 느끼고 싶어서가 아닌가?

최근 한 통신 판매 잡지의 편집장이 연설에서 영업 서신에 담을 수 있는 호소 중에서 자존심과 이익만큼 호소력이 강한 것은 없다고 했다.

링컨은 이 자존심이라는 동기에 호소하여 소송에 승리한 적이 있었다. 그것은 1847년의 테이즈웰 카운티 법정에서의 일이었다. 스노라는 두 형제가 케이스라는 사람에게서 멍에를 맨 소 두 마리와 쟁기를 구입했다. 그는 두 사람이 미성년자였음에도 불구하고 20달러짜리 어음을 받았다. 그는 만기일이 다가와 지급받으러 갔지만 돌아온 것은 현금 대신 비웃음뿐이었다. 그는 링컨을 고용해 스노 형제를 법정에 세웠다. 스노 형제는 자신들이 미성년자이며, 케이스도 자신들이 미성년자임을 알고서도 어음을 받았다고 변론했다. 링컨은 그들의 주장을 모두 인정하고 소년법의 타당성도 인정했다. 그는 소년들의 이야기에 "너희 말이 맞다. 나도 그렇게 생각한다"라고 대답했다. 마치 링컨이 포기한 것처럼 보였다. 그러나 링컨의 차례가 되자 12명의 배심원에게 이렇게 호소하였다.

배심원 여러분. 여러분은 이 소년들이 오명을 뒤집어 쓴 채 수치 속에서 성인이 되기를 바라십니까? 인간의 특성에 대하여 잘 알고 있는 어느 작가는 이런 말을 남겼습니다.

"인간의 명성. 오, 신이시여!

그것은 그들에게는 영원의 보물.

내 지갑을 훔친 사람은 쓰레기를 훔쳤을 뿐이다.

그것은 중요하기도 하지만, 아무것도 아니기도 하다.

그것은 내 것이었지만, 지금은 그의 것이고, 한때 수천 명의 노예이기도 했다.

하지만 내게서 내 명성을 훔친 사람은

자신을 풍요롭게 하지 못하는 것을 내게서 빼앗아갔을 뿐이다.

때문에 나는 가난해진다."

그런 다음 링컨은 상대방 변호사가 소년들을 부추기지 않았다면 결코 이런 악행을 저지르지는 않았을 것이라고 지적했다. 그는 법률가라는 고귀한 직업이 때로는 돈을 위해 공정함을 촉구하지 않고 방해할 수도 있다는 것을 지적하고 상대방 변호사를 비난했다. 링컨은 계속해서 이렇게 말했다.

"배심원 여러분, 여러분은 지금 이 소년들을 바르게 세상으로 내보낼 수 있는 힘이 있습니다."

물론 배심원들은 부정을 위해 자신의 이름과 힘을 빌려 주지 않았다. 배심원들은 자신들의 이상에 등을 돌리지 않았다. 이것이 바로 링컨의 노림수였다. 그는 그들의 자존심에 호소한 것이다. 이제 알겠는가? 배심원들은 자리에서 일어나지도 않은 채 빚을 갚아야 한다고 결정했다.

링컨은 배심원들의 공정함에 대한 선천적 양심에 호소를 한 것이다. 그것은 우리 모두의 마음속에 선천적으로 자리하고 있는 것이다. 만약 거리에서 작은 아이가 큰 아이에게 괴롭힘을 당하는 것을 보면 막아줄 것이다.

인간은 감정의 동물이기 때문에 누구나 편안함과 즐거움을 추구한다. 우리는 커피를 마시고, 비단 양말을 신고, 영화를 보러 가고, 마룻바닥이 아니라 침대 위에서 잔다. 그것은 몸에 좋기 때문이 아니라 마음이 편하기 때문이다. 따라서 자신이 제안하고자 하는 것이 청중들의 안락함과 즐거움을 더해준다는 것을 알려야 한다. 그러면 행동을 위한 강한 동기부여가 될 것이다.

시애틀이 미국에서 가장 사망률이 낮고 신생아의 생존율이 가장 높다는 광고를 냈을 때, 시애틀 시는 무엇에 호소를 하고 있는 걸까? 그것은 매우 강한 동기이며 세상의 모든 행위의 원인이기도 하다. 그것은 바로 애정이다. 애국심 또한 애정과 감정에 그 바탕을 두고 있다.

다른 모든 것을 실패하더라도 감정에 호소할 수 있다면 행동을 일으킬 수 있는 경우가 있다. 뉴욕의 유명한 부동산 경매인인 조세프 P. 데이는 실제로 이것을 경험했다. 그는 자신의 생에 있어 가장 큰 거래를 다음과 같이 성사시켰다.

전문가의 지식은 판매만을 위한 것이 아니다. 내가 성사시킨 가장 큰 거래에서 나는 전문지식을 전혀 이용하지 않았다. 나는 게리 판사와 미국 철강회사 간의 브로드웨이 71번가의 빌딩 매각을 위해 교섭을 하고 있었다. 이미 사무실이 입주해 있었기 때문에 거래가 성사되었다고 여기고 게리 판사에게 묻자, 그는 조용하지만 단호한 어조로 이렇게 말했다.

"데이 씨, 우리는 여기서 가깝고 현대적인 빌딩을 소개받았습니다. 그리고 그것은 우리의 목적에도 잘 맞는다고 생각합니다. 그 빌딩은 목조로 인테리어를 마무리한 빌딩입니다. 하지만 이 빌딩은 너무 구식입니다. 제 동료들도 상대방 빌딩이 우리의 목적에 맞는다고 한결 같이 말하고 있습니다."

500만 달러가 순식간에 날아갈 판이었다. 나는 한동안 할 말을 잃었고, 게리 판사도 아무 말을 하지 않았다. 그는 자신의 결정을 모두 이야기한 상태였다. 만약 작은 핀이 바닥에 떨어졌어도 폭탄이 터지는 소리로 들렸을 것이다. 나는 대답 대신에 이렇게 물었다.

"판사님, 뉴욕에 처음 오셨을 때 사무실이 어디였죠?"

"이곳, 아니 건너편 사무실이지요."

"철강회사 사무실은 어디였죠?"

"이 사무실이었는데, 왜 그러죠?"

그는 잠시 혼자 중얼거리더니 이렇게 말했다.

"젊은 간부들은 이곳보다 좋은 사무실에 있었습니다. 그들은 낡은 가구에 만족을 하지 못하죠. 하지만 그들은 지금 이곳에 없습니다."

이렇게 해서 거래가 성사되었다. 그리고 다음 주에 정식 계약서를 작성했다. 당연히 나는 그가 어떤 빌딩을 소개받았는지 알고 있었다. 그리고 나는 두 빌딩의 장점에 대해 비교를 했을지도 모른다. 그랬다면 게리 판사는 건축 상의 자료를 가지고 고민을 했을 것이다. 하지만 나는 그저 감정에 호소했을 뿐이다.

8. 종교적 동기

인간에게 강한 영향을 끼치는 동기가 하나 더 있다. 그것은 종교적인 동기라고 부를 수 있을 것이다. 나는 종교적이라는 말을 정통 종파나 어떤 특정한 종파의 신조나 믿음이라는 의미에서 말하고 있는 것이 아니다. 예수가 가르쳤던 아름답고 영원한 진실, 즉 공평함, 용서, 자비, 봉사, 이웃과 자신에 대한 사랑이라는 의미를 말하고 있다.

자신이 선량하지 않고, 관대하지 않다는 것을 인정하고 싶어 하는 사람은 아무도 없다. 따라서 우리는 이 점에 호소하려고 한다. 그러면 자신이 고귀한 인간이라는 생각이 들면서 자부심을 느끼게 된다.

C. S. 워드는 오랜 세월 YMCA 국제 위원의 사무관을 역임했다. 그리고 자신의 모든 시간을 협회 건물을 위한 모금운동에 쏟아 부었다. 내가 지역 YMCA에 2000달러 수표를 기부하는 것은 자기 보존욕구나 금전적인 요구, 권력욕 때문이 아니다. 그러나 대부분의 인간은 자신을 고귀하고 도움이 되고 싶다는 요망 때문에 그렇게 한다.

북서부의 어느 도시에서 모금운동을 할 때, 워드는 교회와 사회활동과는 거리가 먼 어느 유명한 사업가와 접촉하였다. 과연 이 사업가가 일주일이나 일을 팽개치고 YMCA 빌딩 모금 운동에 협조를 하였을까? 말도 안 되는 소리 같이 느껴진다. 그런데 그는 결국 모금운동의 개회식에 참석하는 것에 동의하였고, 워드는 그의 고귀함과 이타주의에 호소하여 그를 일주일 내내 열심히 모금운동에 헌신하게 유도하였다. 일주일이 다 지나기 전에 불경스러운 태도로 명성이 자자했던 이 남성은 모금운동이 성공하기를 기원하게 되었다.

한 단체가 제임스 J. 힐을 찾아가 그에게 북서부 철로를 따라 몇 곳에 YMCA의 설립을 하자고 설득을 하였다. 그것은 막대한 돈이 들어가는 일이었다. 힐이 빈틈없는 성격의 사업가라는 사실을 알고 있던 그들은 어리석게도 그의 금전적 욕망을 자극하는 방향으로 설득을 하였다. 그들은 이 협회가 근로자들에게 행복하고 만족스러운 삶을 안겨주어 그의 재산 가치를 높여줄 것이라고 했다.

힐은 이렇게 대답해주었다.

"당신들은 내가 YMCA를 설립해야 하는 진정한 이유를 말하지 않았소. 그 이유는 옳은 것, 그리고 기독교인다운 인성을 육성하고 싶다는 욕망이오."

1900년, 아르헨티나와 칠레는 국경선을 놓고 전쟁포고를 하였다. 전쟁으로 이 문제를 해결하기 위해 전함이 만들고, 무기를 비축하고, 세금을 올리는 등, 막대한 비용을 들여 준비를 하고 있었다. 1900년 부활절에 아르헨티나의 한 주교는 예수의 이름으로 간절하게 평화를 호소하였다. 그러자 안데스 산맥 너머의 칠레 주교가 이 메시지에 화답하여 평화와 우정을 호소하며 전국을 돌았다. 처음에는 그의 말에 여성들만이 귀를 기울였지만 이윽고 전 국민이 그의 호소에 귀를 기울이게 되었다. 국민들의 여론과 탄원은 두 나라를 중재시켰고, 국비를 감축시키게 하였다. 국경 주변의 요새들은 철거되었고, 총은 녹아서 예수의 동상으로 만들어졌다. 지금도 안데스 산 정상에는 십자가를 품고 있는 평화의 왕자상이 우뚝 서서 분쟁지역을 지켜주고 있다. 동상의 받침대에는 이런 문구가 새겨져 있다.

"칠레와 아르헨티나 국민들이 예수의 발 아래에서 맺은 평화조약을 깬다면 이 산들은 산산이 무너져 먼지가 될 것이다."

이것이야말로 종교적인 감정과 확신에 호소하는 힘인 것이다.

1. 청중의 흥미를 자극하여 관심을 끌어라.

2. 신뢰할 수 있는 인물의 신뢰를 얻어라. 자신을 제대로 소개받아라. 주제에 관해 이야기할 자격을 갖추고 자신의 경험을 이야기하라.

3. 사실을 말하라. 당신이 제안한 것의 장점을 일러주고 청중의 반대의견에 대답해주어라.

4. 행동할 수 있는 동기에 호소하라. 금전욕, 자기 보호 욕망, 자존심, 쾌락, 감정, 애정, 공정함, 자비, 용서, 사랑 등의 종교적 이상 등이 그것이다. 연설자에게 이것은 공사 막론하고 도움이 된다. 그것은 영업 서신을 쓰거나, 광고 문구, 비즈니스에 관한 상담에도 도움이 된다.

필자는 지금까지 설명했던 방법을 성공적으로 활용했을까?

제1단계–필자는 인간성에 영향을 끼치는 중요성을 강조하고, 그것에 대한 과학적 방법이 있다는 사실을 명확히 밝히고 설명함으로써 당신의 흥미를 끌었는가?

제2단계–필자는 이 방법들이 상식적 규칙에 근거하고 있다는 것과 필자 자신이 이 방법을 이용해서 수천 명의 사람들을 가르쳐왔다는 것을 제시함으로써 당신의 신뢰를 얻었는가?

제3단계–필자는 사실을 명확하게 서술하고, 이 방법의 작용과 장점에 대하여 당신에게 제대로 전달하였는가?

제4단계–필자는 이 방법을 이용하면 영향력과 이익이 증대한다는 것에 대해 당신을 설득시켰는가? 당신은 이 장을 읽고 이 방법들을 쓰기 위해 노력을 할 것인가? 다시 말해, 필자는 당신이 느낀 대로 행동을 하도록 자극하였는가?

The only way to get the best of an argument is to avoid it.
말싸움에서 최대의 이익을 얻기 위한 유일한 방법은 말싸움을 피하는 것이다.

–Dale Carnegie

| Part 16 |

대화법을 향상시키는 방법

Improving your Diction

"청중의 주의를 끌기 위해서는 그들의 귀를 즐겁게 해주어야 한다. 명확함, 박력, 아름다운 말법은 청중을 자신의 생각으로 끌어들이고자 하는 사람, 그리고 많은 사람을 상대로 자신의 의견을 주장하고자 하는 사람에게는 반드시 필요한 것이다."
—우드로 윌슨

"설교하고자 하는 것이 설교자 자신 속에 있어야 한다. 명확하고, 논리적이고, 활기 찬 열정을 말 속에서 느끼게 하려면 연설자 자신에게 그것들이 있어야 한다."
—필립 브룩스

"일반적으로 말솜씨가 좋은 사람은 보통 사람들 보다 독서량이 많다. 그들은 의식적으로 노력을 하지 않더라도 자신이 말하고자 하는 것을 표현하기 위한 생각과 말을 책 속에서 흡수한다. 뛰어난 작가의 문체와 느낌 같은 것이 그들이 사상과 연설 속에서 배어나오는 것이다. 독서는 어휘 향상을 위한 최고의 방법이다."
—호브만, 『기업인을 위한 대중 연설』

16

대화법을
향상시키는 방법

얼마 전 돈도 직장도 없는 한 영국인이 직장을 구하기 위해 필라델피아 거리를 걷고 있었다. 그는 그 지역에서 유명한 사업가 폴 기본스의 사무실을 찾아가 면담을 요청했다. 기본스는 그를 탐탁지 않은 눈으로 살펴보았다. 그의 외모는 그에게 불리하게 작용했다. 옷은 낡고 초라했으며, 금전적으로 궁핍하다는 것을 역력하게 느낄 수 있었기 때문이다. 기본스는 호기심 반 동정심 반으로 면담에 응해주었다. 그는 잠시 이야기만 들어줄 생각이었지만 어느새 몇 분이 지났고 결국은 한 시간이나 이야기를 나누었다. 두 사람의 이야기는 기본스가 딜론 리드 사의 필라델피아 지점장인 롤랜드 테일러에게 전화를 거는 것으로 마무리가 지어졌다. 테일러는 필라델피아의 유력한 재력가였는데, 이 사내를 점심식사에 초대하고 좋은 직장까지 알선해주었다. 이 사내의 풍모는 낙오자와 다름없었는데 어떻게 해서 그렇게 짧은 시간 내에 이렇게 훌륭한 연줄을 만들 수 있었을까?

그 비결은 뛰어난 언변에 있었다. 사실 그는 옥스퍼드 대학 출신으로 사업을 위해 미국으로 왔지만 실패로 끝나고, 자금도 친구도 없어 곤란을 겪고 있었던 것이다. 그러나 그의 언어 구사 능력은 정확하고 아름답기까지 해서 듣는 사람이 그의 낡은 구두와 헤진 옷, 수염투성이의 얼굴 따위는 완전히 잊어버리는 것이었다. 그의 언어 구사능력은 최고의 기업에 들어가기 위한 여권이 되어주었다.

이 남성의 이야기는 좀 극단적인 측면이 있기는 하지만 일반적이고 기본적인 진실을 보여주는 일례라고 할 수 있다. 즉, 인간은 일상의 말투를 통해 평가를 받는다. 말투에서 그 사람의 성품이 드러난다. 듣는 사람의 입장에서는 어떤 사람들과 친분을 맺고 있는지 알 수 있다. 교육과 교양이 드러나는 것이다.

사람들은 고작해야 네 개의 접점을 통해 세상과 연을 맺고 있으며, 그 네 개의 점으로 평가를 받고, 나뉜다. 그것은 행동, 외모, 이야기 내용, 말투이다. 그러나 대부분의 사람들은 학교를 졸업하면 자발적으로 어휘력을 늘릴 노력을 하지 않고, 정확하고 명료하게 이야기 하지 않은 채 긴 인생을 허비하면 살아간다. 때문에 사무실이나 거리에서 쓰는 말투를 습관적으로 사용하게 된다. 그러니 말투에서 명확함과 개성이 부족한 것도 당연한 일이다. 나는 대학을 졸업한 사람들조차 aint' t이나 he don' t나 between you and I라고 어법에 틀리게 말하는 것을 들은 적이 있다. 학위를 가지고 있는 사람들조차 이런 실수를 저지를 정도이니, 경제적 이유로 학업을 포기해야만 하는 사람들에게는 무엇을 기대할 수 있겠는가.

몇 년 전에 나는 로마의 콜로세움에 서서 생각에 잠겨 있었다. 그때 한 영국의 식민지 출신의 사내가 내게 다가왔다. 그는 자신을 소개한 뒤 로마에서 보고 들은 것에 대하여 이야기를 하기 시작했다. 그는 3분도 되지 않아 you was나 I done과 같은 문법적 실수를 했다. 그는 아침에 일어나서 자존심을 지키고 남들의 신뢰를 얻기 위해 구두를 닦고 깨끗한 옷을 입었을 것이다. 그러나 문법적으로 옳은 말을 쓰고 언어력을 향상시키기 위한 배려는 전혀 하지 않았다. 그는 여성을 만났을 때 모자를 벗어 인사하지 않는 것을 부끄럽게 여기겠지만, 문법적으로 틀리는 것이 상대방의 귀에 어떻게 들릴지는 전혀 고려하지 않았다. 아니, 의식조차 하지 않았다. 그는 말투로 자신을 드러냈고 자신이 어떤 부류인지를 보여주었다. 그는 엉터리 영어로 자신이 교양이 없다는 것을 만천하에 드러낸 것이다.

30년 동안 하버드 대학의 총장을 역임한 찰스 W. 앨리엇 박사는 이렇게 말했다. "교양으로 단 한 가지를 익혀야 한다면, 그것은 모국어를 제대로 쓰는 것이다." 이것은 곱씹어 생각해볼 필요가 있을 만큼 중요한 이야기다.

그렇다면 어떻게 해야 말과 친숙하고 아름답고 정확하게 구사할 수 있을까? 다행히도 그것은 그리 어려운 일이 아니다. 그 방법은 공공연한 비밀이다. 링컨은 이 덕분에 놀랄 만한 성공을 할 수 있었다. 미국인 중에서 링컨만큼 언어를 아름다운 패턴으로 만들어내고, 산문으로 조화로운 연주를 한 사람은 없다.

링컨의 아버지는 일자무식 목수였고 어머니도 특별히 내세울 만한 것이 없었다. 그런 그가 어떻게 탁월한 언어적 재능을 발휘할 수 있었을까? 그것을 뒷받침할 만한 증거는 아무것도 없었다. 국회의원에 당선되었을 때, 그는 워싱턴의 공식 기록에 자신의 학력을 '결함이 있음'이라고 적었다. 그는 평생 동안 12달 밖에 학교를 다니지 못했다. 그렇다면 누가 그의 선생님이었을까? 켄터키 숲에서는 자카리아 버니와 칼렙 헤이즐이었고, 인디애나 주의 피전 크릭에서는 아젤 도시와 앤드루 크로포드였다. 그들은 모두 순회 목사로 개척지를 돌면서 읽고 쓰고 계산을 가르쳐주는 대신에 햄과 옥수수, 밀가루를 제공하는 학생들을 찾아가 그것으로 생계를 꾸려갔다. 때문에 링컨은 그들에게서 감화를 받거나 일상생활 속에서 얻을 수 있는 것이 거의 없었다.

그가 일리노이 주의 제8 사법지구에서 만난 농부, 상인, 변호사, 소송 담당자들 또한 말을 능숙하게 쓸 수 있는 재능이 없었다. 그러나 링컨은 자신과 지능이 같거나 부족한 사람과 사귀며 시간을 허비하는 일이 없었다. 그는 당시의 유명인사와 가수, 시인과 친분을 맺고 있었다. 그는 번스와 바이런, 브라우닝 등의 시를 모조리 암송할 수 있었고, 번스에 관한 강연 원고를 쓰기도 했으며, 또한 바이런의 시집을 사무실과 집에 각각 한 권씩 가져다 놓았다. 사무실에 놓아 둔 시집은 너무 많이 본 탓에 손에 쥐면 자연스럽게 '돈 주앙' 대목이 저절로 펼쳐질 정도였다. 그가 백악관에 들어갔을 때, 남북전쟁의 비극이라는 무거운 짐으로 인해 마음고생을 할 때도 후드의 시집을 들고 잠자리에 들었다. 이따금씩 새벽에 잠이 깨면 그 시집을 펼쳐들고 감명을 받거나 재미있는 구절을 발견하면 일어나자마자 잠옷에 슬리퍼 차람으로 복도를 서성이며 비서에게 그 시들을 낭송해주었다.

그리고 시간이 날 때마다 셰익스피어의 긴 구절을 암송하거나 특정 배우의 연기를 비평하면서 자신의 의견을 말하기도 했다. 그는 배우 해킷에게 다음과 같은 편지를 보냈다.

"나는 셰익스피어의 희곡 중에 몇 개를, 일반 독자로서는 아마 다른 사람보다 많이 읽었을 겁니다. 『리어왕』, 『리처드 3세』, 『헨리 8세』, 『햄릿』, 그리고 특히 『맥베스』를 많이 읽었습니다. 『맥베스』에 필적할 수 있는 것은 없을 겁니다. 정말 훌륭한 작품입니다."

링컨은 시를 읽는 데 많은 시간을 할애했다. 공사를 막론하고 암송하여 들려준 것은 물론이고 직접 쓰기도 했다. 여동생의 결혼식에서는 자신의 시를 낭송해주기도 했다. 중년 무렵에는 본인이 쓴 시로 공책 한 권을 꽉 채울 정도였지만, 친한 친구에게도 보여주지 않을 정도로 자신의 시에 대해 부끄러워했다.

로빈슨은 『문인으로서의 링컨』이라는 자신의 저서에서 이렇게 말하고 있다.

독학으로 공부한 링컨은 진정한 교양을 몸에 익혔다. 그것을 천재라 부르든 재능이라 부르든, 그가 교양을 몸에 익히는 과정은 에머튼 교수가 인문학자 에라스무스의 공부하는 모습에 대하여 말했던 것과 같았다. "그는 학교를 다니지는 않았지만 어디서든 성과를 올릴 수 있는 유일한 방법으로 자신을 교육시켰다. 그것은 바로 그 자신의 지칠 줄 모르는 에너지에 의해 끊임없이 공부하고 연습을 반복하는 것이다."

인디애나 주 피전 크릭 농장에서 일급 31센트를 받으며 도토리 껍질을 까고 돼지를 잡아야 했던 이 어리숙한 개척자가 게티즈버그에서 그 위대한 연설을 하였다. 게티즈버그에서는 17만 명의 병사가 참전해 7만 명이 전사하였다. 그러나 찰스 섬너는 링컨이 죽은 직후 "이 전쟁에 대한 기억이 사라진 뒤에도 이 연설을 통해 다시 이 전쟁을 기억하게 될 것이다"라고 말했다. 누가 이 예언을 의심할 수 있겠는가? 그것은 현재도 실현되고 있지 않는가? 지금도 여전히 게티즈버그라는 단어를 들으면 링컨의 연설을 떠올리게 되지 않는가?

에드워드 에버렛은 게티즈버그에서 2시간의 강연을 했다. 그러나 그가 한 말은 이미 오래 전에 잊혀졌다. 반면에 링컨의 연설은 채 2분도 되지 않았다. 그가 연설을 하고 있는 동안에 한 카메라맨이 사진을 찍으려 했지만, 구식 카메라의 세팅을 하고 초점을 맞추기도 전에 그의 연설은 끝나버렸다.

링컨의 연설은 영어의 가장 훌륭한 본보기로서 동판에 새겨져 옥스퍼드 대학 도서관에 전시되어 있다. 대중 연설을 배우는 학생들을 이 연설문을 암기해야 할 것이다.

87년 전, 우리의 선조들은 자유 속에서 잉태된 나라, 모든 사람은 평등하다는 믿음에 바쳐진 새 나라를 이 대륙에 건설하였습니다. 지금 우리는 그 나라, 혹은 그렇게 태어나고 그 런 믿음을 가진 이 나라가 얼마나 버틸 수 있는가를 시험하는 내전을 치르고 있습니다. 우리는 지금 그 전쟁의 거대한 격전지가 되었던 싸움터에 모였습니다. 우리는 그 땅의 일부를, 이 나라를 살리기 위하여 이곳에서 생명을 바친 이들에게 마지막 안식처로서 바치고자 모였습니다. 이것은 우리가 그들에게 해줘야 마땅하고 옳은 일인 것입니다.

그러나 보다 넓은 의미에서, 우리는 이 땅을 헌정하거나, 봉헌하거나, 신성하게 할 수 없습니다. 이곳에서 싸우다 죽거나 살아남은 용사들이 이미 이 땅을 신성하게 하였으며, 우리의 미약한 힘으로는 더 이상 보탤 수도 뺄 수도 없기 때문입니다. 우리가 지금 이 자리에서 말하는 것을 세상은 주목하지도 오래 기억하지도 않을 것입니다. 하지만 용사들이 이곳에서 한 일은 결코 잊지 못할 것입니다. 우리 살아남은 이에게 남겨진 일은 이곳에서 싸운 이들이 오래도록 고결하게 추진해온 끝나지 않은 일에 헌신하는 것입니다. 우리들에게 남겨진 일은 명예로이 죽은 이들의 뜻을 받들고, 그분들이 마지막 모든 것을 바쳐 헌신한 대의를 위해 헌신하는 것입니다. 그것은 그분들의 죽음이 헛되지 않도록 신의 가호 아래 이 땅에 새로운 자유를 탄생시키며, 국민의, 국민에 의한, 국민을 위한 정부가 지구상에서 사라지지 않도록 하는 것입니다.

일반적으로 영원히 기억에 남는 링컨의 이 연설문을 본인이 직접 작성한 것이라고 여기고 있다. 그러나 정말 그럴까? 그의 변호사 시절의 동료인 헌돈은 그보다 몇 년 전에 시어도어 파커의 연설집을 링컨에게 선물하였다. 링컨은 이 책을 읽고 "민주주의란 모든 사람의 모든 사람에 의한, 모든 사람을 위해 직접적인 자치제도다"라는 곳에 밑줄을 그어두었다. 시어도어 파커는 이 말을 웹스터의 글에서 인용했을 수도 있다. 웹스터는 그보다 4년 앞서 헤인에게 보낸 유명한 편지 속에 "국민에 의한 정치는 국민을 위해, 국민에 의해 만들어지며, 국민에 대한 책임을 진다"라고 적었다. 그리고 웹스터 또한 그보다 30년 전에 같은 표현을 했던 제임스 먼로 대통령에게서 인용했다고 여겨지고 있다. 그렇다면 제임스 먼로는 누구에게서 이 표현을 빌려왔을까? 먼로가 태어나기 500년 전에 위클리프가 성경 번역 서문에 "이 성경은 국민의, 국민에 의한, 국민을 위한 정치를 위한 것이다"라고 적었다. 또한 위클리프가 태어나기도 훨씬 전, 예수가 태어나기 400년 이상 전에 클레온이 아테네 시민을 상대로 한 연설 속에서 한 지도자를 지칭해 "국민의, 국민에 의한, 국민을 위한"이라고 말했다. 클레온이 얼마나 더 오랜 것에서 인용해 온 것인지는 전혀 알 수가 없다.

세상에는 새로운 것이 거의 없다. 위대한 연설가조차도 독서의 도움을 받은 경우가 많다. 책, 그 속에 비밀이 숨겨져 있다. 어휘력을 늘리고 싶은 사람은 항상 머리를 책으로 가득 찬 커다란 통 속에 담가두어야 한다. 존 브라이트는 이렇게 말하고 있다.

"나는 도서관을 볼 때마다 항상 아쉬운 생각이 든다. 왜냐하면 인생이 너무 짧아서 눈앞에 차려진 먹음직스러운 것을 모두 즐길 수 없기 때문이다."

브라이트는 15살에 학교를 중퇴하고 면방직공장에서 일을 하게 되면서 두 번 다시 학교를 다닐 수 없었다. 그러나 그는 당대의 일류 강연자가 되어 뛰어난 어휘 구사력으로 명성을 떨쳤다. 그는 바이런, 밀턴, 워즈워스, 휘티어, 셰익스피어, 그리고 셸리의 긴 시구를 읽고, 연구하고, 공책에 베껴 쓰며 외웠다. 그는 해마다 『실락원』을 반복해서 읽으며 어휘력을 향상시켰다.

찰스 제임스 폭스는 셰익스피어를 읽으며 문장력을 향상시켰다. 글래드스톤은 자신의 서재를 '평화의 전당'이라 부르며 1만 5000권의 장서로 가득 채웠다. 그의 말에 의하면 성 아우구스티누스, 버틀러 주교, 단테, 아리스토텔레스, 호머의 작품을 읽은 것이 많은 도움이 되었다고 했다. 그리고 『일리아드』와 『오디세이』에 매료되어 호머의 시와 호머 시대에 관한 6권의 책을 쓰기도 했다.

윌리엄 피트는 10년 동안 매일 그리스어와 라틴어 고전을 한두 페이지씩 읽고 그것을 모국어로 번역하였다. 덕분에 그는 자신의 생각을 엄선된 단어로 논리적으로 표현하는 비범한 능력을 갖게 되었다.

데모스테네스는 투키디데스의 역사서를 손으로 8번 베껴 써서 위대한 역사가의 장엄하고 인상적인 말솜씨를 익힐 수 있었다. 그리고 2000년 뒤에 우드로 윌슨은 데모스테네스의 작품을 연구하여 자신의 문체를 향상시켰다. 애스퀴스는 버클리 주교의 저서를 읽는 것이 최고의 훈련이라고 여겼다.

테니슨은 매일 성경을 연구하였다. 톨스토이는 복음서를 몇 번이고 반복해서 읽었고, 결국에는 모두 다 암기할 수 있을 정도였다. 러스킨의 어머니는 그에게 성경의 긴 문장을 암송하거나 해마다 성서의 "창세기부터 묵시록까지 어려운 이름을 포함해서 하나도 남김없이 낭독해라"라는 과제를 주었다. 러스킨은 문학적 취향과 문체는 이 훈련과 연구 덕분이었다.

'R'과 'L'과 'S'는 영어 속에서 가장 많이 쓰이는 이니셜이라고 한다. 'R, L, S' 이니셜로 잘 알려진 로버트 루이스 스티븐슨은 타고난 작가였다. 그는 어떻게 해서 매력적인 문장을 쓸 수 있게 되었고 유명해질 수 있었을까? 그는 그것에 대한 대답을 해주었다.

나는 마음에 드는 책과 문장을 읽을 때마다 마음에 드는 문장이나 뛰어나고 특징적인 문체를 보면 곧장 책상에 앉아 흉내를 내곤 했다. 그러나 생각처럼 쉬운 일이 아니었다. 다시 한 번 또 해봐도 여전히 마찬가지였다. 그러나 이렇게 힘겨운 노력을 더 해가는 사이 문장의 리듬, 조화, 구성, 정리에 대하여 조금은 알 것 같은 느낌이 들기 시작했다. 나는 이런 식으로 해즐릿, 램, 워즈워스, 토머스 브라운 경, 데포우, 호손, 몽테뉴를 열심히 흉내 냈다.

호불호와 상관없이 이것이 글을 쓰는 법을 배우는 방법이다. 이것이 얼마나 도움이 되었는지는 알 수 없지만, 나는 이런 식으로 배웠다. 키츠도 이 방법으로 문장 연습을 하였는데, 키츠

만큼 문학적으로 세련된 감수성을 가진 사람은 없을 것이다.

이런 모방에 있어서 중요한 점은 흉내 내고자 하는 교본이 배우려고 하는 사람의 손에 닿을 수 없는 곳에서 여전히 빛나고 있다는 것이다. 아무리 흉내를 내더라도 틀림없이 실패를 하게 된다. 그러나 예로부터 전해오듯이 실패는 성공을 위한 유일한 길인 것이다.

사람의 이름과 구체적인 예는 이것으로 충분할 것이다. 이제 비결이 뭔지 알았을 것이다. 링컨은 우수한 변호사가 되길 원하는 청년에게 이렇게 편지를 보냈다.

"책을 정독하고 연구하는 것 이외에는 방법이 없습니다. 공부가 가장 중요합니다."

그렇다면 어떤 책을 읽어야 할까? 아놀드 베넷의 『24시간을 어떻게 살 것인가?』를 읽으면 좋을 것이다. 이 책은 냉수처럼 자극적이다. 이 책은 가장 흥미로운 주제인 자기 자신에 대한 것을 많이 가르쳐주고 있다. 하루 중에 얼마만큼의 시간을 허비하고 있는지, 어떻게 하면 낭비를 줄일 수 있을지, 시간을 절약하여 남은 시간을 어떻게 활용하면 좋을지를 가르쳐주고 있다.

토머스 제퍼슨은 이렇게 말했다.

"나는 신문을 읽는 대신에 타키투스와 투키디데스, 뉴턴과 유클리드를 읽었는데, 이것만으로도 행복해졌다.”

제퍼슨을 본받아서 신문을 읽는 시간을 반으로 줄인다면 행복하고 현명해지는 것을 느끼지 않을까? 일단 한 달 정도 시험해보고 남은 시간을 훨씬 가치 있는 책을 읽는 데 쓰는 것이 어떨까? 엘리베이터나 버스를 기다릴 때, 주문한 요리와 약속시간을 기다릴 때, 한 장씩 읽는 것은 어떨까?

『24시간을 어떻게 살 것인가?』를 다 읽었다면, 이 작가의 다른 책을 읽고 싶어질지도 모른다. 그렇다면 다시 『인간 기계』를 추천하고 싶다. 이 책을 읽으면 사람을 다루는 데 훨씬 능숙해지고, 동시에 차분함과 냉정함을 배울 수 있다. 내가 이 책들을 권하는 것은 내용이 좋아서가 아니라 언어 구사력이 뛰어나기 때문으로 당신의 어휘력을 풍부하고 세련되게 만들어줄 수 있기 때문이다.

그밖에도 도움이 될 만한 책을 몇 권 추천하겠다. 프랭크 노리스의 『문어』와 『함정』은 미국 소설 중에서는 최고의 걸작이라 할만하다. 『문어』는 캘리포니아의 밀밭에서 일어난 소동과 비극을 그린 것이고, 『함정』은 시카고 상품 거래소의 곡물 시세를 둘러싼 싸움을 그린 것이다. 토마스 하디의 『테스』는 지금까지의 소설 중에서 가장 아름다운 작품이다. 뉴웰 드와이트 힐리스의 『사회 속에서의 인간의 가치』와 윌리엄 제임스 교수의 『교사들을 위한 이야기』도 읽을 만한 가치가 있다. 앙드레 모로아의 『아리엘 셸리의 생애』, 바이런의 『차일드 헤럴드의 편력』, 로버트 루이스 스티븐슨의 『당나귀와의 여행』도 잊지 말기 바란다.

랠프 왈도 에머슨의 책은 항상 가까이 하기 바란다. 그의 유명한 첫 수필 『자기 신뢰』를 읽어주기 바란다. 그 책은 당신의 귀에 이런 말을 들려줄 것이다.

당신의 감춰진 확신을 말하라. 그러면 그것은 만인의 공통적 견해가 될 것이다. 왜냐하면 언제나 가장 내적인 것이 가장 외적인 것이 되기 때문이다. 그리고 우리가 제일 처음 생각했던 것은 '최후의 심판'의 나팔소리와 함께 우리에게로 돌아오기 때문이다. 마음의 소리는 누구에게나 친숙한 것이지만, 우리가 모세, 플라톤, 밀턴을 위대하다고 여기는 것은 그들이 책이나 전통에 얽매이지 않고, 남의 말이 아니라 자신의 생각을 말하고 있기 때문이다. 인간들은 음유시인과 현인들이 들려주는 창공의 눈부심보다는 자기 마음속에서 반짝이는 빛을 찾는 방법을 배워야 한다. 그러나 인간은 그것이 자신의 생각이라는 이유만으로 멀리해버리고 만다. 천재들의 모든 작품에는 우리가 멀리했던 우리의 생각이 담겨 있다. 그것들은 우리에게 뭔가 특별하고 장엄한 것으로 되돌아온다. 위대한 예술 작품은 우리에게 영향력과 교훈을 남겨준다. 대부분의 사람들이 반대할 때 조차도 우리에게 당당하게 자신의 느낌을 따르도록 이런 작품들은 가르쳐주고 있다. 그렇지 않으면 내일 누군지도 모를 사람이 우리가 늘 생각하고 느끼고 있는 것을 기발한 표현력으로 말해버릴지도 모른다. 그때 우리는 원래 자신의 생각이었던 것을 타인이 말하는 것을 바라만 보고 있어야 한다.

누구나 교육을 받고 있는 동안에는 다음과 같은 확신을 품게 된다. 질투는 무지이고, 모방은 자살행위이며, 스스로 자신을 책임지고 받아들여야 한다는 것, 광활한 우주가 좋은 것으로 가득 차 있지만, 그 땅을 힘겹게 경작하지 않는다면 영양가 있는 옥수수는 얻을 수 없다. 인간에게 잠재되어 있는 힘은 본질적으로 새로운 것이며, 본인이 할 수 있는 것은 본인밖에 알 수 없다. 그것은 실제로 해보지 않는 이상은 절대로 알 수 없다.

아직 최고의 작가들의 이야기가 남아 있다. 과연 누구일까? 헨리 어빙 경은 "가장 위대하다고 여기는 책을 100권 고른다면 무엇을 들겠는가?"라는 질문에 "100권의 책보다는 일단 2권의 책을 권해주겠습니다. 그것은 성경과 셰익스피어입니다"라고 말했다. 헨리 경이 말한 그대로이다. 이 두 권의 위대한 영문학의 원천을 흡수하기 바란다. 석간신문은 옆으로 치우고 "셰익스피어여, 이리 와서 오늘

밤 로미오와 줄리엣을, 맥베스의 야심을 말해주오"라고 말하라.

이렇게 하면 어떤 효과가 있을까? 자신도 모르는 사이에 당신의 말투가 아름답고 세련되어 질 것이다. 찬란함과 아름다움과 장엄함이 당신의 말 속에 조금씩 반영되게 될 것이다. 괴테는 이렇게 말했다. "당신이 읽고 있는 것을 가르쳐준다면 당신이 어떤 사람인지 말해주겠소."

내가 제안한 이 독서 계획은 의지의 힘과 시간 관리만 잘하면 된다.

1. 마크 트웨인의 비밀

마크 트웨인은 어떤 식으로 언어 구사 능력을 향상시켰을까? 그는 젊었을 때 미주리에서 네바다까지 역마차를 타고 고통스러울 정도로 느린 여행을 하였다. 승객과 말을 위한 음식물과 물을 함께 나르기도 했다. 마차는 중량의 제한이 있어 짐을 온스 단위로 요금을 부과하였다. 그러나 마크 트웨인은 산길, 뜨거운 사막, 강도와 인디언이 출몰하는 지역들을 여행할 때도 항상 『웹스터 대사전』을 들고 다녔다. 그는 뛰어난 언어 구사 능력을 원했기 때문에 과감하게 목적 달성을 위해 필요한 일을 시작했다.

윌리엄 피트와 채텀도 사전을 처음부터 끝까지 단어 하

나 남기지 않고 두 번씩이나 통독을 하였다. 브라우닝은 매일 사전을 숙독하여 지식을 얻고 즐거워했다. 링컨의 전기를 쓴 니콜레이와 헤이에 따르면, 링컨은 언제나 황혼 속에 앉아 캄캄해질 때까지 사전을 읽었다고 한다. 이들은 특별한 예가 아니다. 뛰어난 작가와 강연자는 누구나 이렇게 하고 있다.

우드로 윌슨은 영어 솜씨가 뛰어났다. 예를 들어 독일에 대한 선전포고 속의 구절은 문학적일 정도였다. 그가 어떤 식으로 단어를 배열하는 방법을 터득했는지 소개하기로 하겠다.

아버지는 가족 중에 누군가 잘못된 표현을 하는 것을 용납하지 않았다. 아이들조차 실수를 하면 바로잡아주었고, 모르는 단어는 그 자리에서 설명해주었다. 그리고 기억에 각인시키기 위해 이야기 속에서 활용하는 방법을 찾을 수 있도록 격려해주었다.

뉴욕의 수강생 중에 문장력이 뛰어나고 언어 구사 능력이 탁월하다는 칭송을 받는 사람이 있었다. 얼마 전 그는 잡담을 하다가 적절하고 예리한 단어를 선택하는 능력을 익히게 된 비결에 대해 이야기해주었다. 그는 이야기를 나눌 때나 책을 읽으면서 모르는 단어가 나오면 반드시 메모를 해두었다가, 잠자리에 들기 전에 사전을 찾아보고 그 단어를 자신의 것으로 만들었다고 한다. 만약 하루 종일 이런 재료를 찾지 못했을 때는 퍼날드의 『동의어, 반의어, 전치사』를 한두 페이지 숙독하고 적절한 동의어로 바꿀 수 있는 단어를 마음속으로 찾아냈다. '하루에 새로운 단어 하나' 가 그의 신조였다. 이렇게 하면 1년에 365개의 새로운 표현력이 생겨난다. 그는 같은 단어를 세 번 쓰기만 하면 자신의 어휘력으로 영원히 남는 다는 것을 깨달았다고 한다.

2. 언어의 역사와 유래

사전을 찾을 때는 그 단어의 의미만을 확인하지 말고 어원까지 확인하기 바란다. 언어의 역사와 기원에 대해서는 일반적으로 단어의 뜻 뒤에 괄호 안에 표기되어 있다. 일상적으로 쓰고 있는 단어가 단순히 소리만 있는 것이라고 생각해서는 안 된다. 말은 색깔을 가지고 있으며 낭만이 살아 있다. 예를 들어 "Telephone the grocer for sugar.(전화로 식료품 가게에 설탕을 주문하다)"라고 하는 평범한 말들 속에도 많은 언어와 문명에서 빌려온 단어들이 있다. 'telephone(전화)' 는 그리스어 '빠르다' 라는 뜻의 'tele' 와

‘소리’라는 의미의 ‘phone’의 합성어이다. ‘grocer(식료품 가게)’는 프랑스어의 고어로 ‘grossier’에서 파생된 단어로, 이것은 다시 라틴어 ‘grossarius’에서 유래되었다. 이 단어의 원래 의미는 ‘도매상’ 혹은 ‘도매’이다. 또한 ‘sugar(설탕)’는 프랑스어에서 유래된 것이고, 이것은 다시 스페인어에서 유래된 것이다. 그리고 다시 아라비아어에서 유래되었는데, 아라비아어는 다시 페르시아어에서 유래되었다. 페르시아어 ‘shaker’는 ‘사탕’을 의미하는 산스크리트어의 ‘carkara’에서 유래되었다.

당신은 직장생활을 하거나 사업을 하고 있을지도 모른다. ‘company(회사)’라고 하는 단어는 프랑스어의 고어 ‘companion’에서 유래되었는데, 이것은 ‘함께’라는 의미인 ‘com’과 ‘빵’이라는 의미의 ‘panis’가 합쳐진 말이다. 즉, 당신의 ‘companion’은 ‘당신과 빵을 공유하고 있다’가 된다. ‘company(회사)’는 원래는 ‘함께 빵을 만들기 위해 모인 사람’인 것이다. ‘salary(급여)’는 말 그대로 ‘salt money(소금 돈)’을 의미하고 있다. 로마의 병사들은 소금을 사기 위한 수당이 지급되었는데, 어느 날 익살스러운 누군가가 자신의 모든 수입을 ‘salarium’이라고 부르면서 이것이 속어가 되어 훗날 정식 영어로 자리 잡게 되었다. 당신은 지금 ‘book(책)’을 보고 있는데, 이 단어는

'beech(너도밤나무)'에서 파생한 단어다. 먼 옛날 앵글로 색슨족은 너도밤나무에 문자를 새겼다. 당신의 주머니 안에 있는 'dollar(달러)'의 직접적인 의미는 'valley(계곡)'이다. 1달러는 16세기에 성 요아킴 valley(계곡)'에서 처음 만들어졌다.

'janitor(관리인)'과 'January(1월)'은 모두 로마에 살던 자물쇠와 빗장을 만들던 대장장이의 이름에서 유래되었다. 그가 죽은 뒤 이교도들의 동시에 양쪽을 볼 수 있는 두 얼굴을 가진 신으로 추앙받았고, 그것은 문을 열고 닫는 것을 의미한다. 그래서 한 해의 끝이자 다음 해의 시작인 달을 'January(Janus의 달)'이라 부르게 된 것이다. 따라서 'January'나 'janitor'라는 말은 예수가 태어나기 1000년 전에 살았던 Jane이라는 아내가 있는 대장장이의 이름에 경의를 표하기 위한 것이다.

일곱 번째 달인 'July'는 줄리어스 시저의 이름에서 유래된 것이다. 그러자 아우구스투스 황제도 지지 않으려 여덟 번째 달을 'August'라고 명명했다. 그러나 여덟 번째 달은 30일밖에 되지 않아 자신의 이름을 딴 달이 시저의 이름을 딴 달보다 짧은 것에 불만을 품고, 2월에서 하루를 빼서 8월에 더한 것이다. 이 허영심 강한 황제의 흔적은 여러분 집에 걸려 있는 달력을 보면 확실하게 알 수 있다. 단어가 품고 있는 역사는 이렇게 매우 흥미롭다.

다음 단어들의 유래를 사전에서 찾아보기 바란다.

atlas, boycott, cereal, colossal, concord, curfew, education, finance, lunatic, panic, palace, pecuniary, sandwich, tantalize

조사를 한 뒤에는 훨씬 재미와 열정을 가지고 활용하게 될 것이다.

3. 한 문장을 104번 고치다

본인이 말하고 싶은 것을 섬세한 느낌까지 정확하게 표현할 수 있도록 노력을 하자. 이것은 말처럼 쉬운 일이 아니다. 경험이 많은 작가들에게조차 어려워하는 일이다. 패니 허스트는 한 문장을 50번에서 100번까지 고치는 경우도 있다고 했다. 이 이야기를 하기 불과 며칠 전에도 같은 문장을 104번 고쳐 썼다고 한다. 그녀는 『코스모폴리탄 매거진』에 편당 2000달러에 소설을 연재하고 있다. 마벨 허브트 우르너는 신문사들에 배급 예정인 짧은 이야기의 한두 문장을 조정하기 위해 오후 반나절을 보낸 적이 있다고 털어놓기도 했다.

구버뉘 모리는 리처드 하딩 데이비스가 적절한 표현을 찾기 위해 노력하는 과정에 대해 이렇게 말하였다.

그의 소설 속 언어들은 모두 생각해낸 무수한 단어들 중에서 가장 적합한 것을 선택한 것이다. 어구, 절, 페이지, 그리고 전체 줄거리까지도 몇 번이고 반복하고 또 반복하였다. 그는 삭제의 원칙에 따라 문장을 고쳐 나갔다. 자동차가 굽어진 문을 통과하는 모습을 묘사하려고 한다면, 먼저 섬세한 부분까지 자세하게 묘사해나갔다. 예리한 관찰의 눈으로 더 이상 찾을 것이 없을 때까지 꼼꼼하게 적었다. 그런 다음 힘들게 생각해낸 세세한 부분의 하나하나를 지워나가는 작업을 시작한다. 이것은 과연 이미지가 또렷하게 떠오르는지를 자문하며 지워나가는 작업이다. 만약 너무 많이 삭제시켰을 때는 다시 처음으로 돌아가 다른 곳의 첨삭작업을 한다. 이런 각고의 노력 끝에 독자의 눈에 투명한 물처럼 명쾌한 이미지가 완성되는 것이다. 그의 소설이 재미있고 칭송을 받는 이유는 바로 이 때문이다.

대부분의 사람에게는 지금 소개한 작가들처럼 단어 하나하나를 선별할 시간과 마음의 여유가 없다. 이런 예들은 성공한 작가들이 적절한 단어와 표현을 찾는 것을 얼마나 중요하게 여기고 있는지를 알려주고, 언어를 구사하는 방법에 있어 좀 더 많은 흥미를 갖기 바라는 마음에서 인용한 것이다. 물론 연설자가 도중에 자신이 말하고 하는 의도에 맞는 단어나 표현을 찾기 위해 말을 더듬는 것을 좋은 방법이 아니다. 그러나 무의식중에 저절로 가능해 질 수 있도록 일상의 대화 속에서 정확한 표현을 할 수 있게 연습을 해야 할 것이다. 하지만 실제로는 그렇게 못하고 있다.

밀턴은 8000단어를, 셰익스피어는 1만 5000단어를 사용했다고 한다. 『표준 사전』에는 45만 개의 단어가 수록되어 있다. 그러나 보통 사람들은 약 2000개의 단어만을 사용한다고 한다. 동사가 약간, 그 동사들을 이어주는 접속사와 명사가 약간, 그리고 지나치게 남발하는 형용사가 고작이다. 태만한 것인지, 일에 열중해서인지는 모르지만 정확하게 이야기하는 훈련을 전혀 하지 않는다. 그래서 어떻게 되었는가?

한 가지 실례를 들어보기로 하자. 나는 얼마 전에 콜로라도 주의 그랜드 캐니언에서 잊지 못할 며칠을 보낸 적이 있다. 그러던 어느 오후, 나는 한 여성이 차우차우 종 개를 보고도, 오케스트라의 연주를 듣고도, 어떤 사람의 인품에 대해서도, 그랜드 캐니언을 보고도 전부 'beautiful' 한마디로 표현해버린다는 사실을 깨달았다.

그렇다면 그녀는 어떻게 말을 해야 했을까? 로제의 동의어 사전에서 'beautiful'의 유의어를 찾아보자. 그녀는 이 중에 어떤 형용사를 썼어야 했을까?

beautiful(아름다운)-beauteous(황홀한), handsome(잘생긴), pretty(귀여운), lovely(사랑스러운), graceful(우아한), elegant(품위 있는), exquisite(최고의), dainty(섬세한), delicate(고상한)

comely(미모의)-fair(매력적인), goodly(훌륭한), bonny(어여쁜), good-looking(멋진), well-favored(미모의), well-formed(모양이 좋은), well-proportioned(팔등신의), shapely(맵시 있는), symmetrical(균형적인), harmonious(조화로운)

bright(밝은)-bright-eye(밝은 눈), rosy-cheeked(장밋빛 뺨), rosy(장밋빛), ruddy(혈색이 좋은), blooming(꽃다운), in full bloom(꽃이 만발한)

trim(산뜻한)-trig(깨끗한), tidy(잘 정돈된), neat(말쑥한), spruce(단정한), smart(세련된), jaunty(쾌활한), dapper(말쑥한)

brilliant(빛나는)-shining(반짝이는), sparking(불꽃 튀는), radiant(환한), splendid(훌륭한), dazzling(눈부신),

glowing(타는 듯한), glossy(광택이 나는), sleek(매끄러운),
rich(풍부한), gorgeous(화려한), superb(최고의),
magnificent(장대한), grand(당당한), fine(훌륭한)

 artistic(예술적인)–aesthetic(심미적인), picturesque(회화
적인), pictorial(그림 같은), enchanting(매혹적인),
attractive(매력적인), becoming(잘 어울리는),
ornamental(장식적인)

 perfect(완벽한)–unspotted(오점이 없는), spotless(얼룩하
나 없는), immaculate(티 없는), undeformed(온전한),
undefaced(깔끔한)

 passable(무난한)–presentable(부끄럽지 않은), tolerable
(웬만한), not amiss(나쁘지 않은)

 이 유의어들은 로제의 『언어의 보고』에서 인용한 것이
다. 나는 개인적으로 뭔가 글을 쓸 때면 항상 이 사전을 곁
에 두고 사전보다 10배는 더 많이 본다.

 로제는 이 책을 쓰기 위해 얼마나 많은 시간들을 보내야
했는가? 그런데도 이 책을 싸구려 넥타이 정도의 가격으로
책상에 꽂아 두고 평생을 볼 수 있다. 이것은 책장 속에 장
식해둬야 하는 책이 아니다. 자주 사용해야 하는 도구이
다. 연설문의 단어를 선택할 때 활용하기 바란다. 또한 편

지나 보고서를 쓸 때도 사용하기 바란다. 매일 사용하다보면 어휘력이 두 배, 세 배로 늘어날 것이다.

4. 신선한 표현을 쓰자

정확하게 이야기하는 것은 물론이고 신선하고 독창적이 위해 노력해야 한다. 자신이 생각한 것을 그대로 말할 수 있는 용기를 가져라. 그것은 모두 신의 것이기 때문이다. 예를 들어 홍수가 있은 뒤에 어느 독창적인 사람은 "오이처럼 차다"라는 비유를 썼다. 이것은 아주 신선한 표현이었기 때문에 벨사살 왕의 유명한 만찬 파티의 연설에서도 충분히 이용할 수 있었다. 그러나 독창성이 뛰어난 사람이라면 이 표현을 사용하는 데 거부감을 느낄 것이다.

차가움을 표현하는 비유를 12개 정도 소개해보기로 하겠다. 이것들은 오이와 마찬가지로 효과가 있을까? 어쩌면 훨씬 신선하고 효과적으로 받아들여지지는 않을까?

개구리처럼 차다

아침의 따뜻한 물주머니처럼 차다

총구 손질용 꽂을대처럼 차다

비석처럼 차다

그린란드 빙산처럼 차다

점토처럼 차다-콜리지

거북이처럼 차다-리처드 컴벌랜드

눈보라처럼 차다-앨런 커닝햄

소금처럼 차다-제임스 휴니커

지렁이처럼 차다-모리스 매터링크

새벽처럼 차다

가을비처럼 차다

그럼 이제 자신만의 단어를 이용해서 차가움을 표현해보기 바란다. 용기를 내서 표현해보자.

예전에 나는 미국에서 가장 원고료를 많이 받는 잡지의 연재소설가 캐슬린 노리스에게 어떤 식으로 문장력을 향상시켰는지를 물은 적이 있다. 그녀는 이렇게 대답해주었다.

"산문과 시를 읽습니다. 그리고 제 문장을 비판적인 시선으로 바라보며 흔한 문구나 진부한 표현을 삭제해나갔습니다."

한 잡지의 편집장이 예전에 내게 들려준 이야기이다.

"출판을 위해 제출된 소설에서 두세 개의 진부한 표현을 발견하면 읽지도 않고 그냥 되돌려 보냅니다. 왜냐하면 표현에 독창성이 없는 사람은 독창적인 사고방식이 없기 때문입니다."

<h1 align="center">16장의 정리</h1>

1. 우리는 고작해야 네 가지 접점을 통해 사람들과 접촉한다. 우리는 이 네 가지 것에 의해 평가받고 분류된다. 그것은 행동, 외모, 이야기 내용, 말투이다. 어떤 단어를 사용하는가에 따라서 판단하는 경우가 많다. 30년 가까이 하버드 대학의 총장을 역임했던 찰스 W. 엘리엇은 "교양으로 반드시 익혀야 하는 것이 있다. 그것은 세련되게 모국어를 구사하는 것이다"라고 했다.

2. 당신의 말투는 주변 사람에게 많은 영향을 받는다. 따라서 링컨을 본받아 문학작품들과 친숙해져야 한다. 링컨이 했던 것처럼 밤마다 셰익스피어나 그 외의 위대한 시인, 수필의 거장들과 친숙해져라. 그러면 무의식적으로, 필연적으로 당신의 마음이 풍요로워져서 당신의 언어 습관은 당신의 주변 사람에게도 영향을 끼칠 것이다.

3. 토마스 제퍼슨은 이런 글을 썼다. "나는 신문을 읽지 않고 타키투스와 투키디데스, 뉴턴, 유클리드와 친숙해지기로 했다. 그러자 더 행복해졌다." 그의 말대로 해보는 것은 어떨까? 신문을 읽는 시간을 지금의 절반으로 줄여라. 그리고 남은 시간에 명작들을 읽자. 두꺼운 책이라면 20~30페이지 정도를 찢어 주머니에 넣고 다니며 시간이 날 때마다 읽는 것이다.

4. 책을 읽을 때는 사전을 곁에 두는 것이 좋다. 모르는 단어는 바로 사전을 찾아보자. 그리고 기억에 남도록 직접 써보는 것이 좋다.

5. 당신이 사용하고 있는 단어의 어원을 조사해라. 단어의 역사는 전혀 따분하지가 않다. 낭만으로 넘치는 경우가 많다. 예를 들어 'salary(급여)'는 'salt money(소금 값)'을 의미한다. 로마 병사는 소금을 사기 위한 수당을 따로 받았다. 어느 날 익살스러운 병사 한 명이 지신의 급여를 장난 삼아 'salt money'라고 부른 데서 속어로 이렇게 부르게 되었다.

6. 진부한 단어를 써서는 안 된다. 의미를 정확하게 전달해야 한다. 로제의 『언어의 보고』를 곁에 두고 자주 찾아보기 바란다. 당신이 보고 감동한 것을 모두 'beautiful' 한 단어로 통일해서는 안 된다. beautifu의 동의어인 elegant, exquisite, dainty, delicate, dazzling, gorgeous, shapely, jaunty, dapper, magnificent, picturesque 등으로 바꿔 쓴다면 훨씬 신선하고 아름답게 의미를 전달할 수 있을 것이다.

7. '오이처럼 차갑다' 라는 진부한 비유를 쓰지 말자. 신선한 표현을 쓰기 위해 노력하자. 본인만의 비유를 만들기 바란다. 용기를 내서 개성을 발산하기 바란다.